Metaphorical Guidance of Public Opinion
and Organizational Identity

—— A Study of News Editor's Public
Opinion Guiding Functions Under New
Media Environment

舆论的隐喻引导与组织认同
——新媒体环境下新闻编辑舆论引导功能研究

朱小翠 / 著

ZHEJIANG UNIVERSITY PRESS
浙江大学出版社

目　　录

第一章　导　论

新闻编辑是人类有信息以来就一直存在的重要角色,随着新闻信息传播方式的不断发展,信息容量的不断扩大,新闻编辑在信息处理和舆论引导方面的作用日益凸显。在新媒体环境下,舆论的社会影响日益成为人们关注的焦点,新闻编辑的功能开始从新闻信息把关、守门的位置向新闻信息全局把握的中心位置转变,新闻编辑处于国家舆情监测、控制和舆论引导的关键地位。关于新闻编辑舆论引导功能的研究林林总总,本书将从新媒体环境下,新闻编辑功能转型的视角,初步探讨新闻编辑舆论引导方式的变化。

第一节　研究的缘起

一、为什么要对新闻编辑的舆论引导功能进行深入研究?

据中国互联网络信息中心(CNNIC)发布的第 34 次《中国互联网络发展状况统计报告》显示,截至 2014 年 6 月,中国网民规模达 6.32 亿,这个数字还在不断增加,新媒体环境下的舆论阵地在不断扩大,谁都无法忽视。阵地决定存亡,舆论左右兴衰,不日新者必日退,只有正视新媒体的舆论引导,唤起"阵地不能丢"的忧患意识,挺身入局,行使话语权、掌握主动权,正确引导主流舆论,才能为宣传思想工作赢得新的起点。新闻编辑在舆论引导的阵地上,发挥越来越重要的作用,新闻编辑做到"守土有责、守土负责、守土尽责",将有助于增强社会主义意识形态的吸引力和凝聚力。

对新闻编辑的舆论引导功能的研究,是在新媒体环境下,新闻编辑功能发生多样变化的情况下展开的。那么,什么是新媒体呢?新媒体(new media)一词是1967 年由美国学者戈尔德马克率先提出的。这一时髦单词提出之后,接踵而来的问题就是:什么是新媒体?如何界定新媒体?时至今日,可以说仍旧没有人能够给出一个明确的答案。对于这种学术畏途的产生,英国学者理查德·厄豪尔斯曾分析过这样三个原因："首先,这是一个极具变化的领域,即使最时兴的研究,到它成熟时就已经可能过时了;其次,这是一个全新的领域,所以已经树立起来的重要文本和经典文本还很少;第三,甚至是'新媒体'的定义还有待解决。"①

新媒体环境下的新闻编辑,其工作的复杂性主要是由于它的变化性决定的,今天的新闻编辑的功能与传统意义上的新闻编辑的功能已经发生了变化,新媒体的融合,使不同媒体之间相互交融,彼此互动,报纸编辑、广播编辑、电视编辑等这些相对独立的传统媒体编辑形式,如今已融合于网络平台上,新媒体环境下的新闻编辑,可以统称为网络新闻编辑,他具有多样共适的特点,拥有新的工作模式和新的工作方法,自身的功能不断扩展,舆论引导的方式也出现了变化。新闻编辑的舆论引导功能,将极大地影响新闻传播的方向和效果。"新闻编辑是新闻媒体的'心脏',为媒体的正常运转提供新鲜血液。"②所以对新闻编辑舆论引导功能的研究十分必要。

以往人们对新闻编辑的研究主要倾向于对新闻编辑"实务操作"功能的研究,如标题的设计、内容的修改、图片的处理、版式的设计等,涵盖编辑流程的各个环节,有较强的操作性。本书在跨学科的基础上,将多学科知识和理念有机融合,从社会学、心理学、政治学等角度,探讨了新媒体环境下新闻编辑的舆论引导功能。在宏观和中观研究的基础上加强其微观研究,深化了对编辑工作的理论探讨,强化了对编辑技术的理性思考。

本研究试图寻找到舆论引领的关键所在,明确舆论引导的职责与范围,对舆论引导提供一孔之见。

二、新闻编辑舆论引导功能研究的核心问题是什么?

新媒体环境下,新闻编辑舆论引导功能的变化成为本书研究的核心问题。新闻编辑一直都以"把关人"的形象存在于新闻传播领域。然而在新媒体环境下,新闻编辑的功能发生了前所未有的变化,新闻编辑成为新闻的最后调控者,真正的"新闻观察员"、"信息过滤网"和"媒介管家"。新闻编辑的外部空间迅速扩展,新闻编辑室中媒体技术高度融合,新闻编辑自身全媒体功能不断完善,促使新闻编辑从不同角度、不同层次、不同构架中,通过采用多维的视角去观察、研究和分析新闻,把多样的新闻进行筛选组合,以全新的组织形式发布,在舆论引导中有效地推动社会政治、经济、文化的大发展。

新闻媒介,作为社会成功运行的关键所在,是民意交流的主要平台,新闻媒

---

① 桂钰涵.新媒体存在的问题及解决对策——以互联网为例.今传媒,2014(4):114.
② 陈雪奇主编.现代媒体编辑.成都:四川大学出版社,2006:22.

介致力于为政府和社会群体营造一个对话的空间,他们可以在此讨论议题并形成意见,对公共权利的运作提供有效的参考。舆论作为社会群体的意见,在民主政治中发挥着重要的作用,新闻舆论具有快速、及时、广泛的特点,具有强大的影响社会的力量和无法比拟的传播民意的优势。新闻编辑通过报纸、广播、电视和网络,把每天在社会环境中那些我们无法直接经历的事件与变化,通过日复一日的筛选、斟酌与编辑,形成当前人们对重要事件的认识。政策制定者们通过观察社会舆论的影响,决定应该作出怎样的决策,并通过舆论,判断最终的决策是否被认可。新闻编辑往往会引导社会群体意见的展示,以此来配合国家发展的需要;新闻编辑也可以根据群体对媒体的具体要求,选取适合的新闻材料进行传播,为群体参政议政提供机会。正确的舆论引导,将成为社会群体意见与公共权利运行的共鸣器。

舆论引导是新闻编辑为社会群体的意见进行议程设置的过程,新闻编辑把来自新闻媒介的信息,组织成适合国家政治制度体系的言论,这些经过组织的信息经历时间反复,新闻报道中强调的舆论重点就会被公众关注、思考,并作为最重要的政治观点被群体所接受。

新媒体环境下,纸质媒体、广播媒体、电视媒体等多种媒体从各自分离的状态走向网络平台,走上了数字化发展的道路。新媒体这个礼物犹如潘多拉的魔盒,它继续能给我们带来什么我们现在还无法预知。正如尼葛洛庞帝说:"在广大浩瀚的宇宙中,数字化生存能使每个人变得更容易接近,让弱小孤寂者也能发出他们的心声。"[①]当每个人都拥有表达平台的时候,各种政治力量、经济实体、社会群体开始积极地参与到舆论的传播中,新闻编辑的职业功能也在经历着快速的磨损和重新的组合,网络社会对新闻编辑的需求比以往任何时候都显得更为紧迫。

三、新媒体环境下新闻编辑舆论引导的关键是什么?

在新媒体环境下,新闻编辑舆论引导的关键在于"巩固壮大主流思想舆论,弘扬主旋律,传播正能量,激发全社会团结奋进的强大力量"。新闻编辑通过对舆论进行思考、规划、决策,与不同媒体之间戮力合作,取得和谐一致的舆论观点。并且在文化观、道德观、价值观等方面,促进各个媒体的舆论平衡。新闻编辑通过挖掘报纸、广播、电视、网络、手机等媒体传播信息的特点,在人们需要的时间地点提供新闻信息,通过不同的信息平台把不同的意见观点传输给不同的受众群体。新闻编辑在新媒体时代承担着舆论引导的重大责任。

---

① 尼葛洛庞帝.数字化生存.海口:海南出版社,1997:7.

新媒体时代的到来,并没有动摇新闻报道的本质,而是新闻报道获取的渠道发生了本质的变化。新闻信息的传输更趋于漂移性、多元性、丰富性、互动性,人们对新闻信息的需要,媒体间的相互竞争,政府给媒体的政治压力,新闻信息发布的日益便捷,以及社会变革,媒体技术的快速发展,使新闻舆论的引导出现了前所未有的状况和模式。因而新闻编辑的舆论引导,更需要从媒介融合的视角探索新的方式方法。

新闻编辑既是新闻信息的主要发布者,同时也是新闻舆论引导的主要参与者。新闻编辑通过对新闻信息的发布对公权力的运行起到一定的调节作用,有效维护法制的民主和司法的公正,维护公民的合法权利。新闻编辑使新闻信息的发布的公开、透明,可以消除公众对公权力运行中存在的怀疑和隔阂,增强社会群体对国家政权的信任。

社会群体作为新闻信息的接受者和发布者,是新闻编辑舆论引导的主要对象。随着新闻信息发布的海量化、社会群体价值取向的多元化,生活诉求的多样化,社会群体的主体意识不断增强,新闻的议题从生活、娱乐转向政治。社会群体参与政治议题的新闻频度增多,深度不断拓展,分散的个体通过融合的媒介彼此互动、积极回应,他们对社会的影响和作用日益强大,因而新闻编辑的舆论引导工作,不仅仅是一项技术性的工作,而是一项内涵丰富、需要不断创新的工作。

政府机关作为国家公权力的主要代表,是新闻舆论方向的主要操控者。"舆论推动媒介议程的作用微乎其微。政治家与精英们在设置着这一议程。就这一点而论,新闻中的政治报道通常只关注政治家们的所作所为就可以了,而没有必要去关注那些人们想要政治家所做的事。"[①]新闻舆论的引导,是以政治制度的发展为转移的,政治制度的发展,决定了新闻舆论的导向。

四、新闻编辑的舆论引导有哪些功能?

新闻编辑舆论引导的功能模型,是一个不断改善的模型。"美国功能社会学家默顿认为,任何有利于一个社会系统的适应与调整的结果,皆谓之为功能,相反,任何阻碍社会系统的适应与调整的结果,皆谓之为反功能。还有的学者把社会系统中参与者所企求或寄望的社会功能,称为显著功能(manifest function),把社会系统中的参与者不了解或未企求,但仍存在于社会者,称为隐性功能

---

① [英]斯图尔特·艾伦著.新闻业:批判的议题.纪莉,石义彬译.武汉:武汉大学出版社,2011:107.

(latent function)。"①新闻编辑舆论引导的功能是隐性功能与显性功能的交叉综合、皆而有之的功能。新闻编辑通过对群体表达出来的企求或寄望通过政府导向、角色分层、信息梳理，使群体意见得到充分的展示和有效的引导。

第二节　概念的界定

一、隐喻

纽约学派的尼尔·波兹曼是媒介生态学真正的开山之父。他在读研究生的时候，就遇到了当时还不太出名的英文教授麦克卢汉。他从麦克卢汉的"媒介即讯息"发展出"媒介即隐喻"的论题，认为媒介用隐蔽而强大的暗示来"定义现实世界"。媒介的形式极为重要，因为特定的形式会偏好某种特殊的内容最终会塑造整个文化的特征。②

在组织理论中，隐喻是指我们通过研究某个与组织"类似"的物体来了解组织本身（Morgan，1986）。例如：我们也许会同意"组织像块比萨饼"的说法，因为它具有人（面粉）、传播（揉面所需的水分）和目标（使生面团发酵的酵母）。虽然这个特定的隐喻有些离奇，但任何隐喻都可能指出组织运作中容易被人忽视的方面。隐喻有时也对某些方面轻描淡写，不予强调，也就是说，隐喻只是"片面地观察"组织的结果，它可能强调或弱化组织的某些重要方面。③

对隐喻的研究，从亚里士多德的《修辞学》开始，已经持续了两千多年。亚里士多德认为："隐喻可以使风格富于装饰意味而不流于平凡，可以使文体庄重而有分量。"④他还论述道，"隐喻能使人们不费劲就有所领悟，有所认识，这对人们来说是件愉快的事。奇字不好懂，普通的字意思又太明白，所以只有隐喻表达最能产生这种效果。"⑤

莱考夫和约翰逊（Lakoff & Johnson）指出，"隐喻普遍存在于我们的日常生活中，不但存在于语言中，而且存在于我们的思想和行为中。我们赖以思维和行

---

① 胡正荣.传播学总论.北京：北京广播学院出版社，1998：152.
② 单波，王冰.西方媒介生态理论的发展及其理论价值与问题.新闻与传播研究，2006(3)：6.
③ ［美］凯瑟琳·米勒（Katherine Miller）.组织传播.袁军等译.北京：华夏出版社，2000：4.
④ 亚里士多德.修辞学.北京：三联书店出版社，1991：150.
⑤ 亚里士多德.修辞学.北京：三联书店出版社，1991：176.

动的一般概念系统,从根本上讲是隐喻的。"①正如布尔迪厄的"场域"理论所言,媒介作为社会各种话语交错的竞技场,对于话语文本生产、流通、消费的争夺充满"隐喻"②。如何制作出和政策相吻合的新闻,这就需要新闻的隐喻,沃伦·布里德在《新闻编辑部里的社会控制》中指出,"没有一个人进报社前被告知政策是什么,进了报社也没有这方面的培训,但除了新进人员,却没有一个人不知道自己报纸的政策是什么。原因何在?用从业者自己的朴实解释,是"潜移默化"的熏陶。按布单德的理论化表述,则是从业者被"社会化"的结果。③

在舆论学的开山之作《公众舆论》一书中,李普曼认为,在大众传播极为发达的现代社会,人们的行为与三种意义上的"现实"发生着密切的联系:一是实际存在着的不以人的意志为转移的"客观现实";二是传播媒介经过有选择地加工后提示的"象征性现实"(即拟态环境);三是存在于人们意识中的"关于外部世界的图像",即"主观现实"。人们的"主观现实"是在他们对客观现实的认识的基础上形成的,而这种认识在很大程度上需要经过媒体搭建的"象征性现实"的中介。经过这种中介后形成的"主观现实",已经不可能是对客观现实"镜子式"的反映,而是产生了一定的偏移,成为了一种"拟态"的现实。对于大众来说,媒介是信息发布渠道,是他们虚拟环境的来源,因此,媒介常常成为操纵、劝服和制造舆论的工具。④ 这一观点也为后来新闻用隐喻的手法引导舆论奠定了理论基础。

美国传播学者沃伦·布里德在拟态环境的基础上提出"潜网"概念,他认为任何处于特定社会环境中的传播媒介都担负着社会控制的职能,而这类控制往往是一种潜移默化、不易察觉的过程,用一个形象化的词来概括就叫"潜网"。处于"潜网"中的受众,他们对客观现实的认识、对环境的监测,都是基于媒介提供的"象征性现实",并在潜移默化中受其影响。⑤ "潜网"概念和"隐喻"的概念在舆论引导中有异曲同工之妙。

二、隐喻引导

随着新媒体技术的发展,运用隐喻的方法来引导舆论,重视舆论引导的艺术性、科学性和实效性已经成为互联网环境下新闻编辑对公众表达的进行控制和

---

① 张春楠.对隐喻基本运作方式的再解读——基于"外延内涵传承说".当代外语研究,2013(6):12.

② 付红珍.区域文化与区域刻板印象的心理学研究范式.社会心理科学,2010(5):14.

③ 黄旦著.传者图像:新闻专业主义的建构与消解.复旦大学出版社,2005:191.

④ 李艳."拟态环境"与"刻板成见"——《公众舆论》的阅读札记.东南传播,2010:86.

⑤ 王淑伟.选择性报道视阈下的媒体舆论导向——从媒体报道"老人倒地"事件说起.新闻爱好者,2012(2):30.

影响的有效途径。隐喻引导的运用既是对群体主体性的尊重，又是对舆论客体性的厚重描述。今天很多西方国家利用互联网输出西方的文化，用隐喻的引导让年轻一代产生对西方的政治、文化、科学和技术的崇拜，"互联网的跨国界、匿名性、互动性等特点，设置议程、制造新闻框架、制造敏感话题，试图把新一代的年轻人培养成'智能化暴民'，通过互联网兵不血刃地输出暴力（输出思想和舆论），在一些国家制造政权更迭的大乱局。"①今天我们的新闻媒介早已不知不觉地融汇在互联网中，人们运用新媒体就像人们需要水和空气一样，须臾无法分离，我们已经在网络造就的媒体世界中，要么自投罗网，要么网罗其中，新媒体都编织在大数据之中，隐喻引导的广泛运用已经融汇在舆论引导中，隐喻成为对群体进行舆论引导的重要方法。

三、组织

"长期以来为了达到某一特定目标而结成群体。这些具有特定目标的群体就是组织。组织就是精心设计的以达到某种特定目标的社会群体。"②

所有的社会群体其存在的价值就是要努力实现自己的目标，即使有时每个人都有各自独立的目标，但是在组织中，目标却是明确地、清晰地表达出来了，并且总能得到组织成员的充分理解。新闻编辑在组织传播的系统中，对新闻信息的处理有其明确目标和高度的理性，这些目标有新闻集团的共同的目标，也有编辑本人的新闻理想。

"戴维·波普诺认为，除了清晰陈述的特定目标以外，一般说来组织还具有下列基本特征（埃斯欧尼和莱曼，1980）：

第一，为了更高效率地达成群体目标而进行的劳动分工和权威的分配；

第二，权力相对集中在领导或者执行主管手中，他们使用权力控制组织成员活动并将它们导向组织目标；

第三，组织中成员不是固定的，这使得组织可以超越某一特定成员而生存；组织成员死亡、辞职、退休或者解雇时，可以用常规性的方式来加以替补。

许多群体并不都会具有所有这些特征。家庭通常就不被看作是一个组织，因为它的成员不可能按照惯例替补，而且它也没有特定的目标。一个朋友群体，即使他们之间具有极强的模式化联系，也并不是一个组织，因为它缺少明确的

① 李希光，郭晓科. 网络治理与国家认同. 中国党政干部论坛，2014(5)：19.
② ［美］戴维·波普诺(David Popenoe) 著. 社会学(第 10 版). 李强等译. 北京：中国人民大学出版社，1999：189.

目标。"①

新闻编辑部这一组织机构中,新闻编辑都有明确的分工,有具体负责的栏目和板块,有部门的主管和领导,有其明确的导向和组织目标。社会学家把这类特殊的组织结构称作科层制。在现代的新闻传播环境中,科层制依然是十分流行的模式。在 20 世纪早期,马克斯·韦伯对科层制进行了经典性分析。韦伯认为,理性化是现代世界的主要社会潮流——经由这一过程,陈旧的、传统的社会组织方法被大量明确、抽象、正式的规则和程序所逐渐替代。

在新闻编辑部的组织内部,为了实现组织目标,即吸引更多公众注意以提高信息回报,同时能够更好地引导公众的舆论,以推动社会高效健康地发展。新闻编辑部有相对集中的领导机构,下级接受上级的指挥,组织内部有严格的规定和纪律,组织成员具备专业技术资格,自愿服从共同的信仰体系。

四、组织认同

组织认同是指组织成员在行为与观念诸多方面与其所加入的组织具有一致性,觉得自己在组织中既有理性的契约和责任感,也有非理性的归属和依赖感,以及在这种心理基础上表现出的对组织活动尽心尽力的行为结果。

组织认同的人是被组织本身所吸引而聚集在组织周围,而不是以组织成员之间个人特性的相似、相互依赖或交换而形成的人际关系所吸引。它的产生与变化,受制于多方面内外因素的影响。

新闻编辑通过对舆论的隐喻引导,实现社会群体对社会组织的认同,由此社会群体产生强大的凝聚力,对于社会的发展、民族的团结、国家的壮大具有积极的推动作用。

施拉姆认为:"讯息本身并无含义,除非是人使之有含义。因此,我们研究传播时,我们也研究人——研究人与人的关系以及他们所需的集团、组织和社会关系;研究他们怎样相互影响;受影响;告知他人和被他人告知;教别人和受别人教;娱乐别人和受到娱乐。"新闻编辑处于社会传播的大系统中。新闻编辑要实现群体的组织认同,就必须对组织关系进行深入的研究,组织关系和顺时,就会产生和谐性;组织关系不顺时,就会产生误解有时是敌对。②

组织认同的概念,最早出现于西方的管理学领域,1958 年,March 和 Simon 在他们发表的论文中,提出了第一个详细的组织认同的模型。到 20 世纪 80 年

---

① [美]戴维·波普诺(David Popenoe)著.社会学(第 10 版).李强等译.北京:中国人民大学出版社,1999:190.

② [美]威尔伯·施拉姆·威廉·波特著.传播学概论.陈亮等译.北京:新华出版社,1984:4.

代,Albert 和 Whetten(1985)以及 Ashforth 和 Mael(1989)等重要论文的发表,组织认同的研究逐步走向深入。组织认同的研究来源于心理学、社会心理学、社会学等学科,"组织认同其实就是组织成员以组织为中心寻求一致性的心理过程。"[①]

组织认同可以产生强大的凝聚力。"正是成员对组织的认同,而不是其他的东西赋予了组织强大的力量,以保证众多成员协调行为,完成组织目标。因此,在过去二百年中,组织认同在现代组织的兴起过程中发挥了主要作用,并使它们在与传统市场机制的竞争中取得成功。"[②]

组织不能行动,组织中的人才可以行动,在不同的组织环境中,人们的活动会产生相互的影响。组织使我们有工作的机会,给我们提供物品和服务,构成我们所创造的环境的主体,有时还会改善整个团体的结构。"如果我们毁掉了地球,原因并不能归结到科学技术或武器装备上去,应该是因为组织的无效而导致的毁灭。"[③]

"集体行动要比个人的独立行动能够获得更多的成果,人类同地球上的许多其他生物一样,是社会动物。我们从有组织的行动中获得精神上的满足和收益。组织在纳新时及其他的宣传资料上,都希望你认为他们是'一个幸福的大家庭',大家朝着共同的目标而努力,每个人都是足球队员,朝着共同的球门射门,当然,组织是没有目标的,人才有目标。"[④]

新媒体的出现,使很多新闻信息以无序化状态出现,新闻编辑对新闻信息管理的难度加大,新闻编辑对新闻信息"管理的本质,说到底就是要让'组织'中所有的'人',朝统一的战略目标或方向作出努力"[⑤]。

新闻编辑通过对公民记者、草根播报者、受众等心理与行为规律的把握,以间接的方式促成媒介组织成员积极投身媒介组织活动,最终保证媒介组织达到组织目标。只有充分调动起媒介组织成员对媒介组织的认同,媒介组织管理的整合才会真正有效,也才能真正达到管理的目的。

社会每个部分的存在都具有某种功能,或是对某个需求的满足具有一定的

---

① 王彦斌著.中国组织认同.北京:社会科学文献出版社,2012:61.
② [美]赫伯特·西蒙.杨雪冬译.今日世界中的公共管理:组织与市场.经济社会体制比较,2001(5):57.
③ [英]戴维·布坎南,[英]安德杰·赫钦斯盖著.组织行为学(第五版).李丽等译.北京:经济管理出版社,2011:8.
④ [英]戴维·布坎南,[英]安德杰·赫钦斯盖著.组织行为学(第五版).李丽等译.北京:经济管理出版社,2011:9.
⑤ 王彦斌著.中国组织认同.北京:社会科学文献出版社,2012:56.

影响力。新闻编辑就是这样,通过在信息系统中实施其影响,有效引导舆论的发展方向。新闻编辑考察社会系统中新闻传播的现象,梳理新闻信息的相互联系,判断新闻信息的价值,引导人们对事物作出正确的判断。新闻编辑的行动参考框架,存在于隐喻的引导之中。然而作为信息符号控制者的新闻编辑,其行为的存在如帕森斯在《社会系统》一书中所说的:"有三类:社会的(存在于互动之中的自我与他者),物理的(行动的手段和条件),文化的(文化传统、理念和信仰中的象征部分)。"①社会的、物理的、文化的要素,成为新闻编辑舆论引导必须具备的基本条件。

第三节　研究的意义

一、理论意义

新闻舆论的引导工作是传播先进的社会思想,凝聚正确的社会共识,服务党的中心工作,解决好执政党意识形态领域的正确引领,促进社会健康发展的重要工作,是关系到党和国家前途和命运的思想工程。然而当代社会信息发达,新闻编辑却严重缺失,由此引发社会新闻舆论的春秋局面,新闻编辑舆论引导功能仍有待发展完善。新闻编辑舆论引导功能研究的核心问题,就是从微观的视角探讨在传统媒体与新媒体融合的背景下,新闻编辑功能拓展的问题。这是一个传统的课题,又赋予了时代的新意。在人们对新闻舆论进行宏观调控不断深入的今天,以崭新的视角来探讨新闻编辑的舆论引导功能,为新闻编辑的媒介社会功能研究提供了全新的视野。

把新闻编辑作为舆论引导的主要操作者之一,是在传播学框架下,对新闻编辑功能进行深入研究的一个重要部分。我们从不同的维度、不同的层面,以不同的方法和路径,研究一个创新的课题,这对于推动新闻编辑思想文化的建设,挖掘新闻编辑学术研究的深度,探寻新闻编辑舆论引导结构的发展,都具有十分重要的理论意义。

二、实践意义

第一,提高新闻信息的传播功效。新闻编辑常常可以把杂乱的、甚至是无意义的新闻信息建构成具有广泛影响力的新闻作品,把原来媒体中的零散碎片,在

---

① 谢立中主编.西方社会学名著提要.南昌:江西人民出版社,2005:155-157.

新的价值观念下重新组合,展现出新的媒介观念和舆论导向。体现出深隐于新闻作品背后新闻编辑的舆论引导思想。面对多渠道、大批量、高速度的新闻信息的传播,新闻编辑通过多种传播手段,掌握新闻信息的主导权,引导舆论方向,赢得广大受众的信任。对于任何破坏传统、瓦解经典、扰乱社会的新闻信息给予严格的控制,提高新闻信息的传播功效。

第二,凸显新闻编辑舆论引导的作用。新媒体的不断涌现,使文化传播方式出现了前所未有的改变。融合的媒体打破了传统媒体交流的单向性、缓慢性、片面性,舆论一律性,形式呆板的特点。新媒介快捷、互动、信息量大,难以被少数人控制,在信息的汪洋大海中,人们更依赖新闻编辑对信息进行筛选、甄别、排序、组构,从而减少自己获取信息的时间和成本。这也为新闻编辑舆论引导的功能拓展提供了广阔的空间。

第三,加强网络公共空间的舆论引导。新媒体的不断融合,促使网络公共空间迅速扩张,去中心化、大众化的网络公共空间结构,使群体行动具有更多的自主性和动员力,增加了新闻编辑舆论引导的难度。新闻媒体常常不惜以牺牲其政治与公共事务内容为代价,迎合消费集体的娱乐和消闲需要,正如美国传播学者施拉姆所说,即时报偿新闻(如腐败、事故、灾难、漫画、体育、娱乐、社会新闻和人情味故事)不断排挤延期报偿新闻(如公共事务、社会问题、经济事件、教育和健康),市场上出现享受昂贵的专门化信息和文化服务的信息富人和接受日益同质化的大众性娱乐服务的信息穷人。网络公共空间的博弈日益频繁,新闻编辑成为网络公共空间组织(政府)与群体之间达成共识的重要桥梁。

第四,促进"新闻编辑中心制"的重塑,发挥舆论引导职能。在所有媒体中,新闻编辑都起着至关重要的作用。在报社,审稿编辑会根据记者提供的报道,确定新闻的价值及发布的渠道。广播电视的新闻编辑,可以叫编导,也可以叫剪辑师,他凭借着健全的新闻判断力、创造力和舆论引导力,以高级的制作工作生产新闻作品。以数字媒体为编辑对象的人,叫网络编辑,他们制作和改编在线新闻。媒体的融合,新闻信息的无序化生产,使新闻编辑的舆论引导出现了主体的多元化、内容的碎片化、传播的即时化,从而推动了新闻编辑的功能重塑。新闻编辑成了新闻信息的主导者,新闻报道修改的语言专家,平衡文字图片音频视频的设计专家,新闻编辑通过对新闻信息行使主导权,很好地发挥着舆论引导的功能。

第五,引发人们对新闻编辑舆论引导功能的重新思考。在传播格局中,新技术积极改变着新闻媒体和新闻受众,新闻媒体经过多年建立起来的把关制度和制衡原则逐步被新媒体所采用。传统媒体建立起来的新闻标准和设计理念,也逐步受到新媒体编辑的青睐。变化虽然是新闻编辑必须面临的环境,但是每位优秀的新闻编辑都将继续依赖自己已经带到新闻工作中核心的编辑技能来应对各种变革。新闻编辑会清晰地确定舆论引导的方式。

第四节　文献综述

今天当人们看到新闻就会认为它是隐含的舆论,新闻编辑就是隐含舆论的创造者,当这种隐含的舆论得到政府组织和社会组织的认同,对社会发展产生影响,新闻的价值就会得到充分的体现。

一、我国新闻编辑的发展过程

新闻编辑工作作为编辑工作的子系统,与编辑工作有许多共通的原则。编辑是一门很古老的学问,只要有记载的史实,便需要编辑。中国殷商时期的甲骨册典是世人已知的数量最大、内容最丰富的文化媒体,距今已有 3000 多年历史。甲骨文献中就有关于编辑活动的记载。甲骨版面的编辑规范和艺术水平令世人惊奇、敬佩。

最古老的编辑人就是史官。孔子作春秋"笔则笔,削则削",这种精神,是当时最新颖的编史之法,并引为今天编辑从事编辑工作的最高情操。

到春秋时期,老子、孔子等诸子用文字载体著书立说,重新整理编纂三代遗存的典籍,特别是老子的《道》《德》二经和孔子编订的《诗》《书》《礼》《乐》《易》《春秋》"六经"(或称"大六艺"),形成一种媒体结构系统流传下来,成为中华民族建立大国体制的主流文化传统。秦相吕不韦,聚养学士,编纂并校雠《吕氏春秋》,是一桩巨大的系统编书工程,也是一次较大的媒体创构活动。汉朝设置专门编校图书的国家机构,任命刘向、刘歆等负责搜集整理古书,研究各家学派的经典版本与诸子百家著作,并校雠抄录行世。造成庞大的经、史、子、集等图书结构。经过唐宋大规模编辑丛书、类书、教材、工具书,使用抄写与刻版印刷技术广为传播,中国的编辑活动开始形成一种文化职业活动,直至明清时期,编书业依然繁盛。其规模之大,令世界惊讶。①

在中国,最早出现"编辑"一词,是《南史·刘苞传》。该书写道:"刘苞,少好学……手自编辑,筐筐盈满。"不过,因当时印刷技术尚未发明,这里所说的编辑,是指对于手抄本的补充和校正,也常有整理的意思。后来雕版术发明,有了出版事业,宋雍熙三年(公元 986 年)"翰林学士宋白上《文苑英华》……;遂今编辑,上

---

① 荆溪人.新闻编辑学.台北:台湾商务印书馆,1979:1.

取菁华"。这里所说的编辑,才与现代新闻出版工作中的编辑带有同样含义。①

唐代王玠(Wang Chieh)印刷了一本被认为是世界上迄今唯一保存完整的最古老的书,指唐咸通九年(868)雕版印刷的《金刚般若波罗蜜经》,现存伦敦大英博物馆。它是在公元868年用木刻版印刷出来的。冯道(Feng Dao)(五代十国时后唐、后晋的宰相)在公园932年至953年间印刷了孔子的经典。在大约公元1045年时,工匠毕昇受到启发而发明了一套泥活字——一种可以反复使用的陶制"活字"。由此印刷术大大推进了新闻的传播。② 书籍的出版使编辑活动不断完善。

大约1360年左右,被称为《邸报》的公报开始每周印行,到了1830年,改称为《京报》的公报每日出版,直到1911年,这些早期报纸的风行,也伴随着新闻编辑活动的快速发展。

中国近代报刊出现"编者按语"形式是19世纪70年代。首创新闻稿后"编者按"的中文报刊是《东西洋考每月统记传》,广泛使用"编辑"一词是本世纪初。清代,西学东渐,具有现代形式的中国报纸面世。日本和欧美的报社制度为我国所采用,才有了编辑工作的名义,工作和学术也一一被确立。于是出现了真正意义上的新闻编辑。③

1949年4月,广州自由出版社出版了一本名叫《编辑学》的书,作者是广东国民大学新闻学系教授李次民。全书22章,约20万字,1~7章主要谈新闻与新闻学的有关事宜,8~22章是本书的重点,探讨编辑学的有关事宜。具体可分为"新闻编辑法"、"副刊编辑法"、"杂志编辑法",内容主要是从新闻编辑的角度来谈编辑工作的意义、编辑工作的过程、编辑人员的职责、编辑工作的技巧、副刊与杂志编辑的方法等。该书不仅创造出"编辑学"这一术语,而且开编辑学研究之先河,成为我国第一部编辑学研究的专著。④ 从此,编辑学成了一门专门的学问,新闻编辑成为编辑学的一个分支。

鲁豫东在李次民著的《编辑学》一书序中讲道:"尤其是编辑学,能够像李先生这本书那样,广泛地从新闻学、新闻纸,一直说到杂志,精细地包括了全般的编辑理论和技术,并加以透彻地阐释的,据我所知,这似乎还是第一本。"这里引述的序言已公然表明,编辑活动远非是局限于新闻业之内的一种辅助性职业,而是

---

① 刘圣清编著.中国新闻记录大全.广州:广州出版社,1999:5.
② [美]迈克尔·埃默里,埃德温·埃默里,南希·L.罗伯茨著.美国新闻史——大众传播媒介解释史.展江译.北京:中国人民大学出版社,2009:2.
③ 刘圣清编著.中国新闻记录大全.广州:广州出版社,1998:5.
④ 姬建敏.我国编辑学研究60年回眸.中国出版,2010(3)上:23.

贯通于报纸、杂志,乃至其他书刊的多维态的文化事业。①

作者李次民教授还在自序中引述革命的新闻学工作者萨空了在《科学的新闻学概论》中的话:"编辑新闻,决不是任何知识分子都能胜任的。"②从而说明,报纸编辑家不仅要有新闻家的学问,还要有编辑家特有的学问,包括普遍通用于书刊等各种不同媒介的编辑学的理论知识、经验方法和智慧技能。这本书第一次发现了"编辑活动"存在于报纸之外的书刊等其他媒体,有一定的普遍性。

1955年,中国人民大学新闻系邀请苏联专家К. И. 倍林斯基讲授书刊编辑课程。该课程通常译为《书刊编辑课大纲》,但1956年8月中国人民大学出版社出版时却译为《书刊编辑学教学大纲》。误译的《书刊编辑学教学大纲》主要分五部分,先是本课程的对象和任务,以下是书刊编辑原理、书刊编辑总论、书刊编辑分论和参考书目,虽然主要内容集中在书刊编辑的有关方面,但却开高等院校编辑学专业教材之先,是新中国第一部编辑学专业课程的大学教材。大纲的"第三部分"是"书刊编辑分论"。分别讲述政治书籍、通俗科学书籍、技术书籍、工业书籍、农业书籍、教材、工具书、学术书籍、文艺书籍等八大类书籍的编辑方法和具体编辑业务。③

1965年,香港海天书楼出版了资深编辑余也鲁的《杂志编辑学》一书,该书19章,分135个条目,以诗意浓郁、文采斐然的散文化语言为标题,讲述了杂志编辑的有关问题。该书多次修订再版,不仅在港台影响很大(据说被称为杂志编辑的"圣经"),而且也是中国第一本研究期刊编辑的学术著作。

应该说,编辑学研究从20世纪50年代开始就把报纸、期刊、图书3种传统的纸质印刷媒体贯通起来,显示出编辑出版专业的学科普遍性。同时,也与古代图书的编辑出版历史联接起来,致使这个新兴的编辑学表现出其多种媒体的空间延展特性和时间传承特性。正是人类在其文化史中长期不断地从事编辑活动,逐渐积累起创造各种传播媒介的实践经验,才育成我们称之谓"编辑学"的科学理论的刍型。④

1983年6月,中共中央国务院颁发《关于加强出版工作的决定》。1985年,经国务院批准,我国成立了"中国出版发行科学研究所",专门从事编辑出版学的研究。1985年12月,中国出版学界在重庆聚会,举行了全国首届出版科学学术讨论会。上海成立有"上海编辑学会"。编辑出版学方面的杂志已有《出版工

① 王振铎,刘大年. 编辑学研究60年的学术发现. 北京联合大学学报,2010(2):108—109.
② 李次民. 编辑学. 广州:广州自由出版社,1949:11.
③ 林穗芳. 编辑学和编辑概念. 新闻出版报,1993-8-26(3).
④ 王振铎,刘大年. 编辑学研究60年的学术发现. 北京联合大学学报,2010(2):109.

作》《出版与发行》《出版史料》《编辑之友》《编辑学刊》《杂家》和《出版科学》等。[1] 2009 年,在上海市编辑学会第四届代表大会上,桂晓风作了《加强合作迎接挑战》的讲话说道:未来 30 年一定是中国编辑出版业更加丰富多彩、波澜壮阔的时期。为此,中国编辑界必须进一步提高思维层次,扩大考察范围,对文化、媒体和编辑三者关系进行"高层次、宽领域、多角度"的再思考和再认识,从而进一步认清编辑工作在新阶段的职能和使命,更加自觉、更加主动地进行工作。为此,有必要确立"深入文化层面,把握历史高度,开拓宽广视野,弘扬人文精神"的思路,建立"大文化·大媒体·大编辑"的理念,加强编辑工作的四个研究,即普通编辑学研究、编辑人才学和编辑人物研究、中国编辑史研究、编辑实务研究。[2]

二、西方新闻编辑的发展过程

在西方,最早的新闻编辑应该是公元前 59 年,古罗马《每日纪闻》的誊抄员。他们把手工抄写的《每日纪闻》定期张贴在古罗马广场上。报道记述的是元老院投票情况和公共事件,后来发展到会议记录、帝国故事、战争消息、官方的法令、法律告示,甚至是最新的决斗结果。抄写员把《每日纪闻》誊抄好后发送到帝国各地。这一开明行动深受罗马人欢迎。[3]

新闻信是西方历史上流传最久的一种手写新闻传播形式,主要是传递新闻、交流信息的书信。早在公元前 500 多年,古罗马就开始出现新闻信。例如公元前 47 年,凯撒由埃及快速进军小亚细亚,征讨本都王国。战争顺利结束后,凯撒立即写信向罗马告捷,信上只用了三个词:"我到,我见,我胜。"罗马共和末期的政治家、哲学家和文学家西塞罗死后留下了 900 多封信(包括部分别人写给他的),其中记述了当时许多重大事件和人物,记录了罗马的生活、外省的情况,以及民间习俗、竞技游乐等等。这些信件现在是可贵的历史资料,当时则是互传信息的新闻信。这些新闻信的编辑就是作者本人。[4]

手抄小报发源于意大利境内的威尼斯。15 世纪时,资本主义生产方式开始在这里萌芽,造船、纺织、玻璃等行业相当发达,手工工场林立,工人达 19 万人之多。这里的手工业主、商人、航海界人士十分关心商品的销路、各地的物价、来往的船期,于是有人专门打听这些消息,抄写后出售。后来,需要相同消息的人多了,他们就抄写多份,谁需要就卖给谁,这就是手抄小报。有资料认为:1536 年

---

① 叶再生.编辑出版学概论.武汉:湖北人民出版社,1988:211.

② 桂晓风.加强合作迎接挑战.编辑学刊,2009(2):35.

③ [美]迈克尔·埃默里,埃德温·埃默里,南希·L.罗伯茨著.展江译.大众传播媒介解释史(第 9 版).北京:中国人民大学出版社,2009:2.

④ 张允若主编.外国新闻事业史.武汉:武汉大学出版社,2000:5—6.

威尼斯已有专门采集消息的机构和贩卖手抄小报的人。1563 年同土耳其发生战争期间,威尼斯政府也曾发行手写的小报。1566 年这里又出现定名的小报,叫做"手抄新闻",这些抄写者就是最早的编辑。①

德国社会学家马克斯·韦伯就此写道:"印刷术是中国早就有的;但是,只是为了付印而且通过付印才成其为作品的那种印刷品(尤其是报纸和期刊),却只是在西方才得以问世。"②

德国美因茨人谷登堡在 1450 年首创了活字印刷。随后他用自己发明的印刷设施印出了《圣经》释义辞典。谷登堡的活字印刷术及其印刷机问世后不久,出版书籍很快成为每一个大城市的时尚和有利可赚的生意。在出版书籍的同时,一些印刷商开始印刷出版记事性的小册子,这些记事性的小册子被看作是印刷新闻传播的萌芽。这些印刷品多为书本形式,故被称为新闻书(newsbook),它们却是近代报刊的雏形。编这些记事性小册子的人可以称为编辑。③

对于西方新闻编辑事业的发展,美国的迈克尔·埃默里、埃德温·埃默里、南希·L.罗伯茨在他们的《美国新闻史:大众传播媒介解释史》(第 9 版)中作了记录。1621 年夏,现代报纸的雏形出现在伦敦街头。这些原始的报纸被称为"科兰特"。"科兰特"曾对詹姆斯一世的外交做出批评。作为报复,国王用都铎王朝的老规矩对编辑们进行了制裁。从这里我们可以知道编辑已经在"科兰特"中存在。

1644 年 11 月 24 日,诗人约翰·弥尔顿发行了著名的《阿里奥帕吉蒂卡》(*Areopagitica*)(现通译为《论出版自由》,也许可以说这是最负盛名的对新闻出版自由的伟大请愿。克伦威尔统治时期,只许那些政府喉舌出版,诸如由伟大的弥尔顿负责检查的《政治信使报》,也曾经通过弥尔顿控制了一个时期的《完整日记》以及后来的《公共报信者》(1655)。马查蒙特·内德姆(Marchamont Nedham)当时是克伦威尔的主要编辑。

1704 年第一份真正连续出版的美国报纸《波士顿新闻信》在格林印刷所印刷出版,它是双面印刷的单张报纸,比一张打字纸稍大。约翰·坎贝尔集发行人、编辑、邮政局长于一身,他只是将伦敦来的、已隔数周的报纸剪剪裁裁,作为外国消息来发表。他应该算是早期的新闻编辑。

18 世纪最伟大的英国新闻工作者是丹尼尔·笛福(Daniel Defoe),他在1717 年至 1720 年间编辑出版了《雾霭新闻报》(*Mist's Journal*),某些权威人士

---

① 张允若主编.外国新闻事业史.武汉:武汉大学出版社,2000:9.

② 韦伯.新教伦理与资本主义精神.北京:三联书店,1987:6.

③ 程曼丽著.外国新闻传播史导论(第二版).上海:复旦大学出版社,2007:5.

甚至认为,笛福是现代社论之父。他以最为动人和极富说服力的文笔探讨各类问题,他也同样成为了美洲新闻工作者的榜样。但是,像其他所有的报纸编辑一样,笛福也经常面临因煽动性诽谤罪而被捕的危险,特别是由于报道国会活动的新闻。

1721年,《新英格兰新闻报》问世,这张生气勃勃的小报是由詹姆斯·富兰克林创办的,他是更有名望的本杰明·富兰克林的哥哥。他最先使用了多年以后的报纸几乎是必不可少的手段,这就是撰写"讨伐"式报道,这种编辑手段的目的是通过富于戏剧性的形式报道新闻以产生效果。一个富于讨伐精神的编辑不满足于单纯的事件报道,而是懂得如何制成公众感兴趣的故事。富兰克林是正式使用这一办报方法的专家。

在国外最早出现的职业新闻编辑是16世纪,最早出现"编者"字样是1800年的美国《合众国公报》。① 从16世纪以后,编辑在各种出版物中存在并发挥着极为重要的作用。

1977年,为加强各编辑学会以及组织之间的联系,更有利于全球性的信息交流,第一届国际科学编辑会议在耶路撒冷召开,出席会议的各国编辑人士就成立一个国际性的国际编辑组织进行了酝酿,为成立国际性组织奠定了基础。1978年,在联合国教科文组织(UNESCO)的支持下,成立了国际科学编辑联合会。该会在国际上代表科学编辑界,协调与补充不同学科与地区科学编辑团体在各个地区的活动。②

不论是口头新闻、手抄新闻、印刷新闻,科兰特一直到后来正式出版的报纸、杂志、图书,其实从新闻一出现,编辑就以潜在或显在的形式存在,编辑是一种很早的新闻活动并不断发展到今天。

然而,中国早期的编辑活动,我们可以把他们称为史书编辑,而不能称为新闻编辑。新闻编辑都有着新闻媒介的特性。报纸编辑是新闻编辑的最早形式,也是新闻编辑的基础。新闻编辑与编辑学、传播学、新闻学等学科相互交织。它具有渗透性、交叉性、跨越性和覆盖性特征。

从编辑业务求看,可能会涉及的相关学科包括信息论、文化学、语言学、文学、心理学、传播学、逻辑学、艺术学、写作学、美学和方法论、系统论、控制论以及计算机操作技术等。

根据编辑学对象不同,可以分为报纸编辑、图书编辑、期刊编辑、广播电视编辑、网络编辑等。其研究路径包括理论研究、应用研究和历史研究三个部分。按

---

① 刘圣清.中国新闻纪录大全.广州:广州出版社,1998:5.
② 齐志英.国际科学编辑联合会及其举办的国际会议.编辑学报,2001(3):137.

工作内容可以分为文字编辑、图片编辑、言论编辑、版面编辑、副刊编辑等。

基于一定的目的，从事新闻类精神产品的征集、选择、整理、加工，促其发表或播出，使之有效传播的工作就是新闻编辑工作。①

三、关于舆论

(一)西方的舆论发展

在国外，舆论研究起步较早。徐向红在《现代舆论学》(1991)一书中认为，1651年，霍布斯在《利维坦》这部向教会和君主制宣战的著作中最先使用了这一概念。该书中说："会议的公众意见就是辩论所得的决议和一切审议的目的。"而论辩者在讲演时也十分"注意人们的公共情绪与舆论，并运用直喻、隐喻、例证和其他讲演术的武器说服听众"。

到1762年，卢梭发表《社会契约论》，首次提出了公众意见的概念。他说："公共意见是一种法律，监察官就是这样法律的执行者。"②公共的意见今天翻译为"舆论"，于是"舆论"这一概念才同他的著作开始流行于整个欧洲，并被广泛使用。

《美利坚百科全书》对舆论的界定是："舆论是群众就他们共同关心或感兴趣的问题公开表达出来的意见综合。"英国《大不列颠百科全书》认为，"舆论是社会上值得注重的相当数量的人对一个特定问题表示的个人意见、态度和信念的汇集。"它包括以下四要素：(1)必须有一个现实的、有争议的社会问题；(2)必须有多数社会公众对这个问题表示关心并发表意见；(3)在这些意见中，至少有某一种一致性；(4)这种意见直接或间接地产生社会影响。③

早期关于舆论比较著名的论述主要有法国社会学家加布里埃尔·塔尔德，1901年他出版的《舆论与群众》(Uopinionctla foule)，对舆论的结构、形成、运动过程等作了详细分析。他一万余字的"公共舆论，大众传播与个人影响"见解独到，其中的思想精髓仍值得当代的新闻传播学界研究探讨。

舆论学研究的另一大师是沃尔特·李普曼，他在宣传分析和舆论研究方面享有很高的声誉。就大众媒体在构成舆论方面的作用而言，他是最有权威的发言者，其1922年出版的《舆论学》被公认为是传播领域的奠基之作。

1939年，美国人艾尔贝格出版的《舆论：导论》，是一部比李普曼更专业化的著作。全书分为23章，论述了包括舆论的本质和历史发展，传播、语言、心理过

---

① 陈红梅著.新闻编辑.武汉：武汉大学出版社，2005：5.
② 卢梭.社会契约论.北京：商务印书馆，1987：159.
③ 廖永亮.舆论调控学.北京：新华出版社，2003：29.

程等对舆论的影响,舆论的地理分布、态度与意见等内容。该书拥有一整套规范细密的概念范畴,明确了舆论学的研究对象和研究范围,形成了体例完整、系统严密的理论体系,不但对舆论概念进行了历史性的考察和追述,而且还试图探索舆论学的独特研究方法。①

（二）我国舆论的发展

国内对于舆论的研究起步较晚。在六经之首的《易经》中就多次提到舆字,"《象》曰:君子得舆,民所载也。"②不过在此,舆的意思是指车。在《孟子》中说道:"然则一羽之不举,为不用力焉;舆薪之不见,为不用明焉;百姓之不见保,为不用恩焉。"③《梁书·武帝纪》中则明确使用了"舆论"一词:"行能臧否,或素定怀抱,或得之舆论。"这是"舆论"一词最早见于中国古籍,此处已为"众人的议论"。④

1902年,梁启超创作了《舆论之母与舆论之仆》的专论,"敌舆论者,破坏时代之事业也;母舆论者,过渡时代之事业也;仆舆论者,成立时代之事业也。"⑤舆论不过是常人之见而已,而英雄豪杰贵在能发现常人所不及者,善于领导舆论。

林语堂的《中国新闻舆论史》(1968年版)全书分为中国古代的报纸;汉朝的公众批判和"党锢"运动;明朝的宦官、御史和东林党人;辛亥革命前的报纸改革(1895—1911);民主共和时期的新闻事业(1912年之后);当代新闻事业等数章内容。这是中国现代史上最早的新闻舆论学著作。

1981年第4期《陕西新闻研究》刊登了刘建明写的《舆论学初探》一文,此后,李祖兴、刘允洲、张晓虎诸先生也发表了舆论学论文。至1988年11月中国人民大学出版社出版《基础舆论学》一书,中国才有了舆论学专著,至此舆论学在中国才真正成为一门学科。⑥

1989年,刘建明的《当代中国的舆论形态》;1989年,孟小平的《揭示公共关系的奥秘——舆论学》;1990年,刘建明的《当代舆论学》;1991年,徐向红的《现代舆论学》;1992年,张学洪的《舆论传播学》;1999年,陈力丹的《舆论学——舆论导向研究》;中国学者创立了关于舆论的独立的学说体系和概念体系。

---

① 何扬鸣,张健康编著.20世纪中国新闻学与传播学·宣传学和舆论学卷.上海:复旦大学出版社,2002:241.

② 易经.昆明:云南大学出版社,2004:74.

③ (宋)朱熹.四书集.长沙:岳麓书社,1987:302.

④ 朱颖著.新闻舆论监督与公共权利运行.上海:复旦大学出版社,2011:4.

⑤ 倪琳.近代中国舆论思想演迁.上海大学.2010年.博士论文.第68页.

⑥ 刘建明.新世纪舆论学的辉煌,2005-11-23.中华传媒学术网.http://academic.mediachina.net/article.php?id=2392

2008 年胡锦涛视察人民日报社时,提出要建立舆论引导新格局以来,政府、媒体、公众以及学术界革新观念,把提高舆论引导能力放在了突出位置。特别是新媒体时代下,对中国舆论引导新格局的研究成为热点。

2013 年,习近平发表了"8·19"讲话,指出:我们正在进行具有许多新的历史特点的伟大斗争,面临的挑战和困难前所未有,必须坚持巩固壮大主流思想舆论,传播正能量,激发全社会团结奋进的强大力量。意识形态工作是党的一项极其重要的工作,舆论引领再次成为新时期媒体宣传工作的重点。

第五节　研究现状

新闻编辑的舆论引导属于新闻编辑功能发展的实践研究。近年来,随着新媒体的不断涌现,媒体融合的趋势日益强劲,新闻编辑的角色由从前的隐性舞台,出现在当今的显性舞台上,新闻编辑舆论引导功能的研究平台持续扩展。

关于新闻编辑功能的研究。近十年来继承了 20 世纪 90 年代的研究热潮,在新闻编辑学理论和实践上都进行了积极的探索,取得了引人注目的成绩,出版了一大批新闻编辑学方面的专著。主要有 2005 年 1 月陈红梅的《新闻编辑》(武汉大学出版社),本书详细地阐述了新闻编辑学的基本原理,其主要内容是以报刊的编辑为主。2007 年 2 月吴飞的《新闻编辑学教程》(高等教育出版社)阐释了现代新闻编辑实践中新的编辑学理论体系。2008 年 1 月谭云明的《新闻编辑》(中国传媒大学出版社)广泛吸收新闻编辑领域的最新成果,既展示出各类媒介新闻编辑的共性,又展示出各类媒介新闻编辑的个性,从而突破了传统新闻编辑教材只重报纸编辑的编写模式。2010 年 11 月张子让的《新闻编辑教程》(修订版)(复旦大学出版社)在《当代新闻编辑》(第二版)的基础上,作了大幅度改动而成。新版着力于强化新媒体生态的时代特点,吸取了国内外新闻编辑领域许多最新的实践经验和研究成果,在基本保持原书独特框架的同时,更新、充实了不少适应网络时代需要的内容。2010 年 6 月蔡雯的《新闻编辑学》(中国人民大学出版社,第 2 版)增加了媒体融合进程中新闻编辑理论与实践的相关内容,把当前媒体变革与新闻编辑业务改革实践相结合,将最新的业务发展动向和新取得的经验纳入了教学内容中。新闻编辑的这些专著,对新闻编辑的性质、特点、功能、操作都有详细的论述。此外还出现了一批细分的新闻编辑著作,如报纸新闻编辑、广播新闻编辑、电视新闻编辑、网络新闻编辑等专著,从而使新闻编辑的系统发展得更为完善。

关于新闻舆论的研究。新闻舆论的研究在中国除了引进李普曼的《舆论学》

以外,很少借鉴国外的模式,它有中国自己独创的学说体系和概念体系。20世纪30年代林语堂英文版的《中国新闻舆论史》在芝加哥大学出版(1968年纽约GREENWOOD再版)。全书分为中国古代的报纸,汉朝的公众批判和"党锢"运动,明朝的宦官、御史和东林党人,辛亥革命前的报纸改革(1895—1911),民主共和时期的新闻事业(1912年之后),当代新闻事业等数章内容。这是中国现代史上最早的新闻舆论学著作。1988年11月中国人民大学出版社出版刘建明的《基础舆论学》一书,中国才有了舆论学专著,至此舆论学在中国才真正成为一门学科。2009年邵培仁的《媒介舆论学:通向和谐社会的舆论传播研究》(中国传媒大学出版社),以宏大构架、多维视野和立体思维,全面勾勒中国和谐社会视野下舆论传播的特点、模式、影响、作用,对舆论传播学发生、发展的演进过程、特点进行全方位、多层面的系统描述、客观介绍和深刻分析,探讨当下舆论传播所面临的新机遇与新挑战。

在国外,沃尔特·李普曼在著作《公众舆论》(1922年)中,开创了今天被称为议程设置的早期思想。此书被公认为是传播学领域的奠基之作。作为一部传播学经典著作,该书第一次对公众舆论作了全景式的描述,让读者能细细地体会到舆论现象的种种内在与外在联系。马克斯韦尔·麦库姆斯的《议程设置大众媒介与舆论》(北京大学出版社,2008年9月)中的议程设置理论,这个理论始自一个简单的假设,这个假设描述大众传播如何影响公众对社会与政治议题的关注。由此,这个理论逐渐扩展,又融入许多新的命题,如关于产生这些效果的偶发条件、塑造媒介议程的力量、媒介信息中具体因素的影响以及这个议程设置过程的各种结果。这样,议程设置理论成为关于大众媒介议程及其效果的一张详细图谱。这是第二本介绍到中国的舆论学著作。

关于新闻编辑舆论引导的功能研究。1995年,新华社新闻研究所编著的《以正确的舆论引导人与新闻工作》(新华出版社),作为一部年会的论文集,"以科学的理论武装人,以正确的舆论引导人,以高尚的精神塑造人,以优秀的作品鼓舞人"的指示精神,为搞好我们的新闻工作探讨了积极的工作方法。1998年,新华社新闻研究所编著的《舆论引导艺术》(新华出版社)对马克思主义的舆论引导观,舆论引导的内涵、原则、方法和提高舆论引导用艺术的方法进行了深入研究,阐述了新闻舆论引导的时代使命。1999年,邹建华著《突发事件舆论引导策略》(中共中央党校出版社)。当前媒体发展迅速,特别是网络媒体发展一日千里,影响无处不在,无时不在,瞬间就能形成"舆论风波"。有关政府和企业应对稍有失误,就会受到媒体更强烈的质疑或批评,引发"舆论审判",轻则使政府形象受损,重则引发群体性事件,破坏社会稳定。这已经成为一种新型的公共安全危机。本书专门针对这一情况,提出了七大媒体危机公关原则,并对大量中外政府危机公关正反两方面的案例逐一进行分析和点评,旨在为有关政府部门和企业等今后处理类似事件提供借鉴和参考。2010年4月,任贤良的《舆论引导艺术:领导干部如何面对媒体》(新华出版社),随着改革开放的不断深化,我国的经济结构、社会结构、传媒结构正在发生着急剧而深刻的变化。处在问题多发期和矛盾凸显期的各级党政领导,面对汹涌而来的突发事件,是在"沉默"中错失良机,以致引发更大的社会冲突?还是及时抢占舆论先机,占领舆论制高点,正确引导社会舆论?这不仅是一个如何面对媒体、如何引导舆论的问题,更是一个考验各级领导干部执政能力的问题。作者还密切跟踪和研究国内外特别事件中的新闻舆论效应,深入分析总结其成功的经验和失误的教训,不断探索运用新闻舆论解决社会矛盾、维护社会稳定的规律,从新时期新闻传播的新特点、有效引导舆论的基本经验、正确面对媒体和记者的基本方法等方面,总结形成了本书。2010年5月,于建嵘的《变话——引导舆论新方式》(世界图书出版公司)是针对2009年云南陆良"8·26事件"及云南省委宣传部专门针对此次事件下发的《关于在突发公共事件新闻报道中有关注意事项的通知》的研究著作。书中详细地阐述了"8·26事件"发生的背景及起因经过,并邀请社会学家从群体性事件研究的视角、传播学家从危机传播管理的视角、法学家从陆良事件中法律适用的视角展开研究。此外,书中还摘录了各大报纸对此发表的社论,论坛、博客中网民的评论和云南省委宣传部自己的评价,肯定与质疑均有,目的即在群体性事件研究中反映官民两方的声音,不让任何一方失声,也为今后群体性事件的危机公关提供一个可供借鉴、参考的样本。2010年10月,曾婕等著的《重大突发公共事件中的广播电视舆论引导能力研究》(湖北人民出版社),坚持以马克思主义新闻观为指导,分析研究了以往重大突发公共事件新闻报道中积累的实践经验和理论成果,系统阐释了重大突发公共事件中广播电视舆论引导的机制、理念、路径和方式,既有较高的理论创新价值,也有较强的实践指导意义。2011年12月,陈兵的《媒体执政——媒体多样化背景下政府对新闻舆论的引导》(中国广播电视出版社),是我国第一部系统研究媒体执政理论和实务的专著。我国社会已进入转型升级时期,媒体呈现多样化的变革,自媒体时代已经到来。因此,在媒体环境发生结构性变局的情况下,政府应当运用媒体资源进行执政,对舆论进行科学、有效、恰当的引导,从而提高政府的威望和执政公信力。本书的研究内容主要包括媒体执政理念、媒体执政途径、媒体政策法规、媒体伦理道德、政务信息公开、各类媒体应对策略、网络、微博、突发公共事件等各种情境中的政府应对等。

综上所述,理论界从不同的视角对新闻编辑的舆论引导功能进行了多方面的探讨和研究,从政治学、社会学、经济学、新闻学、法学等方面,为新闻编辑的舆论引导方法设计了诸多路径。但是,各种研究均有各自的时代特征和侧重点,对于新媒体环境下的新闻编辑的功能拓展研究仍有待深入,对新闻编辑舆论引导的方式方法深层次的探讨仍有待完善。对于新闻舆论的引导研究大多从政治学和传播学的角度研究较多,从社会学、心理学、文化学和人类学等其他学科的角度研究较少,因此,本研究有较大的研究空间。

第六节　创新点和难点

通过不同角度、不同方式的大量文献检索发现,目前对于新闻编辑舆论引导的研究数量相当庞大,为本书的研究提供了大量的参考。但是在新媒体环境下,新闻编辑舆论引导的方式、方法已经出现了多样的变化,目前在国内的研究仍处于不够成熟的阶段。

一、研究的创新点

(一)新闻编辑的功能研究

以往人们对新闻编辑的研究主要倾向于对新闻编辑"实务操作"功能的研究,如标题设计、内容修改、图片处理、版式设计等,涵盖编辑流程的各个环节,有较强的操作性。本书在跨学科的基础上,将多学科知识和理念有机融合,从社会学、心理学、政治学等角度,探讨了新媒体环境下,新闻编辑的舆论引导功能的变化。国内对于舆论的引导,大多是从宏观角度进行研究,如舆论与新闻学的关系,舆论与传播学的关系,舆论与宣传学的关系,舆论与社会生活的关系,方法之众多,内容之丰富,表现了新媒体时代人们对于舆论引导的高度重视,对于舆论宏观引导的广泛关注。但是,舆论从宏观视角上看是社会系统的变化发展,然而从微观层面上看是个人意见的形成和表达。个人意见的多样、细微、零碎,经过长时间的积聚,将逐渐改变人们的思想认识、群体的行为方式和社会的发展方向。在宏观和中观研究的基础上加强其微观研究,深化了对新闻编辑工作的理论探讨,强化了对编辑技术的理性思考。

(二)新闻编辑的角色转换

新闻编辑一直都以"把关人"的形象存在于新闻传播领域。在新媒体环境下,新闻编辑的角色由"把关人"转变为新媒体的"心脏","新闻观察员","信息过滤网"和"媒介管家"。本书研究了新媒体环境下,新闻编辑功能发生的变化,新闻编辑的外部空间迅速扩展,新闻编辑室中媒体技术高度融合,新闻编辑自身全媒体功能不断完善,促使新闻编辑从不同角度、不同层次、不同构架中,通过多维的视角去观察、研究和分析新闻,把多样性的新闻进行筛选组合,以全新的组织形式发布,在舆论引导中有效地推动社会政治、经济、文化的大发展。

(三)新闻编辑舆论引导功能的转型

没有媒介,就没有传播。媒介的出口,就是新闻编辑促成所希望的舆论的关键所在。已有的舆论引导研究,关注了事件当事人、旁观者的舆论发起研究,记者的采访、筛选、写作的传播制作过程研究,受众的阅读、观看、收听的传播效果研究。然而在以上的传播系统工程研究中,对于新闻编辑的舆论引导功能研究仍然欠缺。在新媒体环境下,新闻编辑由新闻信息的发布者转型为信息过剩的组织者,由新闻信息的修订者转型为数据新闻的深加工者,由新闻编辑室的守望者转型为新闻的创造者。

(四)探讨了新媒体语境下的舆论特点

新媒体作为新技术支撑下的媒体形态,包括数字报纸、数字广播、数字图书、移动电视、触摸媒体等。新媒体的出现,导致舆论传播形态的巨大改变:公众开始拥有自由话语的平台,受众转变为信息的用户和意见的群体,任何传播都是双向互动的存在,舆论传播渠道更多元。然而,无论媒体的方式如何改变,新闻编辑发布新闻、引导舆论、监督社会的功能不会改变。新闻编辑的舆论引导功能的增强,是实现中国梦的重要保障。

(五)"受众"向"群体"的转变

以往对新闻信息的传播都会从"受众"的角度来探讨新闻传播的效果;在新媒体环境下,"群体"将替代"受众"成为影响媒介传播的重要因素。因为今天的群体不但阅读新闻,他们还创造新闻;他们不再被动接受新闻,而是主动参与新闻的互动;他们不只是被舆论所控制,有时还控制舆论。今天的群体成为新闻编辑舆论引导中十分重要的一部分。

二、研究的难点

(一)新媒体环境下新闻编辑舆论引导研究,是一种处于不断变化发展环境下的研究,随着新媒体的快速演进,新闻编辑舆论引导的方式和方法也在快速调整。本研究鉴于舆论引导的重要性,从政治学、管理学、社会学、心理学、新闻学、传播学等多方面展开,从大新闻编辑的角度,抓住几个重点进行探讨,很多方面都难以涉及,有待同行进一步展开研究。

(二)关于舆论引导的研究和著述十分丰富,但是从新闻编辑这个微观的角度对舆论引导的功能进行研究的个案和专著较少,相关的文献资料的寻找十分困难,这会导致在研究时会出现漏洞与盲点,增加研究的难度。

第二章 新媒体环境下的新闻编辑

第一节 新闻编辑的功能转型

随着新媒体的出现,新观念、新思想和新话语不断涌现,大众新闻的表述语言和人们生活中的话语在快速变化,人们开始抛弃陈腐的政治术语和刻板的叙述表达,走向自由鲜活的话语空间。开放多元的思想领域、内化个性的行为方式,令媒介新闻资讯走向了前所未有的繁荣,各国互联网相互翻墙,没有你看不到的新闻,只有你想不到的新闻。数字报纸的新闻、数字电视的新闻、手机的新闻、微博的新闻、web2.0、数码集市等一系列新闻存在形式,表明新闻传播已经进入到一个崭新的时代,传播由单向的传播转为双向互动的传播,彻底颠覆了原有的媒介秩序。"一个国家的国情——它特殊的政治、经济、文化、社会体制——构成了大众传媒的社会生态环境,它决定着传媒制度、传媒能够达到的发展水平以及操作理念、运作模式。""社会生态环境的改变迫使包括大众传媒在内的社会各子系统进行或快或慢、或大或小的调整、变革以适应新的社会生态环境。"[①]这就迫使人们去思考,今天的新闻应该怎样做? 今天的编辑应该怎样编? 今天的舆论应该怎样引? 如何从宏观和微观的角度去思考媒体将对社会的发展起到什么样的作用? 在思考这些问题之前,我们必须先考察一下,今天的媒介和社会发生了哪些变化。

一、社会的转型

媒体和社会是紧密相连的,媒体的主要功能就是为社会提供更多的信息。新媒体的出现推动了社会的快速发展。新媒体改变了人们接受信息的方式,增进了人们的沟通与理解,每个人既是信息的生产者,又是信息的消费者。在新媒

---

① 李良荣.李良荣自选集.上海:复旦大学出版社,2004:27.

体环境下,虽然基本的社会法则没有改变,但是社会的组织关系和人们的思维、行为的方式却出现了转变。新媒体加速信息的交流和思想的争鸣,从而引发更多的社会转型。

第一,公民主体意识的发展。媒介系统的改革,是以社会系统的改革为基础的,主要体现在以政治为中心的"领域合一"、"中心限定"走向了"领域分离"和"网状限定",社会的政治、经济、文化、思想等领域各自的功能得到了充分的发挥,社会结构的各个部分快速发展,又在整体的框架中得以健全。公民社会的快速崛起,展示了市场经济的强大动力,个体和组织摆脱了政治中心的控制,成为独立自由的个体,公民的主体意识得到了空前的满足,公民社会的形成,有效地推动了媒介的发展,我国的新闻业开始走向整体转型期。民众言论阵地不断扩展,报刊、广播、电视、网络在改革中不断前进。1978 年,我国报刊将近有 186 家,到了 2000 年已经达到 2100 家左右。1994 年,网络开始进入中国,1995 年,网络开始向社会开放,从此我国网络媒体新闻进入了迅猛的发展阶段。"1995 年 5 月 20 日,《中国贸易报》率先在互联网上建立自己的网站。1997 年 7 月 1 日,《人民日报》网站开通;同年 11 月 7 日,新华社的新华网开通。随后,全国许多媒体建立了各自的网站,并加强合作。"①

互联网经过 20 年突飞猛进的发展,网民参与程度逐步深入。据中国互联网络信息中心(CNNIC)在京发布第 34 次《中国互联网络发展状况统计报告》(以下简称《报告》)。《报告》显示,截至 2014 年 6 月,中国网民规模达 6.32 亿,其中,手机网民规模 5.27 亿,互联网普及率达到 46.9%。网络的快速发展为公民提供了发表观点和意见的广阔平台。人民网"强国论坛"上,一条"喜迎十八大网友说期待"的帖子,聚集了接近 10 万的人气,广大网民在跟帖中表达愿望、诉说期待,形成十八大盛会的一道"民意风景线"。这种参与的热情,是十年来公民有序参与公共事务的缩影。当大地震肆虐汶川,各地志愿者通过网络发起赈灾行动,赢粮景从齐聚震区,与灾区人民一起守望相助;温州动车事故之后,温州市民自愿发起在寂静的深夜排起献血的长队;当大雨侵袭北京,150 名农民工救出 182 名被困群众。公民参与从涓滴之间凝聚起社会发展的"正能量",成为政府力量的重要补充。社会学家指出,人的现代化就是从"消极公民"转变为理性参与公共事务的"积极公民"。从网络上积极"围观"、坚定互动,到现实中参与监督、促进公开;从草根慈善、社会组织,到共享共建、志愿精神,"积极公民"的形象在近十年间逐渐清晰。

第二,民主化进程的推进。公民的人身权利和民主权利得到了充分的保证。

---

① 彭红燕主编.中国新闻事业史.武汉:武汉大学出版社,2011:297.

十八届三中全会进一步强化了建设富强民主文明和谐的社会主义现代化国家、实现中华民族伟大复兴中国梦的思想,加快推进社会主义民主政治制度化、规范化、程序化,发展更加广泛、更加充分、更加健全的人民民主。人民民主的实现是新闻自由的政治前提,新闻只有敢于代表人民的舆论,新闻才会走上民主发展的道路。"正如约翰·埃尔德里所言,民主最大的敌人不是系统的高度集中和霸权,也不是生活世界的殖民化,而是社会个体的自我漠视,自我的异化。约翰·基恩认为,民主是由对公开的事情做出判断的公众所支配的。正如李金铨所言:民主变迁的过程和原因比想象的要复杂、动态的多,并非直线发展,而是充满矛盾和紧张。而在诸种因素中,社会个体的自主意识、自我支配思想、自我解放精神是最为重要的。"[1]所以在新闻民主的道路上,新闻的自由必须要走"积极自由"而不是"消极自由"的道路,新闻民主不仅是实现新闻理想的工具,更契合人类自身固有的本性。

2010年随着微博元年的到来,中国的网络民主迈上了新的台阶,人人都有自媒体,处处都有微传播。《人民网·舆情》栏目:舆情观察中的《每日舆情解读》《一周舆情综述》,以及《微博排行》,还有其他各大网站关于国内各大事件的追踪报道,网民通过网络既行使了自己的民主权利,又保障了言论的自由。民主制度得到了快速的推进。2008年以来,《政府信息公开条例》实施推动了社会关切事件的公开进程,另一方面是公众越来越积极地参与公共事务,"关切与回应"成为社会生活中的一个新趋势。近年来,中央和各省区市举行的新闻发布会,从一年1088场增加到一年2237场。在突发事件发生后,很多部门和地方都能主动开展新闻发布活动,一些新闻发布会甚至被放到突发事件现场召开。不管是通过这些数字,还是各地如雨后春笋般涌现的政务微博,都可以发现,回应社会关切已经成为政府信息公开的重要一环。2013年国务院办公厅印发《关于进一步加强政府信息公开回应社会关切提升政府公信力的意见》,要求各级行政机关依法主动、及时地公开政府信息,增强公开实效,保障公众的知情权、参与权、监督权。网络的便捷、高效,表达的自由、顺畅,为公民参与公共决策和维护社会体系的正常运转提供了有利条件。

第三,媒介生态系统的扩展。新媒体在网络信息传播的过程中把传统媒体的所有形式都纳入到数字传播的体系当中,除此以外,新媒体还可以跨越各个媒体传播的界限,实现融合传播。新媒体使媒介生态变得更加丰富、多元,其中视听新媒体已经成为主流媒体的新阵地、文化产业的新平台、人民群众开展文化活

---

① 肖云帆.新媒体语境下的新闻民主与媒介素养——基于格拉斯哥媒介研究小组媒介观与方法论的思考.自主创新与持续增长第十一届中国科协年会论文集(4),2009(9):207.

动的新空间。移动即时通讯迅速发展,原因是一方面移动终端与网民需求的契合度大有关,另一方面是在社交关系的基础上,增加了信息分享、支付、游戏等应用,极大地提升了用户黏性。新旧媒体的融合,使各种媒介呈现出多功能一体化的发展趋势,多种媒体的新闻编辑融合为一个共同的采编整体,策划新闻报道,完成采编制作,并决定哪些内容适合在哪个媒体上播发。对于新闻信息中的舆论引导起到有效的控制作用。

社交媒体在互联网的沃土上蓬勃发展,爆发出令人眩目的能量。其传播的信息已成为人们浏览互联网的重要内容。社交媒体不仅制造了人们社交生活中争相讨论的一个又一个热门话题,进而吸引传统媒体争相跟进。人们撰写、分享、评价、讨论、相互沟通,分享意见、见解、经验和观点。大批网民自发贡献,提取、创造新闻咨询。社交媒体最突出的特点:一个是传播人数众多,一个是自发的传播。"推客"们每天孜孜不倦地推送各种新奇好玩的想法,网站,新闻,音乐,视频的链接,这些"推特"消息被一级一级过滤转发,迅速传遍了全球。社交媒体的产生依赖的是 web2.0 的发展,如果网络不赋予网民更多的主动权,社交媒体就失去了群众基础和网民支持。如果没有技术支撑那么多的互动模式、那么多的互动产品,网民的需求只能被压制无法释放。如果没有意识到网民对于互动的表达自我的强烈愿望,也不会催生那么多眼花缭乱的技术。社交媒体正是基于群众基础和技术支持才得以发展。

社交网络对个人而言,是一项"服务",一项用以跟老朋友互通有无、保持联系、拉近距离的网络服务;一项拓展关系网,结交志同道合的朋友的"服务",这些服务带领我们进入了数字化的"泛社交时代"。从另一个角度来看,"社交网络(SNS)"也可以是一种媒体,因为在这个网络平台上,无数的信息被网络中的节点(人)过滤并传播着,有价值的消息会被迅速传遍全球,无价值的信息则会被人们遗忘或者只能得到小范围的传播。网络媒体生态系统不断扩展,新媒体信息每天都在不断地发展、变化、自我淘汰和不断完善。

二、新闻传播方式的转型

新闻媒介社会化进程的加快,使新闻媒介对社会的影响日益加强,新媒体不但改变了新闻传播的方式,并使舆论生态呈现出复杂多变的态势。李希光认为,"毫无疑问,互联网代表着新闻传播和民主社会的未来,是不可逆转的大潮。"①在网络时代,新闻媒介出现了前所未有的转型。

第一,新闻来源的多元化。现代传播技术的日新月异,传统媒体已经认识到

① 李希光.转型中的新闻学.广州:南方日报出版社,2005:135.

单一的媒体已经难以生存。以往传统媒体的新闻传播模式是只有少数几家媒体向公众发布新闻。过去一有重大新闻,人们就会去听中央人民广播电台,去看新华社播发的消息,等待《人民日报》的出版和中央电视台的报道。出自权威新闻机构的消息,让人们觉得真实可靠。然而网络的出现,更多的信息直接被在第一现场的人报道,有视频、有图片、有文字、有真相,人人都可以在网上发布新闻,新闻发布失去了守门员,如今很多时候"守门员"变成了"救火队"。网络容纳了各种来源的新闻信息,构成了最为广泛的公共领域,在这个自由交流的社区里,人们将属于各个社会层面的多元场景融合在网络新闻中,于是,多元化成为中国媒体发展的重要方式。

新闻来源的多元化并不随着国家的政策和国民的意志力而改变,而是出于技术的驱使。20 世纪 80 年代,王选发明了激光照排系统,使我们告别了铅与火的时代,迈入了光与电的时代,使我国传统的出版行业仅仅用了短短数年时间就走完了西方几十年才走完的道路,这一技术革命为"厚报"时代的到来铺下了顺畅的道路,为新闻的多元和丰富提供了必要的前提条件。90 年代,随着互联网进入中国,传播范围扩展,信息渠道多元,网络成为传媒霸主,报刊、广播、电视、手机纷纷加速了数字化进程,为了得到更多的关注,吸引更多的受众,新闻开始走上了多元化的发展道路,满足人们对新闻信息的多元化需求,以增强媒体的核心竞争力。像南方日报报业集团,由《南方日报》一张报纸的单一业态演变成报纸、杂志、广播、电视、LED 等多种业态形式,既实现了传播媒体的多元化,又强化了自身竞争力。上海的第一财经传媒集团也是如此,下属媒体有第一财经电视、第一财经日报、第一财经广播、第一财经周刊、第一财经网站、中国经济论坛、第一财经研究院等经营实体。把报纸、杂志、广播、电视、网站等多元形式,融合在"第一财经"的统一品牌之下参与竞争,实现了多元化的产业集群。

即便是网站也在进行着多元化发展的尝试。1997 年 11 月 7 日,北京新华社网站正式建立,在新华社成立 66 周年之际,新华社与中国电信合作建立了新华社网站,新华网很快从单一媒体快速发展为多媒体。新华网除背靠新华社强大的采编底蕴外,依托新华社遍布国内外的 150 多个分支机构,组成了覆盖全球的新闻信息采集网络,提供丰富、权威、快速的原创新闻信息。不仅融进了视频、手机新闻,还准备介入搜索和网络电视、手机电视领域,视频栏目丰富多彩,音频新闻轻松收听,FLASH(动漫)新闻诙谐有趣,内容图文并茂,形式丰富多彩。提供多元化网络服务的新华网已形成以新闻中心、专题、视听、动漫为主体的新闻区,以财经、体育、科教、IT 等为主体的专业频道区,以焦点网谈和发展论坛、统一论坛为主体的访谈区,以短信、汽车、房产等为主体的服务区,以政府在线、VIP 专区为主体的政务区。五大特色专区互动联动,为全球网民提供多元化服务。2011年4月19日,新华微博上线公测。这是继新华论坛、新华博客、新华播客、新华拍客和新华收客等社区服务之后新华网推出的又一个重要应用。

新闻媒介的多元融合,使所有新闻数据的采集,通过全媒体新闻内容编审平台进行数据处理后进入中央数据库,全媒体数字化产品可以把中央数据库中的信息经过数据再加工进行使用,也可以通过直接运用的方式,进入传统报纸、数字报、手机报、网络媒体、官方微博、音视频等信息发布平台。新闻媒介的多元化,使新闻信息的舆论管理采用了更多新的手段和方式。

第二,新闻生产的市场化。"经过20年的改革,政府对出版业的垄断控制发生了重大的变化。市场削弱了政府对新闻编辑有效的控制。原因很简单:一方面政府想要控制新闻,另一方面政府拒绝给媒体经济支持,而让媒体从市场上赚钱。因此,市场分享了对媒体的控制。"①新媒体环境下的市场新闻,为了得到更高的利润回报,争取更多的读者和广告商,新闻信息的传播更多强调坏的消息是新闻、问题是新闻、卖点是新闻;而以政治传播为目的的宣传新闻则强调进步是新闻、好消息是新闻、正能量是新闻。于是在新闻市场化的今天,新闻的存在根据传播的需要时常可以分为三种形式:一种是公共新闻,一种是专业新闻,一种是商业新闻。公共新闻就是代表公共利益的报道,如国家政策、法规,公共的事物,公共的会议,国家的重大事件,人民的公共安全,人民的公共健康,公共卫生,生态环境等的报道。专业新闻,则走的是新闻专业主义的道路,独立于任何权威和商业炒作之外的新闻理念,以客观、真实、准确的态度去报道新闻事实,具有社会公器的职能,服务于公众的利益,接受专业组织的自律,而不仅限于服务政治或经济利益集团。商业新闻,则是找卖点、吸引眼球、寻求回报等有商业目的的新闻,如娱乐新闻、名人丑闻、明星逸事、股票行情、个人隐私等,因为商业需求炒作起来的新闻。无论哪种新闻,它都应该代表公众的利益,都应该担当起舆论监督的功能。

第三,新闻服务的定制化。"在今天的传播市场,谁对'终端客户'掌握得最有力,谁就拥有未来的传播市场。"②从传媒市场化的生产角度来看,由于市场要求服务对象的确定化,于是对新闻人必须从过去简单的资讯提供者的角色转变为"信息管家、时事顾问、意见领袖"这样一种智慧型的信息提供者,为确定的服务对象提供更周到及时的资讯服务,同时要求新闻从业者要站在目标受众的立场上,为他们进行专业的资讯解读、信息的整合以及进行相关的价值判断。网络新闻,浩如烟海,丰富全面,当我们想寻找我们需要的新闻,仿佛在云里雾里,十

---

① 徐培汀著.中国新闻传播学说史:1949~2005.重庆:重庆出版社,2006:187.
② 喻国明著.变革传媒.北京:华夏出版社,2005:14.

分渺茫，为了能够在最短的时间里阅读到自己最需要的新闻，你就可以通过新闻定制，得到自己想要的消息，当这些内容在更新档期的时候，及时的通知会自动通知你，这样你就不用像大海捞针一样在网上找来找去。为了满足大家对新闻订阅的需求，百度开发了全新的个性化新闻订阅服务，并对现有的 RSS（信息聚合技术）订阅进行了整理。RSS（信息聚合技术）使读者只需一个新闻阅读器（如鲜果、抓虾、Google Reader 等），就可以将任何喜欢的新闻栏目收入门下，新闻源不再受到限制。在浏览新闻网站的时候，读者可能遇到自己心仪的栏目或者作者，想要在将来继续跟踪阅读这里发布的内容。比如他喜欢闾丘露薇报道的新闻，很简单，只需要复制闾丘露薇专栏的 RSS 订阅源地址到自己的新闻阅读器，以后，闾丘露薇更新的内容就会毫无遗漏地记录到阅读器当中。新闻阅读器不存在如果不及时跟进阅读，一些有价值的新闻就会沉下去被错过这个问题，不管过去多长时间，只要读者打开阅读器，他就能查看到所有定制新闻源更新的内容，加粗黑体的新闻标题作为未读提醒，已经阅读过的新闻也会被保留在阅读器当中以供查阅或反复品味。新闻阅读器就像是一个珍贵的私人典藏馆，不管读者喜欢的内容藏在多么人迹罕至的角落，只要是读者发现并订阅了它，就能在未来持续进行跟踪。个性化新闻订阅是个全新的服务，你可以按照你的喜好，设置关心的关键词和地区新闻，当下次登陆的时候，订阅喜好还可以储存在机器上自动将结果展示出来（需要开启您电脑里的 cookie）。比如，你想看每一周的焦点新闻，但时间有限不可能自己去搜，这样你就可以通过新闻定制的方法阅读到这些新闻。定制化的个人新闻主页，不仅剔去了大量用户不关心的资讯，而且还能够将原本藏在角落不被知晓的内容挖掘出来并呈现给喜欢它们的读者。今天你到各大网站都可以找到新闻定制服务。新闻编辑就可以根据新闻定制对象的需求来组合新闻。

三、新闻编辑的功能转型

新媒体的出现，使新闻信息以数字化形态取代了传统媒体的形态，报社既出版传统平面媒体的报纸，也在制作网络版的数字报纸。报纸虽然有它传统的销路，而数字报纸目前大多数却是免费阅读的，于是熟悉新媒体的人们，更愿意去阅读数字报纸。传统的期刊人们可以随处购买，但是忙碌的人们很少有时间停下脚步来关照；数字期刊虽然是收费的，但是丰富的信息和低廉的收费，却已经极大地满足了人们需要的各种新闻和故事。传统的图书，就是对于最爱阅读的人们来说，捧着一本既占空间面积又厚重的书，也还不如看数字图书来得轻松方便，何况数字图书的价格和纸质图书的价格那可是相去甚远。新媒体可以说正在改变着人们的阅读方式和思想观念，新闻编辑也在转型中逐步适应新的媒介形态。

第一，新闻编辑由新闻信息发布者转型为过剩信息的组织者。以往的新闻编辑的工作，就是对采写来的新闻经过精细编辑发布出来成为最基本的工作流程，然而面对今天过剩的新闻信息，这样的方式似乎早已黔驴技穷。普通公众参与到新闻传播之中，单向传播被双向传播所取代，新媒体被广泛运用。所有的新闻文化都成为消费文化，所有的新闻信息不再是保留而是消费。可以珍藏传世的新闻几乎没有，因为新闻生产都成了流水线，每日的新闻成千上万，千差万别，并且免费提供，再加上网络无限的复制性，使得新闻成为需要调控的产品。今天的新闻编辑室中，已经开始根据公众需求和市场行情，来决定媒介采用什么样的方式来发表新闻。新媒体的多元化，令新闻编辑已经无法在新闻信息的端口控制舆论，尤其是大数据的到来，海量信息的喷涌，使信息的价值体现需要新闻编辑的信息整合，新闻编辑成为信息的组织者，不仅要考察语言本身和视像文本这些现成的产品，还要检视其背后的意识形态，探寻大众文化领域的需求，领悟更宽广的社会变化，在各种断裂的信息中，寻找相互的联系。

在信息过剩的时代，大量的新闻开始向社交媒体转移。今天的新闻，人们时常理解为来自事件亲历者直接的状态信息，这些信息在亲历的过程中，有的是瞬时的、有的是片段的、有的是图片的、有的是文字的、有的是声音的……是一个事件从发生到发展、到最终结束的整个过程。单纯的新闻信息本身，已经不能让我们看清一个事件的整体，新闻编辑只有通过对信息的组织和整理，对简单的新闻陈述进行系列的组合和深度的挖掘，才能让人们看到完整的事实真相。微博、微信、社交网络、新闻社区等互联网服务，成为人们获取最新新闻动态的主要渠道。传统媒体中，记者们在接到新闻选题、任务分配、联系相关人员获取信息、新闻编辑制作新闻产品，最后看到的是一个过去新闻事件的静态快照。这对于一个光速发展的时代来说，似乎来得太晚。今天的新闻人已经从传统意义的专业媒体人扩展到了整个公民领域。

源于悠久的历史，传统新闻媒体在新闻来源上一方面力求可靠性，另一方面却受到了一定的限制。对他们来说，新闻的主要来源均来自机构的既有关系网络：各大新闻通讯社的新闻专线、相关机构联系人、不同地点的驻地记者、来自现有读者和观众的新闻线索。但一个机构的关系网络总是有限的，许多潜在的新闻来源可能会被错过，同时由于新闻节目、版面、人员的限制，许多有价值的新闻参与者也可能无法得到发言的机会。

新媒体技术的发展，让过去被媒体垄断的新闻发布渠道得到了解放，几乎所有人都拥有了直接发布消息的能力。像过去那样，只能通过媒体渠道才能将消息发布出去的时代已经过去。正像马来西亚航班 MH17，本来是由阿姆斯特丹国际机场飞往吉隆坡国际机场,北京时间 2014 年 7 月 17 日 23 时,却在乌克兰靠近俄罗斯边界坠毁。许多亲身经历这一事件的人,或通过博客、或通过各种社交网络渠道将自己知道的事件细节发表出来,新闻编辑把这些消息聚合起来,以一个详尽的事件时间线呈现出来,制作了详尽的专题新闻网站,并标注了所有的消息来源。这可谓是充分利用了社交网络的新闻来源,同时也让新闻变得更加透明和可追踪。

对于网络时代的公民记者来说,通常情况下,个体的声音对群体的影响远不会达到传统媒体的深度,因为传统媒体的权威性、真实性和可靠性在人们的内心中的动力定型已经不那么容易动摇。新媒体信息发得多、转得快,真实性和可靠性有待求证,但是在群体的力量下,错误的信息往往能够比传统媒体更快得到发现和纠正,因此,在新闻报道过程中出现偶尔的错误并不是不可接受的,对于专业新闻人来说也是如此。持续的更新和纠正对新闻来说也许才是更重要的东西。新闻不是一个结束的产品,而是一个不断演变的过程。新闻编辑就是在不断地演变的过程中组织最为完美的新闻产品。

第二,由新闻信息的修订者转型为数据新闻的深加工者。以往的信息对于新闻编辑来说,只要把握全局,思想深刻,舆论导向正确,视角独特,反应快速,基本就达到了新闻的要求。今天我们进入大数据时代,发现媒介发生了如此之大的改变,这些改变不仅仅是媒体外在形态的变化,更是表现方式、表现内容实质性的改变,这些改变影响到我们个人生活中最深层的方面。我们需要更多的智慧,但是智慧都变成了智能,媒介变成了数字。"数据新闻是在多学科技术手段下,把庞杂的数据集中不同变量的复杂关系及其与整个社会发展的关系,用视觉语言向公众展示,以这种更客观更友好的报道方式激发公众对公共事务的探讨与参与。"[①]

大数据时代,我们拥有的信息如此之丰富,但并不是所有的信息我们都需要,于是新闻编辑必须对这些信息数据进行深加工。好的数据新闻作品绝不是仅仅依赖漂亮的图片和有趣的动画就可以成就。面对大数据的庞大数量和超快速度,新闻编辑提炼数据的时候,需要确定选择哪些数据更利于新闻事实的报道,因此,新闻编辑的出色工作,是使数据新闻转化为优质新闻的前提。2014年,《南方都市报》全国"两会"报道就采用了数据可视化报道。南都此次设专职统筹采编,并与凯迪数据研究院、南方舆情研究院合作,实践报道新模式。南都本次全国"两会"数据化报道,通过"普及解释性"呈现和"挖掘分析性"呈现,完成了 20 余期主题,得到了 20 余个"人无我有"的新鲜结论。最具规模效应的是对

---

① 李希光,张小娅.大数据时代的新闻学.新闻传播,2013(1):7.

政府工作报告的 12 个版可视化解读,其中包括对 GDP、房价等关键词的十年变迁,对报告怎么出炉、报告文本词频的分析。最具独特效应的是对财报的 4 个版数据化解读,其中包括对中央地方财权分配的解释性作品,对央企利润上缴的揭秘性作品等。新闻编辑通过团队合作,对海量数据进行深加工,深入浅出地通过图表展示新闻,体现了信息的价值,有效地引领了舆论。

挖掘分析性报道,是数据化新闻之魂,即在海量数据中,发掘出可用之材,按照各种创意和分析手段进行深加工,使多个数据集按照一定的逻辑建立联系,独立叙事,表达见解,新闻内容实现增值甚至再生。大数据时代,越来越多的媒体开始采用数据来展示新闻,这样做既利用了大数据存在的便捷性,又有利于新闻展示的深刻性、广泛性和生动性、形象性。

网络数据新闻的开发越来越受到社会的重视。2014 年 7 月 13 日,全球编辑网络还专门为数据新闻设置了奖项。全球编辑网络(Global Editors Network,后文简称 GEN)是一个拥有超过 1000 余名编辑的跨平台组织,它极力鼓励新闻产业的革新创造,每年由它颁发的数据新闻奖项在业界也非常有分量。它的奖项有:最佳单选题报道奖(Best Story on a Single Topic),2014 年获奖作品是由 Detective.io 推出的《移民档案》(*The Migrant Files*)。《移民档案》主要从不同的开放数据源整合数据,揭开了飞往欧洲的移民在半路死亡的悲剧故事,同时也讲述了这些事件对于欧盟各国移民政策的影响。《移民档案》由来自 6 个国家 10 个记者共同合作完成,这个故事用了 6 个拘留中心、2769 个事件、13713 个移民讲述所有的故事。正如评委所言:"在地中海附近,移民者的墓碑是他们存在过的证明,也是迄今为止对于他们生平最详尽的记录。由于官方没有对这些悲剧事件有足够深入的观察监视计划,这个责任便落在了一群来自欧洲的记者们身上,他们尝试建立一个完整的数据库以记录这些死亡事件,为了搜集数据,他们必须动手搜集相关新闻和民生报道。这个项目最为显著的作用便是将一个长久以来被忽略的事实放上了政治议程,同时也提供给民众和决策者足够多的证据,从而停止在欧洲边境上成千上万移民们的死亡。

其次奖项还有:最佳数据驱动调查报道奖(Best Data-driven Investigation),最佳数据可视化作品奖(Best Data Visualization),最佳个人作品展示奖(Best Individual Portfolio)。

最佳团队(新闻编辑室)作品展示奖(Best Team or Newsroom Portfolio),这个奖项是由来自瑞士的 NZZ 团队获得,这是一支来自瑞士日报的数据新闻团队,这个新兴的团队只有两人,他们不仅专注于数据报道,而且也支持在新闻编辑室的同事们进行从商业新闻到调查新闻方面的报道,他们的数据可视化的工作主要和当地的一家设计工作室 Interactive Things 合作进行的。

最佳小型新闻编辑室新人奖（Best Entry from a Small Newsroom），这个奖项由小型机构 Kiln 获得。Kiln 将新闻学、数学、图形学设计和网站开发中的技能综合到了一起，将复杂的数据转化成了简单易懂又吸引人的互动式故事。

这些奖项有效地推动了全球编辑通过网络，对信源数据进行深加工，形成新闻的生产方式的可持续发展，可视化和信息图表，是数据新闻的外在表现形式。数据新闻极大地满足了人们对新闻直观、生动、明了的需求。新闻编辑与记者、设计师、数据分析师一起参与数据新闻的策划，完成数据新闻的可视化和大型互动新闻产品的开发。

第三，由新闻编辑室的守望者转型为新闻的创造者。今天媒体的声音被放得更大，其中爆发出来的正能量，足以改变人们对世界的看法；新媒体中各类惊世绝俗之作，史无前例；新媒体的门槛降得如此之低，任何人都可以在媒体中指点江山，于是新闻编辑就再也不能像传统媒体的新闻编辑只在新闻编辑室中守望。随着数字化新闻的发展，只要信息存在的地方，就是新闻编辑工作的场所。"抽离化机制（disembedding mechanism）的拓展（这是一种把社会关系从特定场所的控制中解脱出来，并通过宽广的时空距离而对之加以重新组合的机制），这一深刻过程也是现代社会生活的特征。"[①]今天即使人们远隔重洋，只要有了微信，就可以坐下来面对面交谈，无论大事小事，彼此犹如在身边一样讨论。新闻编辑在抽离化机制中，为信息的交流者提供更多的值得信赖的信息，在公共媒体中建立公信力。社会生活丰富多彩，既有社会结构、社会制度的制约性，更有人的主观能动性。新闻编辑以实际行动影响、规范和调整着舆论。

今天的大众传媒不只是简单地把事实的真相呈现给受众，而时常是经过层层的政治需求审查和利益关系调整之后才让广大观众看到。这也许是当下新闻编辑的一个注脚。像美国电视剧《新闻编辑室》中出现的剧情，新闻人坚持新闻理想，只做自己想做的新闻，不用去迎合受众的兴趣，不用去考虑收视率，不用考虑广告商和赞助商的安排，敢于和上级领导抗争，坚持做自己的新闻，那也许只是一个理想。正如美国金牌编剧艾伦·索金所言：我喜欢写不披斗篷、不上伪装的英雄们。《新闻编辑室》是我们梦寐以求的新闻产业状态。它有现实世界的观感，给人以现实世界的感受，为什么就不是真实的世界呢？《堂·吉诃德》以及《南海天堂》这些描述迷失之城的作品都表达了这个隐喻。《新闻编辑室》注定是一个美妙的幻想，它与现实中各种真实而严重的事件相对立。

机器代替记者写新闻已经开始走入媒介。美联社 2014 年 6 月 30 日表示，

---

① ［英］安东尼·吉登斯（Anthony Giddens）著　现代性与自我认同现代晚期的自我与社会. 赵旭东，方文译. 北京：生活·读书·新知三联书店，1998：2.

自 7 月起开始使用新创公司 Automated Insights 的文章撰写软件,处理许多财经记者赖以为生的美国企业财报报道。美联社通常每季出产约 300 则财报新闻,财经记者们需要抢在通讯社规定的时限前完稿,但在计算机软件接手后,美联社的财报新闻产量可望大增。美联社财经新闻执行编辑费雷拉指出,计算机软件将以与记者差不多相同的速度,撰写长度介于 150～300 字的短稿。这并不是美联社第一次使用自动技术写报道,在体育赛况报道上,美联社已与运动统计公司 STATS 合作多年。上个赛季,美联社与 AI 曾合作过自动生成的橄榄球球员数据和资料。雅虎也曾使用过 AI 的自动化技术整理运动题材。今天的新闻编辑只有与机器有更多的合作才能创造出更多的新闻。

2014 年 1 月 25 日,央视晚间新闻推出"据说春运"特别节目,首次采用百度地图 LBS 定位的可视化大数据播报国内春节人口迁徙情况。业内人士指出,这也是大数据首次以老百姓能看懂的方式,展现在电视屏幕上。30 多年来,中国春运大军从 1 亿人次增长到 36 亿人次,这 36 亿人次在这么短的时间内是如何迁徙的,过去很难想象全国会是怎样一番景象,但是通过大数据的收集、解析,并最终以可视化效果呈现在电视屏幕上,可以给每一个观众带来最直观的感受。以百度提供的迁徙动态图为例,百度通过 LBS 开放平台分析手机用户的定位信息,能够映射出手机用户的迁徙轨迹,数亿用户的迁徙轨迹就构成了一张实时变化的动态图。我国目前 6 亿多手机网民,而百度 LBS 开放平台的定位服务覆盖了数十万款 App,每天的位置请求数量超过数十亿,由百度 LBS 提供的定位信息数据无疑是最有说服力、最能反映出春运人口迁徙动态。今天新闻编辑通过对大数据的分析来感知社会情绪,洞察社会的发展,这无疑是一件十分有价值的创造性劳动。

第二节 新闻编辑的功能扩展

一、新闻编辑的功能扩展

(一)新闻编辑的隐喻引导功能

"在全部舆论中,影响力最大、最能使公众形成广泛一致意见的是新闻舆论,因为新闻传媒是一种大众传媒,它拥有数量巨大的受众,加之它所传播的是无可置疑的事实,因此它的影响力比自然存在的社会公众舆论要大得多。"[①]新闻舆

---

① 丁柏铨等著.新闻舆论引导论.北京:中国社会科学出版社,2001:4.

论既是具形的又是无形的,在新闻信息的海洋中,新闻编辑把各种新闻梳理、剪辑、排列,形成有机组合的意义群体,让导向隐含在具体的事实中。隐喻的引导是一种以言示意的舆论引导方式,它能通过各种新闻事实,表达深层次的文化现象,揭示出人类认识世界和改造世界的哲学睿智。新闻编辑宏观的把握和微观的调整,随时发挥对社会的干预作用。"在全媒体时代的舆论环境中,舆论引导固守传统的方式已经难以奏效,只有充分了解全媒体条件下的信息传播新方式和受众接受信息的新特点,才能善于把握舆论传播和发展的新趋势,舆论引导才能产生实际效果。"[①]

今天的新闻再也不是同声相应、千篇一律的完美愿景,那种停滞的、死气沉沉的状态,以及行动的缺乏,已经被今天的变动所取代,个体被囚禁在既存的社会秩序中的能量解放出来,内容为王已经被信息为王所取代,各种媒介抢滩登陆大显神通,新闻竞争在市场化的环境下风云变幻。社会变化加速赛跑,人们在极短的时间里承受着更多的变化、更大的压力,这些压力使人们不知所措,由此引发各种社会问题,社会问题如果得不到及时有效的调整,就必然会引发社会的动荡和公众舆论的混乱,从而使社会生活陷入极大的失调状态。由此,新闻编辑在舆论场中,必须理性地、公允地把国家的策略合理化、潜隐化、组织化,把各种舆论转变为一种积极的信念,成为维系集体精神、强化社会生存力量、实现和平渗透的有效保障。

"隐喻可以帮助我们构建现实、推理并评价现实。隐喻可以影响人们的感知,隐喻的使用不仅可以反映使用者的思想,而且可以加固体现使用者集团利益的既定的思维模式。"[②]默多克的传媒帝国是隐喻引导的最佳示范。在西方世界,默多克从来都是各国政要的座上宾,因为其掌握着世界上最庞大的新闻机器。默多克的势力究竟有多大?在英国,默多克被民间称为"英国最有影响力的美国人"、"英国隐形内阁大臣"。为默多克写传记的沃尔夫曾这样写道:"如果没有默多克的支持,想成为英国首相,将举步维艰。"

默多克认为,报纸是他最钟爱的玩具,他说,"提高报纸发行量很简单,那就是降低格调。"对此有评论人士指出,默多克的成功并不是建立在对新闻和媒体业务的高超见解上。据悉,每当收购一份新的报纸,默多克都会亲自调教一番,并且每天还会花时间研究和处理报纸头条新闻。有人说,他总是想方设法耸人听闻、标新立异。收购《华尔街日报》后,默多克认为该报的文章太长,读者根本没有时间读完这些内容。他对编辑和记者毫不客气地说道:"别再为赢得普利策

① 崔志涛.浅谈新兴媒体与传统媒体的融合发展.新闻传播,2013(7):222.

② 唐斌.新闻报道中的概念隐喻研究.人民论坛,2009(30).

第二章　新媒体环境下的新闻编辑

奖写文章了,还是发表一些读者喜欢的内容吧。"默多克推倒了很多传统媒体领域的规范。①

在默多克经营的传媒帝国,很多新闻编辑的方法,以"降低格调"、张扬暴力和色情的隐喻方式来宣传西方的价值观,改变传统新闻的秩序和规范,虽然严重偏离了新闻专业主义的精神,但是却有强大的吸引眼球的功力,其新闻制作的方法一度占领了当代新闻传播的主要阵地,成为当代新闻传播的主要范式之一。

党的十八大的召开,不仅是中国政治生活的一件大事,还吸引了海外媒体的高度关注,全球几乎所有的知名媒体都派记者前来采访。关注十八大,其隐喻就是关注中国道路。世界上没有放之四海而皆准的发展模式和道路,中国的探索印证和强化了这一点。中国在走一条古人没走过、外国也没走过的路——中国特色社会主义道路。所谓特色,就是个性。你弱之时,个性是"刺儿头";你强大了,个性就是风格。而今,中国模式和道路已成一种"显学"。按计划,2020年中国将全面建成小康社会,未来10年"尤为关键"。如何实现目标,中国道路如何继续走?十八大将给出答案。关注十八大,其隐喻就是关注本国命运。亚太地区将长期活力强劲。顺应亚洲崛起,融入"亚洲世纪",成为世界大国的必然选项。所以新闻编辑以隐喻引导的方式,激发民族主义精神,建立民族文化,传播正能量,成为十分重要的功能之一。

(二)新闻编辑的媒介地图描绘功能

丹尼斯·伍德在《地图的力量》中称,"地图使过去和未来现行","它提供了一个使你在此地时空里,观察彼地时空关系的特定机会"。②马歇尔·麦克卢汉的《理解媒介》就是一幅完美的媒介地图。在电子媒介时代,地球已经成了一个小小的地球村。就像今天的互联网使世界如融汇于掌中的地图一般。电子媒介使信息传播瞬息万里,地球上的重大事件借助新媒体已实现了同步化,空间距离和时间差异不复存在,整个地球在时空范围内已缩小为弹丸之地。新闻编辑只要掌握了新媒介,就可以在媒介信息的紧密社区中描绘完美的媒介地图,在新媒介环境下表达完整的新闻观念。

"在人类探索世界的时代,绘制地图更像是一门艺术而不是科学。坐在羊皮纸前的画家绘制不断扩大的已知世界,在绘制欧洲甚至临近海洋的时候,他们的工作还算准确。在绘制遥远的太平洋时,他们在未知的区域绘上海怪、恶龙和巨鲸。图上的怪兽越吓人,金矿和印第安人越具有异国情调,地图卖得就越好,绘

---

① 赵全敏,曹劼."默多克帝国"从顶峰跌落.世界新闻报,来源:国际在线.2011-07-22. http://gb.cri.cn/27824/2011/07/22/5190s3314484.htm

② 张弘.地图、历史与媒介.南方日报,2006-11-12.

图家的名气就越大。"①新闻编辑,就像当代新闻地图的绘制者,他为公民画出探索社会的地图。那也正是他存在的经济理由和政治需求。绘制地图的观念有助于发展新闻编辑全局观念,新闻编辑的价值完全取决于是否能够准确地找到整合新闻信息的均衡点。

新闻在一定程度上改变着政治结构。新闻界巨头和政界首脑之间的关系是客大欺店,店大欺客,有时甚至是互不相让、平分秋色。新闻巨头不涉足政治,媒体就办不下去;而政界首脑离开了新闻也就不成其为政界首脑。新闻,本身也就成了政治权力。什么样的信息才是政治需要的?由于时间、空间和资源的限制,必须判断哪些重要哪些不重要,留下什么抛弃什么。在无限互联的新媒体时代,谁来做这个决定?那就必须是新闻编辑。新闻编辑在浩瀚的新闻信息中,以绘制地图的艺术,寻找到现实社会系统中新闻与政治的契合点,向社会成员提供生活事件看法,推动公共问题的解决,改善公共事业,为人们描绘美好中国梦的未来图景。

当今中国社会处在深化改革发展的转型,各种社会关系充满新的变数,这是世界各国在发展进化的过程中普遍存在的现象。《人民日报》曾指出,我国用几十年的时间,走完了西方国家上百年才走过的路;高度浓缩的发展历程、急剧变迁的社会环境、深刻变动的利益格局,正是社会关系渐趋紧张的重要原因。新闻编辑在大众媒介的运作中,通过对舆论的引导,不断扩大政治版图。如何秉承社会的公义,祛除以矫饰夸张引发的哗然,化解以渲染极端负面强化的焦躁,以事实代替大谣、以建设性取代破坏性;如何以群体理性打破隔阂、以公共协商呼吁多元包容,以创造渠道促进沟通。新媒体时代下,新闻编辑要借助媒体发挥社会情绪"过滤网"、"服务器"、"减压阀"的作用。在社会关系的"堰塞湖"中,通过整合差异的观点与立场,以达到政治目的的共识与共赢。

(三)新闻编辑的媒介生态规划功能

1994年,世界首个受欢迎的浏览器出现,人们就开始在新媒体中陶醉狂欢。人们从消费者、创造者到最后的合作者,各种新闻的快速增长,垃圾新闻也堆积如山,有价值的新闻时常淹没在茫茫的信息海洋,新闻业的生态系统实在堪忧。

1977年,麦克卢汉指出,所谓媒介生态"意味着让不同的媒介能够共存共生,而不是彼此消亡"②。"媒介生态系统是一个复合生态系统和整体互动体系,它强调内外环境的协调和各种相关生态因子的互动,主张共同演进、和谐发展、

① [美]科瓦齐,罗森斯蒂尔著.新闻的十大基本原则:新闻从业者须知和公众的期待.刘海龙,连晓东译.北京:北京大学出版社,2011:188.

② 单波,王冰.西方媒介生态理论的发展及其理论价值与问题.新闻与传播研究,2006(3):5.

共生共荣、可持续发展。"①新闻编辑在新闻媒介生态系统中,要对大规模信息进行规划管理,"规划是运用科学原理、方法和技术信息,对众多选择进行思考、分析、论证并获得一致意见的过程。"②在这个信息井喷、众声喧哗的时代,传统媒体与新媒体、公众与政府、民间与官方构成了异常复杂的信息环境,稳态的良性互动还未形成,动态的博弈失衡时常发生,信息问题层出不穷,网络曝光引发的群体事件逐年增加。新闻编辑如何把一个零碎的、喋喋不休的、虚妄的、不断累积的巨大的负面新闻信息累积场,整饬成明亮的、清洁的、良好的、善意的信息思想交流环境,让更多网络的公共政治话语和草根话语共生共荣。

然而新的媒介生态中的微博就处于复杂的生态环境中,微博的发展境遇与微博新闻编辑的价值定位有十分密切的关系。微博的产品设计和运营策略有着很强的媒体属性,为了刺激平台活跃度,像新浪微博专门开设风云排行榜,分门别类将各个领域的微博账号做一个排名,排名依据乃是微博粉丝数、当天发帖量、转发及评论情况。排行榜排名很快成了很多媒体领导施加于微博编辑们的绩效考核指标(KPI),至少发帖量要得到保证。那怎么办?都市新闻类媒体的微博编辑们则是挖空心思,到处找社会新闻,而其实很多财经类媒体一天根本没办法保证 20 条到 30 条财经类信息的量,也只能跨界发各类社会花边新闻。当然一些故作聪明的陈年段子也是财经媒体微博编辑们最喜欢的料。很多账号在这样的指标排名中脱颖而出,占据了微博风云榜排行的头几位,于是马太效应和示范效应产生,他们的粉丝量越来越多,他们的模式是成功的,这样的媒体微博账号成了标杆,业内同行在内容形式和发布频度上都开始全面效仿。越来越多的媒体微博账号开始在低效的恶性竞争中狂飚——拼速度,拼热点,拼谁更能迎合粉丝,使微博一度进入激烈的狂飙突进期,微博的舆论生态处于一种无序的状态。

在多数微博编辑眼里,粉丝数、转发评论及风云榜排行就是终极目标。于是微博编辑们就要挖空心思寻找、分享那些能够激起微博粉丝反应,能够挑逗微博粉丝情绪的新闻素材,而全然不顾自身媒体品牌的定位。于是粗制滥造的新闻大量生产,因为编造者知道媒体微博编辑们喜欢这样的菜。过度的商业化开发和大量虚假冗余的信息,导致舆论生态的混乱。

当然也有很多微博账号起到了正面舆论引导和缓解社会冲突的作用。像"平安北京"微博以其良好的新闻编辑运作模式,创造了平衡的媒介生态环境。"平安北京"微博于 2010 年 8 月 1 日开通,到 2013 年底已经发布重大案事件和

---

① 邵培仁.论媒介生态系统的构成、规划与管理.浙江师范大学学报(社会科学版),2008(2):3.
② 邵培仁.论媒介生态系统的构成、规划与管理.浙江师范大学学报(社会科学版),2008(2):6.

突发情况信息、辟除网络谣言 80 余件。2014 年以来,网络谣言有抬头之势,"平安北京"加强相关工作,还尝试"微实验"等方式破除网络谣言。例如微博上曾流传"喝无醇啤酒、红酒驾车,交警测不出来"的说法。"平安北京"就做了一次"微实验",结果 3 杯无醇红酒下肚,一吹酒精测试仪,每百毫升血液中的酒精浓度达到 34 毫克。"平安北京"提醒驾驶员,"要打算开车,无醇酒也喝不得。""平安北京"微博团队负责人表示,辟谣已成"平安北京"一项日常工作。从早期的"鸡蛋砸车窗迫停车辆抢劫"到后来的"地铁喷迷药让人丧失神志"等,"平安北京"都在最短的时间内进行查证,将真实情况及时通报给公众。

2013 年中秋节当天,有人微博求助说,一名在京的新加坡留学生父亲病危,她非常焦急,想回去探望。但她之前为办理签注已将护照上交市公安局出入境管理部门,而中秋假日该部门又不对外办公。"平安北京"发现这条求助微博后,很快将情况通报给了出入境官方微博"北京公安出入境",随后出入境管理总队紧急召回部分休假民警,从数千本护照中找出这名学生的护照,确保她当晚登上回国的飞机,见到父亲最后一面。2013 年底,每天@"平安北京"的微博达到7000~20000 条,从暖气不热,到丢身份证,大事小情,林林总总。仅 2013 年一年,"平安北京"就在线解答网友的各类咨询万余件。

作为"八大民意征集渠道"之一,"平安北京"每天都对网友评论留言和反映情况进行统计分类,一边查找网民反映的突出情况,一边收集公众提出的各类意见,尽快将公众反映的问题转送至相关单位,并每周对网民意见建议进行汇总,对群众反映的突出问题和各种困难予以妥善解决。[①]

"平安北京"团队作为新闻编辑在新媒体环境的功能拓展的新形式,对各种信息进行了良好的规划和管理,有力地促进了媒介生态的平衡。

(四)新闻编辑参与网络公共领域舆论的管理功能

新媒体作为民意表达的公共领域,成为公民与国家相互交流的重要中介。"公共领域是指作为行动实现的场所,是人们平等对话、参与行动的政治空间。所谓行动是指人们之间不借助于中介而直接交往的活动,它是人类意识发展最高阶段的产物,是优于劳动和工作的真正人类自律。人生的意义在于什么呢?阿伦特认为,就是要参与到公共领域中,与同类一起行动,从而超越劳动与工作达到不朽,政治就是教会人们如何达到伟大与辉煌的艺术。一个忙于劳动和工作而无暇参与行动的人,绝不可能是真正自由、幸福的。行动总是以语言为中介的,阿伦特认为,在公共领域中,人们参与政治,只有通过辩论才能和其他的人发生关联,才能成为交往共同体的成员。默默无言的行动者不能算是行动者,他简

---

① 侯莎莎."平安北京"成谣言粉碎机.来源:北京日报,2013-11-11(8).

直就是虽生犹死。"①

哈贝马斯则认为,公共领域也叫公共性,它是指"我们的社会生活的一个领域,在这个领域中,像公共意见这样的事物能够形成。""公共领域说到底就是公众舆论领域",②公共领域的精神在于批判性。何谓批判?从自我利益出发,发"一己之言"不是批判;个人意气,感情用事,也不是批判。这里的批判是指在公众的理性精神的指引之下,基于"公"的目的而进行的交往过程,以此形成对公共事务的一致性意见。按照公共领域的理想模式,公共领域应该是公私分明的。然而在今天的网络空间的公共领域里,公民意见的沟通和表达是正面负面中立的混合体,网络担当起公共领域沟通交流职能的同时,也为公共舆论的形成,公共事物的博弈提供了场所。新闻编辑需要掌握如何在公开自由互动的公共领域中,把国家的利益和个人的利益、共同的目标和私人的目标达到最好的调和,实现最大限度的平衡和满足。

网络公共领域作为开放交流的空间和舆论聚集的场所,其传播内容之庞杂,话语表达尺度之宽松,监督社会能力之强大,成为推动舆论发展的重要领域。孙志刚事件就是新闻编辑参与公共领域舆论场管理,推动舆论有效表达的事件。2003年3月17日,当一个名叫孙志刚的公民走在广州的街道上因未携带任何证件被警察带走时,他怎么也想不到,迎接他的将是生命的终结。3月20日,他在拘禁期间身亡。借助网络媒体,"孙志刚之死"成为中国新千年非典之后最牵动人心的公共事件。《南方都市报》记者通过网络发现此事,于是展开深入调查,并发表深度报道,披露孙志刚并非"流浪汉",而是"大学毕业生",他并非"因病",而是在收容所"被毒打致死"。该报道引发了媒体乃至全社会对孙志刚之死的广泛关注,被网络媒体转发以后,成为网民关注的焦点。一时间,围绕此案,新闻界人士、公众、专家、政府进行了一系列的讨论与互动,导致网络舆论的力量的总爆发,民意汹涌引起政府高度重视,采取有力措施,很快查明了案件真相,再次调查结果公布,孙志刚是在医院中被护工和同房病人殴打致死,事件得以暂时平息。2003年5月14日、5月23日,先后共有8名学者联合上书全国人大常委会,问题直接从事件本身指向了收容遣送制度。6月20日,中华人民共和国国务院总理温家宝签署国务院令,公布《城市生活无着的流浪乞讨人员救助管理办法》,1982年国务院发布的《城市流浪乞讨人员收容遣送办法》最终废止,孙志刚以生命的代价推动了中国法制进程。在孙志刚事件中,互联网作为新兴的媒介平台

---

① 石义彬著.单向度、超真实、内爆.批判视野中的当代西方传播思想研究.武汉:武汉大学出版社,2003:55—56.

② [德]哈贝马斯(Juergen Habermas)著.公共领域的结构转型.曹卫东等译.上海:学林出版社,1999:35.

渗透在事件发现、发酵、演变的各个环节中,并和传统媒体进行了议程互动,成为了一种新的"公共话语场",也有媒体称之为"网络舆论场"。在媒体新闻编辑的大力推动、公众的积极呼吁、学者的多方申诉、政府的鼎力推动下,促成了事件的圆满结局。

新闻编辑舆论管理的能力,在新媒介的环境之下,是不可能通过个人的力量实现的。公共领域中的舆论引导管理,只有通过媒体的积极倡导,网络舆论的推动,多方的合作,才能取得良好的效果。

二、新闻编辑室功能的扩展

互联网和数字技术的广泛应用,促使新闻编辑室的内部空间不断扩展,它不仅体现在传播技术的更新换代,更体现在新闻生产方式和传播方式上的重大变革。

(一)新闻编辑室中各种媒体技术的高度融合

当代的新闻编辑室,是新媒体的新闻编辑室。新闻传播的方式通过网络媒体、有线数字媒体、无线数字媒体、卫星数字媒体、无线移动媒体等新媒体形式进行传输,其主要特征都是在数字化基础上的新媒体,由此引发了传统媒体新闻编辑方式的变化。在媒体技术的推动下,所有的新闻从采写到编辑都是以数字的形式,从一个电脑的终端到达另一个电脑的终端。自动组版技术和排版电脑化,对新闻编辑部产生了巨大的影响。新闻编辑通过数字编辑的方式来反映新闻事件的最新发展。信息中心成为一个开放的系统,编辑和读者之间可以通过网络互动。新闻的来源不再是单一的线性,而是呈现出多维态和立体化的趋势。所有新闻借助于新媒体技术进行多维传播,新媒体技术促进了强大的媒体联动,使不同类型的媒体介质不断延伸,实现新闻内容的增值。

(二)新闻编辑室中各种编辑方式的整合运用

在新媒体的背景下,新闻编辑方式呈现多种形态:(1)多元新闻编辑方式,就是把各种媒体中的即时新闻进行提取,同时对职业新闻工作者采集的新闻和草根新闻工作者采集的新闻进行比较,根据普通消费者的需求进行新闻内容框架的设计,制作出不同媒介形态的新闻产品,通过不同的传播渠道传递给消费者。(2)精确新闻编辑方式,就是新闻编辑根据特殊的消费群体,不同的兴趣爱好,不同的职业面貌,制作出具有独立思想、独特视角、独有表达、独特认识的新闻,并通过精确的编排传递给特殊需求的消费者。(3)互动新闻编辑方式,就是新闻在双方的交流中产生,新闻的文本由新闻事件、背景材料、资料链接、专家点评、网友评论、音频传播、视频展示等组合报道方式表现,新闻得到多维的释放。

（三）新闻编辑室中的传播变局

当前新闻编辑室的传播格局，是由信息流动的模式决定的。首先是传播主体，由过去少数人的专利变成大众的权利。人们由仰视变为站立，纷纷走上圆桌，表达多元主张，媒体成为公共的领域，由于生活背景、社会文化、政治话语、地域景观的差异，传播主体的构成十分复杂，使新闻编辑室的功能日益强大。其次是传播客体——信息，成为与物质和能源同等重要的资源。信息的发布者，无论是个人、群体还是组织，都具有特定利益、价值、意识形态和文化背景的主体，既包括无意的误解，也包括有意的曲解。新闻编辑通过对传播客体的互动关系的考察，获取真实、准确的信息，还原客观世界的本真面目。

（四）新闻编辑室中的 wiki（维基）新闻编辑

Wiki 的新闻编辑是跨越空间的新闻编辑。Wiki 新闻，是一个自由的新闻源，你在这里看到的任何文章都是自愿者写的，你可以撰写你自己的文章，也可以编辑你看到的任何页面，你可以扩充内容，补充事实，提出建议，修改错误，与其他的新闻参与者进行讨论。新闻稿是任何人都可以编辑的，你不会，可以先在沙盒中试验直到会用为止。这里有很多第一手新闻，都是目前正在发生的事情。维基新闻也有道德规范，当然这个道德规范也是让大家来不断完善的。Wiki 新闻用中立的观点撰写新闻，新闻文章只提及事实和可验证的来源，对新闻的臆测和个人意见避免加到文章中。公民记者和志愿者们，发布信息、感言、想法，实时播报新闻事件，并且可以按照自己的意愿编辑。维基新闻既是全球的，又是本土的。但是在 wiki 新闻编辑室中，全世界的人都被邀请加入编写与修改新闻以改善内容。维基新闻是无纸化的，因此没有版面限制，可以包含链接，更具有时效性。维基新闻编辑部是记者们编辑和撰写文章的地方。未来的新闻编辑室是记者、编辑融为一体的多维态的新闻编辑室。

（五）新闻编辑室中心平台的建立

新媒体促进了新闻传播的多样性，中心平台的建立，就是依靠新闻编辑建立一个控制新闻的平台。中心平台，是一个丰富的媒体版图，具有反映社会生活状态、记录发展历史、塑造完美政府形象、增强执政公信力的新闻发布平台。中心汇集来自世界所有语言的各种新闻。这里是一个世界新闻联盟中心。各个国家的分支媒体，根据各个国家的文化、历史、价值观、世界观的不同，进行多维态的新闻写作、编辑和发布。新闻编辑将不同阶层不同信仰的人在媒介系统中传播的信息，通过新闻的"造山运动"，对信息进行管理、筛选，把不同理念的信息整合为符合意识形态建设需求的新闻。新闻中心平台的构建必将是未来新闻编辑室发展的主要模式。

三、新闻编辑的发展策略

(一)新闻信息的安全有待加强

在信息发达的今天,受众不满足于只是了解新闻表面的情况,还迫切地想要知道新闻发生的原因,新闻背后的内幕,尤其针对一些被利益集团掩盖的事件,受众会有更大的兴趣,这就要求新闻媒体必须独立、自主地去挖掘和揭露新闻背后的故事。于是调查新闻开始盛行,不断满足人们对事件的深入了解,最有代表性的新闻事件就是发生在 1970 年代的"水门事件"。美国《华盛顿邮报》记者伍德沃德和伯恩斯坦在经历了半年多的艰苦调查后,终于揭开了"水门事件"的黑幕,迫使尼克松总统下台,伍德沃德和伯恩斯坦立刻成为了美国的英雄,成为了帮助美国度过噩梦时代的功臣,而关于"水门事件"的调查性报道获得了普利策新闻奖,并被永远载入了史册,成为调查性报道的代表作。在美国新闻史中,有许多记者就是依靠调查性报道而获得了普利策奖。隐喻是普利策新闻奖中最常用的手法,普利策新闻奖作品不仅仅靠简单的说教与演绎,而是新闻事实的客观性、唯一性和表现手法的独特性。巧妙地、隐匿地表达某种价值取向,这种手法一方面可保护媒体本身,另一方面加深了新闻的思想深度,使之更可读、耐读。

中国的调查性新闻以 1995 年的《焦点访谈》和《新闻调查》为代表,开始引起国人关注。从 2003 年开始,《南方周末》每年都要举办一次"致敬! 中国传媒"活动,对传媒一年来的表现进行盘点。在得到致敬的报道中有很多带有调查性报道的性质。比如 2003 年有《南方都市报》记者孙志刚的《被收容者孙志刚之死》、《财经》杂志朱晓超、曹海丽等人采写的《SARS 内幕》系列报道,《中国青年报》记者刘畅、柴继军的繁峙矿难系列报道;2004 年有《新京报》罗昌平采写的《湖南嘉禾县拆迁引发一对姐妹同日离婚》、《东方早报》董小恒采写的《阜阳"空壳奶粉"之祸》、中央电视台《经济半小时》对西安宝马彩票案的系列报道、中央电视台《每周质量报告》中的许多报道;2005 年有聂树斌、佘祥林冤案系列报道、中央电视台《新闻调查》的《天价住院费》、《财经》杂志曹海丽、张帆的《致命禽流感》;2006 年有新华社浙江分社对福建"桑美"台风的调查报道、《财经》杂志胡润峰等记者的调查性报道——《上海社保危险的投资》、众多媒体对"欣弗事件"的调查报道,这些报道无一不是当时轰动一时的报道,许多报道成为了政府和司法部门的参考。

然而在后斯诺登时代,调查新闻的报道如何得到更好的保护,成为全球新闻编辑室的热点话题。斯诺登泄露的美国国家安全局文件显示,大规模的国家监视对调查性新闻工作造成威胁。这就要求全球的主编们更加注意,他们有责任确保记者受到基本的网络安全训练。棱镜门事件引发政府和公众的双重不安,美国政府的监视程度"令人感到惊骇",人们的一言一行都被记录下来。"棱镜"项目2007年启动,是美国国安局信息监视项目,监控的信息主要有10类:电邮、即时消息、视频、照片、存储数据、语音聊天、文件传输、视频会议、登录时间和社交网络资料的细节都被政府监控。通过棱镜项目,国安局甚至可以实时监控一个人正在进行的网络搜索内容、个人聊天日志、存储的数据、语音通信、文件传输、个人社交网络数据等。美国政府证实,它确实要求美国公司威瑞森(Verizon)提供数百万私人电话记录,其中包括个人电话的时长、通话地点、通话双方的电话号码。

2013年11月26日,联合国大会负责人权事务的第三委员会一致通过一项决议,要求保护网络隐私。该决议的主要内容是对于网络监听监控行为侵犯人权的状况表示关切,并且要求联合国人权事务高级专员皮莱向人权理事会联合国大会提交一份有关保护隐私权的报告。这份决议最初是由德国和巴西两国发起的。12月19日,联合国大会一致通过这项决议。

然而今天的网络空间依然硝烟弥漫,网络安全技术在不断研发,未来的新闻编辑室,要以网络安全为中心,引领舆论的健康发展。

(二)可穿戴设备带来新闻编辑室的技术变革

2013年,被很多人士视为可穿戴式智能设备"元年"。随着芯片不断的微型化和传感器价格的不断降低,你的个人电脑不再是你口袋的智能手机,而是更多想能戴在你手臂上、手腕上甚至手指上的智能设备,穿戴设备尽可能地凸显"隐"的功能,让人感觉不到存在,这就是工艺的核心所在。可穿戴的新闻传递设备即将出现。可以打电话的手套,喇叭在大拇指上,话筒在小指上,就这么简单;谷歌眼镜将马上面世,谷歌眼镜可以帮你拍照或录像,并能马上分享到互联网,整个操作过程只需要手指轻点或者通过语音口令控制。

可穿戴的设备逐步成为我们身体的延伸。戴上谷歌眼镜,你看起来像是没有任何辅助工具的样子,但有了增强现实功能:理想情况下,你瞬间变成了一部百科全书,能够解构面前的所有事物;你本人突然变得像一部雷达,可以自由收发来自世界各地发送给你的信号;你只需要抬头看一看镜片,就可以知道哪个方向是北,车该向哪个方向开;你面带微笑地看着对方,也许是自己正在玩游戏。

可穿戴式设备可能会成为我们的第二个大脑,甚至,可能在某些情形下取代第一大脑成为主要存储,而我们的五官和肢体变成了输入输出单元。而拥有多种传感器的可穿戴设备又会成为我们的感知,它们的性能极大地延伸了我们的触角。然而我们都成为大数据创造者的同时,也成为被大数据所控制的人。随着互联网的不断深入,我们无法拒绝可穿戴设备对数据的收集和利用。

可穿戴设备的关键存在点就是数据和传感功能,这也许是一个数据新闻编辑最需要的功能。数据新闻编辑可以把各种可以获得信息的设备整合到衣服和配件中,通过数据交互和云端交互,以及生物识别和体征数据,获得强大的信息源,并通过随身系统的编辑和传输,迅速地分享到各大媒体。同时可穿戴设备对于新闻调查、隐性新闻采访,无疑起到了极大的帮助。谷歌眼镜,只要你一眨眼就可以起到拍摄的作用,也许眨眼的次数还可以起到编辑和传输图片的作用,这些功能将给新闻编辑们带来新的体验。戴在手指上的"魔戒",不但能够智能身份认证,还可以实现最快捷的信息传输,当魔戒和好友的手机接触时,瞬时可将自己的信息传递给好友。

随着可穿戴设备技术的发展,新的采集信息、编辑文本、发布信息、满足新闻编辑需求的设备也会应运而生,但是对新闻信息意识形态和舆论方向的把握,依然需要新闻编辑的智慧工作。

(三)新闻编辑对社交媒体新闻的核实以增强新闻的可信度

社交网络让新闻的产生速度空前加快,但是与此同时,失去了集中化控制的新闻内容在可信度方面也更容易出现问题。如今的记者可以通过社交媒体获得更多信息,但是发布信息已经不再是新闻工作者的专利——我们每一个人都能发挥信息分享的力量。在社交媒体时代,任何人、任何媒体机构都能迅速发布网络新闻,而分秒必争的"抢新闻"行动也增加了数字化新闻的风险,导致了公众对媒体的不信任。

在国内,以微博、微信为首的社交媒体已经成为众多看客的重要消息来源,它们有时成为正能量的发源端,有时成为流言蜚语的滋生蔓延地。当今的新闻工作者有责任在报道社交媒体上的内容时核实其可靠性,而所有社交媒体用户都应当自觉扮演网络内容"筛选者"的角色。一些新闻编辑室采用"开放式验证"技术——与受众合作来核实内容;另一些新闻机构则采用传统的方式来核实。无论采用何种方式,新一代"守门人"的崛起,他们的声望来自于向广大群体指出准确信息的能力,这些人称为"筛选者"。未经过滤的信息,包括未得到确认的信息很可能是危险的,它会造成人们对媒体的不信任,降低媒体的点击率,减弱媒体的传播效果。新一代的守门人也被称为"管理者",他们消费、确认并传播准确的、具有相关性的内容。当然,由于信息量的巨大,谁也无法保证信息的完全正确,但是,受众更信任那些能及时承认并改正错误的新闻媒体,而不是那些自认为一贯正确的媒体。《纽约时报》公众编辑玛格丽特 · 苏利文(Margaret Sullivan)说:"我们有能力让新闻比以前更快出炉,但是如果不能核实并证明它是准确的,我们就会暂缓出炉。"①无论是什么媒体,真实、准确、快速,永远是新闻编辑判断新闻能否播发的必要条件,社交媒体的广泛使用,使信息的可信度变得更为重要。

(四)新闻编辑室中的数据与分析

大数据已经走入我们生活,那么什么是大数据呢? 大数据(Big Data)是指"无法用现有的软件工具提取、存储、搜索、共享、分析和处理的海量的、复杂的数据集合"。业界通常用 4 个 V(即 Volume、Variety、Value、Velocity)来概括大数据的特征。

1.数据体量巨大(Volume)。截至目前,人类生产的所有印刷材料的数据量是 200PB,而历史上全人类说过的所有的话的数据量大约是 5EB(1EB=210PB)。

2.数据类型繁多(Variety)。相对于以往便于存储的以文本为主的结构化数据,非结构化数据越来越多,包括网络日志、音频、视频、图片、地理位置信息等,这些多类型的数据对数据的处理能力提出了更高要求。

3.价值密度低(Value)。价值密度的高低与数据总量的大小成反比。如何通过强大的机器算法更迅速地完成数据的价值"提纯"成为目前大数据背景下亟待解决的难题。

4.处理速度快(Velocity)。大数据区分于传统数据挖掘的最显著特征。根据 IDC 的"数字宇宙"的报告,预计到 2020 年,全球数据使用量将达到 35.2ZB。

大数据的类型大致可分为三类:

1.传统企业数据(Traditional enterprise data):包括 CRM systems 的消费者数据、传统的 ERP 数据、库存数据以及账目数据等。

2.机器和传感器数据(Machine-generated/sensor data):包括呼叫记录(Call Detail Records)、智能仪表、工业设备传感器、设备日志(通常是 Digital exhaust)、交易数据等。

3.社交数据(Social data):包括用户行为记录、反馈数据等。 如 Twitter、Facebook 这样的社交媒体平台。

社交媒体的兴盛,使人们生产和消费新闻的模式发生了变化,社交数据是数据新闻产生的最大数据库,数据本身不产生新闻价值,如何分析和利用大数据对公众产生帮助才是关键。 如果把通过数据挖掘提取"粗糙知识"的过程称为"一次挖掘"过程,那么将粗糙知识与被量化后的主观知识,包括具体的经验、常识、

---

① 张宸编译.报业正进入一种新的良性循环——第 66 届世界报业大会预言报业发展趋势.人民网,2014-7-17. http://media. people. com. cn/n—0717/c386880-25295662. html

本能、情境知识和用户偏好，相结合而产生"智能知识"过程就叫做"二次挖掘"。从"一次挖掘"到"二次挖掘"类似事物"量"到"质"的飞跃。

新闻编辑室中的数据与分析无外乎就是三个步骤：获取数据、处理数据、呈现数据。数据新闻的编辑者，需要新的思维方式和多种能力的支撑，他能够处理数据，拥有设计、制作和发布图表的能力，数据归纳和总结的能力，以清晰、准确、序列的可视化图形来展示新闻事件的发生和发展的过程。

数据新闻最大的优势就是其数据的调查均为全样本的调查而不是随机抽样性的。因此，反映的新闻事实更加全面、准确。大数据新闻并不是随意的组合，而是抓取相关性的数据，深入分析挖掘其潜在的价值，充分体现其新闻的价值所在。

2014 年中国两会期间，中央电视台在每天最重要的新闻节目"新闻联播"中专门安排 4 分钟的专题栏目《两会解码——两会大数据》，亿赞普公司作为央视此次两会报道中最大的大数据提供商，利用其国内唯一拥有在全球 89 个国家和地区设立的大数据平台网络，每天为新闻联播的《两会解码——两会大数据》栏目，提供全球范围的实时数据挖掘、多维度的数据对比、深度的大众思想分析以及极富创新性、直观易懂的可视化呈现服务。在 11 天的《两会解码——两会大数据》播报中，全新的立体成像技术和人机互动技术，生动、直观、易懂地每天向观众播报大数据对两会热点的分析，内容涉及收入分配、医患关系、交通拥堵、百姓心愿、单独两孩、大学生就业、中国两会全球热搜、政府新政等方面，实时、全面、真实展示了新闻报道与大数据的高度契合性。数据采集和分析，对新闻报道产生了深远的影响，在新闻编辑室中扮演着越来越重要的角色。

第三节　媒介公信力重塑中新闻编辑的作用

媒介只有建立强大的公信力，才能够更好地引导舆论。公信力建立的先决条件，就是要取得公众对媒介的认同。"在整个人类历史的发展过程中，追求他人认同的欲望一直都是人类行为的主要驱动力之一。历史早期，国王卿侯在战场上与敌人兵戎相向、浴血作战，表面上争的是主导权，其实背后的支持力量正是这股追求认同的欲望。到了现代，追求认同的征战从军事领域转移到经济领域，性质上从摧毁财富变成了创造财富的有利社会活动。经济活动实际上超出了谋生的层次，人们经常是为了追求别人认同，而不仅是为了满足自然的物质需求而从事经济活动。"①没有公众的认同，任何新闻信息变得毫无价值。

公众认同的过程就是公信力建立的过程。"公信力是新闻媒体最有价值的内在品质，是一种被公众信赖的内在力量，也是媒体在激烈市场竞争中立于不败之地的关键因素。没有公信力的媒体终将失去生命力，被受众所鄙弃。"②

随着网络传播的日益碎片化和复杂化，在保障公众充分表达和社会监督的积极功能之外，其潜在的谣言、有害的信息对媒介的公信力产生了极大的影响。2013年8月，为打击网络谣言，"两高"(最高人民法院和最高人民检察院)有关网络诽谤的司法解释等出台后，不仅注重网民自律和网络自治的柔性治理思路，还体现出对网络消极现象从被动应对向主动依法治理的转变，对网络生态环境的改变产生了巨大作用。

今天网民获得新闻信息的主要途径是微信、微博和新闻客户端这三大自媒体，这种基于手机的信息供给，囊括各种行业内容和网友评论，用户可以根据兴趣订阅，自主选择公开转发或在熟人圈分享交流，开启了社交阅读的新时代，社交媒体舆论场也在交流互动中形成。如何凝聚虚拟社会共识，提高社交媒体的社会动员机制，发挥社交媒体的推动社会发展的积极作用，社交媒体媒介公信力的建立是解决这些问题的十分重要的方法。

社交媒体不再是一个人的工作，社交媒体编辑需要一个团队，或者可以说需要大量的网民协助工作。社交媒体编辑通过引导方向、保持专注，来构筑最强大的社交媒体媒介公信力。社交媒体的快速发展，使新闻信息不仅仅掌握在政府的手中，也不会再被传媒集团单独把持，新闻信息不断下扩，由更多一般的民众来传播，话语的自由不再受更多组织的限制，新媒体的确对权力的分化和推动民主起到了积极的作用。"信息技术是所有形态官僚制度的终结者。"③

然而在网络这个自由的社区里，媒介公信力，以及媒介公信力感背后的基础——公众共有的伦理规范变得十分重要。媒介公信力不可能存在于集成电路或光纤电缆里，媒介公信力往往存在于每个社会成员的评判中。不同的文化会衍生出不同的评判标准。媒介公信力高，可以带来新媒体时代更多的高效率。因此社交媒体媒介公信力的重塑变得越来越重要。

---

① [美]弗兰西斯·福山.信任——社会道德与繁荣的创造.呼和浩特:远方出版社,1998:11—12.
② 陈阳.重塑媒体公信力.视听界,2013(6):114.
③ [美]弗兰西斯·福山.信任——社会道德与繁荣的创造.呼和浩特:远方出版社,1998:32.

一、关于媒介公信力

(一)媒介公信力的发展历程

媒介公信力的研究在国外首先起源于卡尔·霍夫兰的"信源可信度"研究。1946 年到 1961 年间,耶鲁研究计划就传播和态度的改变问题进行了 50 余次实验,发表了大量的研究成果。霍夫兰仍是这一时期研究工作的灵魂人物。1953 年出版的《传播与说服》(*Communication and Persuasion*)一书概述了这一系列实验的理论基础和内容框架。该书是这一研究计划的第一个主要成果,报告了一系列调查研究的结果,这些调查研究都是围绕说服性传播如何改变人们的意见和信仰展开的。[①]

《传播与说服》一书首先讨论的领域是传播者的可信性问题。研究者假定,传播的有效性很大程度上是取决于由谁来进行传播。比如说,政府机构总是费尽心机地选择最容易得到支持的代言人来向国会提案。而即使是后院的流言蜚语,也不时地闪烁着受人尊敬的信息源的名字来作为佐证。比如,你常常可以听到一则流言中带有这样的话:"它来自可靠消息来源。"

霍夫兰及其同事将其调查研究集中于以下两个因素的影响:(1)"权威性"(expertness),或者说是"传播者在多大程度上被认为是确凿主张(valid assertions)的来源"。(2)"可信赖性"(trustworthiness),或者是"人们在多大程度上相信传播者会尽力传播他认为最确凿的主张"。很明显,信源的"权威性"是一个重要因素。前面的研究已经发现,一则广告的可信性在某种程度上与刊登它的媒介的声誉密切相关。试想一下,当你读到一则耸人听闻的消息的反应。它是登在《纽约时报》上还是登在《国家问询者》(*National Enquirer*)这样的小报上,是否会有所不同?[②]

霍夫兰的研究使媒介公信力研究成为一个重要的领域。

社交媒体运用越来越广泛,公众对于社交媒体产生的新闻的信任度却不高,因此人们对于社交媒体新闻如何提高媒介公信力的研究与日俱增,如何发挥媒介的政治功能,如何建立良好的媒介公信力成为重要议题。国内媒介公信力研究主要开始于 20 世纪末期。

1999 年,黄晓芳在《公信力与媒介的权威性》中提出:"媒介的公信力是指媒介在长期的发展中日积月累而成的,在社会中有广泛的权威性和信誉度,在受众

---

① [美]希伦·A.洛厄里(Shearon A. Lowery),[美]梅尔文·L.德弗勒. 大众传播效果研究的里程碑. 北京:中国人民大学出版社,2009:105.

② [美]希伦·A.洛厄里(Shearon A. Lowery),[美]梅尔文·L.德弗勒. 大众传播效果研究的里程碑. 北京:中国人民大学出版社,2009:107.

中有深远影响的媒介自身魅力。"媒介公信力指标可以从媒介形象、媒介地位、媒介影响力甚至媒介的经济实力等多个角度来考察。①

2002年，佘文斌在《公信力——传媒竞争的重要砝码》中认为："传媒的公信力是指传媒在长期发展过程中形成的，在社会和受众中的信誉度、权威性和影响力。传媒公信力的大小，受多种因素的影响，就媒介总体而言，真实、高尚和权威是三个最重要的因素。"②

2003年，李忠昌在《试论大众传媒的公信力》中认为，"媒介的公信力就是媒介通过长期地向受众提供真实、可信、权威、高尚的传播产品，在受众心目中建立起来的诚实守信、公正、正派的信任度和影响力。"③

2004年，何国平在《论媒介公信力的生成与维系》中认为，"大众媒介公信力是大众传播系统互动的产物。媒介公信力本质上是媒介的影响力，是大众传播效果，只不过公信力所表征的不是一时一地的影响考评指标。"④

同年，郑保卫、唐远清在《试论新闻传媒的公信力》一文中指出，"新闻传媒的公信力是指新闻传媒能够获得受众信赖的能力。它是新闻传媒以新闻报道为主体的信息产品被受众认可、信任，乃至赞美的程度的反映。"⑤

喻国明、张洪忠在《大众媒介公信力理论研究》一书中，将"媒介公信力"定义为"指媒介所具有的赢得公众信赖的职业品质与能力"。⑥

靳一在《中国大众媒介公信力影响因素分析》一文中将大众媒介公信力定义为：公众对于大众媒介的社会期待被落实情况所引起的公众心理感知和评价，公众的这种感知和评价也是媒介获取公众信任的能力和素质的体现。简单地说，大众媒介公信力就是公众对大众媒介的社会期待与媒介实际表现之间契合程度在公众心理上的反映。⑦

从以上国内外关于媒介公信力研究可以总结出媒介公信力最重要的要素是：权威性、影响力和信赖程度。新闻编辑重塑社交媒体媒介公信力，就是要从多个新层面，对社交媒体的公信力推进的方式进行思考。

（二）新闻编辑提升社交媒体公信力的作用

在信息传播的过程中，社交媒体作为信息的汇集地，已经不是单纯的社交媒

---

① 黄晓芳.公信力与媒介的权威性.电视研究,1999(11):22.
② 佘文斌.公信力——传媒竞争的重要砝码.新闻战线,2002(5):32.
③ 李忠昌.试论大众传媒的公信力.西安建筑科技大学学报(社会科学版),2003(1):59.
④ 何国平.论媒介公信力的生成与维系.新闻与传播研究,2004(2):79.
⑤ 郑保卫,唐远清.试论新闻传媒的公信力.新闻爱好者,2004(3):9.
⑥ 喻国明,张洪忠.大众媒介公信力理论研究.北京:人民出版社,2006:4.
⑦ 靳一.中国大众媒介公信力影响因素分析.国际新闻界,2006(9):57.

体,它开始具有新闻媒体的属性,它把来自不同信源的新闻信息通过社交平台传播给公众,我们通常把这样的新闻称为社交媒体新闻。社交媒体新闻的可信度一直受到人们的质疑,可是人们对社交媒体新闻的依赖程度却不断加深,如何让公众从社交媒体中得到真实的新闻信息,提升社交媒体的公信力,新闻编辑起着十分重要的作用。

第一,弥合分歧求同共存。社交媒体无论传播何种信息都是当前社会状况和文化发展的反映。当前的中国,随着社会体制的变革,社会结构变迁的出现,新的社会力量及新的组合关系的形成,阶层之间的边界日益明显。强势群体对社会生活开始产生重要影响,而弱势群体在追逐自己的利益上,显然处于无力状态。强势群体对公共政策制定和执行过程,对社会公共舆论的影响和话语形成的能力产生了重要的影响,传媒更多地受这个强势群体的影响。而由知识分子制造的主导性话语也更直接地体现了这个群体的价值和主张。弱势群体在我们的政治构架中缺少利益代表,断裂社会的结构日益加剧,而这正是考验新闻编辑的政治功能和专业智慧的重要时刻。"福尔泰利有句名言,在一个国家中,只有一种宗教意味着专制,有两种宗教意味着内战,有多种宗教意味着和平和自由。"[1]新闻编辑在当下的信息环境中,突出分歧,区别你我,将加剧社会的冲突。新闻编辑只有寻找出多个群体之间的利益平衡点,求同存异,弥合不同群体间的分歧,统合各种歧见于社会主流意识之中。关注民生诉求、凝聚民心、集中民智、发挥民力,在社交媒介中为不同群体表达和追求自我利益提供话语平台。新闻编辑通过营造良好的社交媒介氛围,维护媒介正常秩序,弥合分歧、求同发展。

第二,强化社会监督功能。"新媒体的发展划分为两个阶段。其中,第一阶段主要特点为新媒体更多的是给予个人以强大的自主权,主要关注新媒体是如何在社会参与、社会动员等方面对个人造成影响的,时间跨度为十年以前的一段时间。随着社会的进步、技术的革新,新媒体的发展已经进入了第二个阶段,这一阶段的主要特点为新媒体的社会监督功能日益强化。[2] 今天,以社交媒体为代表的新媒体已经进入了社会监督功能日益强化的阶段,新媒体使大众媒体和自媒体的传播发生了深刻的变化。娱乐至死,快乐至上,广告过滥,新闻过杂,小题大做,情绪泛滥。新闻编辑在社交媒体的传播环境下,应事而动,顺势而为,舆论引导到位而不越位,贴近实际、贴近生活、贴近群众,让政府话语和民间话语达到和谐、顺畅的交流,新闻编辑在民意广场和政治空间中,汇聚民智,有效强化社

---

① 孙立平.优化社会结构,走出断裂社会,2007-1-22.来源:南方网 http://www.southcn.com/opinionmtrp200701220533.htm

② 刘锐等.新媒体视域下的社会发展与媒介生态.现代传播,2013(9):138.

交媒体的社会监督功能。

第三,纲举目张关注民意。新闻编辑促进社交媒体公信力的提升,必须要有一个系统性的纲领做指导,纲举目张,才能有效地推进媒介的改革。华中科技大学进行的"当代中国人精神生活研究"调查显示,仅有 6.2% 的人表示愿意生活在当今时代,选择生活在"生活水平一般,没有贫富差别"时代的人有 28.2%,选择"竞争激烈、规则公平"时代的人有 26.8%,选择"社会不富裕,人人道德高尚"时代的有 18.4%,这些数据深刻说明民众的基本生活状态亟待改善,民众的利益也不仅仅限于民生问题一层。① 社交媒体信息作为客观现实的反映,实际就是人们价值观的反映。人们的价值观作为一种意识形态,它既符合经济基础决定上层建筑的马克思哲学原理,也与马斯洛需求层次论具有相似之处,人的需求由低到高,逐渐推进。新闻编辑需要构建以中国梦为理想与目标的价值模型,把民意具体化和实际化,把个人目标融入社会目标之中,在顶层设计的过程中,必须考虑底层的民间呼唤,实现上下互动,信息双向交流。只有在国家的总体目标之下,实现民意的最大的表达,这才是新闻编辑促进媒介公信力提升的实践价值所在。

二、新闻编辑缺位对媒介公信力的影响

新闻编辑在媒介组织转型和变革中处于十分重要的位置,尤其是当前社交媒体的快速发展,媒介公信力遭受前所未有的挑战,新闻编辑的缺位使媒介公信力时常在利益和责任、使命与市场、正确与谬误冲突的漩涡中徘徊,一个媒体呈现多重风格,目标不明的危机和媒介组织价值观的分散,使媒介的公信力受到极大的影响,对公众所期待的一个始终如一的行为、声音乃至态度相去甚远。社交媒体编辑缺失对社交媒体媒介公信力的影响,主要表现在以下几个方面。

第一,把关机制沦陷。从 2000 年以来,每年评选十大虚假新闻成为新闻界的例行工作。虚假新闻和真实新闻成为今日媒介难以让人们辨别的新闻市场。2014 年 1 月 2 日,《新闻记者》杂志发布《2013 年虚假新闻研究报告》。《报告》公布的 2013 年中国十大假新闻包括:"深圳最美女孩"给街边乞丐老人喂饭;长春老人菜市场晕倒,178 人无视跨过,仅有 1 人施救;温州乞丐流浪 9 年回家获 700 万拆迁补偿;斯诺登爆料美国登月造假;亚马逊创始人无收购《华盛顿邮报》意愿,系点错鼠标;村支书性侵村民留守妻子;村里一半都是我的娃;丈母娘婚宴送宾利;老汉约女网友开房却是儿媳;2014 年放假安排;外国小伙扶摔倒中年女子疑遭讹诈等。

---

① 关海庭. 改革沦为"陷阱"的国外警示. 人民论坛,2013(7).

《报告》分析指出,2013年的虚假新闻典型案例数量巨大,而且表现出的形式多种多样,涉及的媒体类型也更为广泛。在《新闻记者》历年评选出的虚假新闻案例中,都市报曾是多发区,但随着互联网的发展,网络媒体如今已经成为虚假新闻的重灾区,2013年有不少虚假新闻都是被媒体官微广泛转载。除此之外,虚假新闻还体现出鲜明的媒体融合特征,2013年有不少虚假新闻并没有在传统媒体上落地,社交媒体是其重要甚至唯一的传播平台。

　　2013年,还有不少虚假新闻是以图片或视频形式传播或作为事实依据的。《报告》推测,随着网络用户上传图片、视频内容越来越方便,这些用户自己生产的内容因缺乏必要的把关机制将会引发更多的虚假新闻。[①]

　　今天微博、微信、新闻客户端等传播新平台上的新闻,已经逐步成为中国人的"早餐",人们对于这些具有"秒表文化"性质的新闻钟爱有加,这些平台中的虚假新闻时常还跻身于中央电视台、新华社、中新社等权威性媒体,虽然有图有真相,但是最终的虚假结局使各大媒体"集体沦陷"窘境一再出现。针对这一现状,新闻编辑将如何基于理性判断,对冲突热点事件及时跟进调查,重塑媒介公信力,当好大众的新闻秘书,成为十分重要的议题。

　　第二,大众模式衰落。过去,新闻编辑按照组织的意愿向群体传递信息;现在,新闻编辑必须按照群体的愿意传播信息,才能吸引他们的眼球,使群体来到"广泛涉猎"的世界,又不能违背组织的意愿。随着一个等级差别不明显的多对多模式的发展,原有的从中心到周围的一对多的模式将被抛弃。社会学家在分析发生在媒体世界的变革时经常会提到"大众模式的衰落"。在这种情况下,"'大众模式的衰落'主要是指媒介使用方式的发展,也就是说,从普遍的单向的信息、强有力的集中的信息来源,向小规模的有关熟悉事件的想法和信息交换转变。"[②]自媒体的发展,博客、播客、论坛、公民新闻网、电邮、QQ群、维客、微博、微信的广泛运用,使公民可以制作小规模的、个人熟悉的事件新闻。单向传播被多向传播所取代,强有力的集中的信息来源被各种自媒体信息来源所取代。

　　"从20世纪80年代到90年代,全球某些发达地区急促地'集体个人化',这也是乌尔利希·贝克所指的'制度使然的个人化'。"[③]个人化的自媒体让受众变成了传者,大众传播走向分层化、零碎化、个人化。人们总是爱听他们想听的内容,于是新闻编辑跟从社会流俗,不断迎合受众的欲求,同时大众媒介在利益目

　　① 袁舒婕.《新闻记者》评出2013年中国十大假新闻:网络媒体成重灾区不少经由官微转载.中国新闻出版报,2014-01-06.

　　② [英]尚克尔曼(Shankleman,L.K.)著.透视BBC与CNN:媒介组织管理.彭泰权译.北京:清华大学出版社,2004:59.

　　③ 牛元梅.2010年媒介事件研究综述.今传媒,2011(9):38.

的驱使之下制作更加个人化和隐私的内容,以为这些小规模的传播不会有太大的影响,然而网络的互通性,这些个人化的信息早已存在云里,谁都能看得见。再加上移动的生活、快速的节奏、转变的观念,使人们不再可能耐心地停留在某个空间。于是新闻编辑为了拓展传播领域,得到更多个人化的受众,新闻编辑任由无准则的新闻满天飞,在大众模式衰落的当口,媒介公信力也在走向式微。

第三,新闻专业主义颠覆。新闻专业主义最核心的理念就是新闻的客观性、真实性、独立性、自由性。1904年,美国现代新闻业的奠基人普利策(J. Pulitzer)提出:"商业主义在报业经营中具有合法的地位,但它仅限于经理部。如果商业主义侵犯了编辑权,它便成为必然的堕落与危险。一旦发行人仅仅注意商业利益,那将是报纸道德力量的结束。"[①]

新闻编辑在新闻专业主义理念的指引下,时刻以新闻客观性的存在作为标准。然而在商业主义思想的重压下,新闻传播的市场化运作,使很多新闻编辑围于新闻效益的现实需求,开始经营吸引眼球的新闻,媚俗现象泛滥,职业道德滑坡,使命意识淡化。公众成为新闻的主要消费者,新闻编辑会生产更加容易兜售的新闻。于是新闻变成了带有更多娱乐性质的、缺乏道德责任和客观真实性的、无法承担社会公器责任的"信息自助餐"。

然而媒体的政治体制的性质,也决定了新闻媒体的政治色彩。在政治需求压力之下,新闻编辑的独立性有时成为一种幻想。新闻编辑难免带有各种政治的标签,会把更多政治主体的思想承载在新闻传播中,把宣传的意图构筑在新闻传播之上,限制了新闻传播的正常运作,导致公众的严重不满。2013年12月3日早上5点多,由中国国际广播电台主办的中央重点新闻网站"国际在线"发布了一组"老外街头扶摔倒大妈遭讹"的图片。人民日报官方微博当天7点48分转载了此组图片。随后,这条新闻被广泛传播。凤凰网联系到了图片拍摄者李先生,证实信息的发布与事实不符。12月3日12点35分,新京报网的报道《目击者:"老外扶摔倒大妈遭讹"与事实不符》提供了进一步的细节。随后,北京市公安局的官方微博"@平安北京"发布了官方调查结果,再次证实了事实的真相。记者不严谨且不详实、有倾向性且夸张的描述,导致了一场网络风波。这位记者拍好照片后上传至商业图片库,国际在线选用并发布了这条图文新闻。对于商业图片库来说,编辑是否负有甄别上传作品新闻真实性的责任呢?今天新闻专业主义的颠覆,是否提醒人们,在新媒体时代,媒体编辑是否应该谨言慎行。

---

① 孙利军.西方新闻自由语境中的"新闻专业主义".当代传播,2007(2):7.

三、新闻编辑重塑媒介公信力

今天的新闻编辑不仅仅具有媒介管家的功能，更具有提升媒介公信力的职责，新闻编辑重塑媒介公信力，通过以下途径得以实现：

第一，通过新闻服务增强舆论引导力。我们可以说自媒体时代，所有的人都有传播的能力，但并非所有人都具有传播的职能，新闻编辑功能的独特性，使新闻编辑和非新闻编辑之间产生区别。新闻编辑就是其职业活动趋向于智力工作，拥有特殊的新闻辨识能力和新闻信息的舆论引导力，因而有助于对无穷无尽的信息进行筛选和议程设置，在真实准确的基础上出色地编制新闻。

新闻编辑作为提升媒介公信力的积极推动者，组织、维护、调整新闻空间的秩序。新闻编辑覆盖的领域越广阔，其工作的垂直级别越多，其功能就会越强大。新闻编辑在某种程度上受到经济基础的推动，上层建筑体系制约，在新闻传播的世界里，新闻编辑就是体系中的"公务员"。

新闻编辑的一切工作都要为国家中心工作服务。党的十一届三中全会以来，我们党始终坚持以经济建设为中心，集中精力把经济建设搞上去、把人民生活搞上去。只要国内外大势没有发生根本变化，坚持以经济建设为中心就不能也不应该改变。这是坚持党的基本路线100年不动摇的根本要求，也是解决当代中国一切问题的根本要求。

新闻编辑要服务于核心价值观，营造主流媒体舆论场。十八大报告提出"倡导富强、民主、文明、和谐，倡导自由、平等、公正、法治，倡导爱国、敬业、诚信、友善的社会主义核心价值观"。"三个倡导"指明了新闻工作的服务方向。新闻编辑要把好导向，导向正确，是党和人民之福；导向错误，是党和人民之祸。

新闻编辑要服务于新闻客观性。客观性是新闻的生命线，内容真实，事实准确，细节详实，才能营造新闻的权威，任何虚假、杜撰、幻想的故事，最终都会影响新闻的价值，削弱媒介的公信力。2010年出现的"网络水军"则完全违背了新闻客观性原则。网络水军，受雇于网络公关公司，为客户发帖回帖造势常常需要成百上千个人共同完成，涉足敏感的社会及政治话题，利用个别新闻事件或公共议题，巧妙地导引网民情绪和看法，慢慢左右公众的判断，形成操盘手所要的言论方向，最终绑架网络民意。新闻编辑通过坚持新闻客观性原则，尊重事实，如实地反映事实的本来面目，才能提高引导力，增强媒介公信力。

新闻编辑要服务于公众。互联网舆论因其交互性、多元化等特点，导致管理难度加大。虽然舆情监测日益受到重视，但是相对而言舆情应对的服务意识还很薄弱。要知道，服务是最好的舆情解决之道，帮助老百姓解决实际问题，做好服务，才能赢得民心，建立起公信力，这是舆论引导的最高境界；其次是化解矛盾,解决问题;再次是暂时淡化问题。在舆论引导和应对上做到主动、互动、行动,不越位、不离位,保持内部一致以及谨言慎行。2013年4月24日晚上11点54分,网友"佛图晓月"在天涯论坛上发帖,反映巴南金竹园区运渣车扬尘情况严重。帖子发出后不到一刻钟,巴南区市政园林局立即进行了回复。在接下来的跟踪办理过程中,该局更是通过图文并茂的方式,在网上对网友进行正面而完整的回复。此举获得网友的一致赞许。网络新闻编辑如果能够做好助手,就能更快更好地解决群众的问题。

第二,通过新闻选择扩大媒介传播力。新闻编辑在新闻选择中能预见未来,并用高度的意志力来实现这个预见,具有十分重要的意义。葛兰西说:"当然任何预见都包含一定的世界观,无论预言是一系列随意的观点还是生动连贯的认识,都具有一定的意义;但是只有预言和运用意志力实现预言的个人,才能运用大脑实现这个重要意义。"[①]无论我们愿意还是不愿意,每天我们都在被新闻编辑的新闻选择所左右,尽管这些隐含的选择包含一定的世界观,记录社会变迁,展现时代的风格。新闻编辑对新闻的选择将决定任何新闻事件的命运,新闻编辑对新闻信息是删是存,是留是传,关系到新闻编辑对自身肩负媒介公信力的责任。新闻编辑在任何时候都以商业效果为重的话,这个大众话语平台的媒介公信力必将遭受损害。

新闻编辑在新闻选择的过程中,要保持高度的理性。弗洛姆认为,"要实现人的潜能,就要认清人的真正利益是什么,认清他解决所面临的问题的途径在哪里,所有这些,没有理性是无法做到的。"[②]理性是创造性思维的具体形式。新闻编辑的理性就是认识、理解和把握新闻的精髓,从普通的新闻中看到"隐藏的关系和更深刻的意义",从芜杂的信息海洋中,剔除虚假幻象走向觉悟。新闻编辑的理性通过他对生活的热爱、对生命的尊重、对政治的敏感、对经济的把握以及对种种复杂的社会状况考虑在内,从而凝练出新闻事件的高度。

新闻编辑在新闻的传播中,按照议程设置进行传播活动。"传播媒介对外部世界的报道不是'镜子'式的反映,而是一种有目的的选择取舍活动。传播媒介根据自己的价值观和报道方针,从现实环境中'选择'出它们认为重要的部分或方面进行加工整理,赋予一定的结构秩序,然后以'报道事实'的方式提供给受众。在现代社会里,由于大众传播是人们获得外界信息的主要渠道,不管这种'再构成'是对现实环境的客观反映还是扭曲的反映,都会影响到人们对周围环

---

① [意]安东尼奥·葛兰西(Antonio Gramsci)著.狱中札记.曹雷雨等译.北京:中国社会科学出版社,2000:134.

② 孔文清.弗洛姆的道德认识理论.伦理学研究,2007(4):88.

境的认识和判断。"①新闻编辑是议程设置过程中必不可少的把关人,对于复杂的媒介环境,新闻编辑有必要为人们指明方向,帮助人们解读那些超出他们能力范畴的新闻,告知他们哪些值得关心,哪些值得注意,引导受众对媒体的关注,建立起强大的媒介公信力。

第三,运用大数据增强核心竞争力。在早期的新闻媒介中,除了新闻通讯社提供大量新闻稿件外,还有一种叫"报业辛迪加"(Press Syndicate)的机构,专门向许多报纸和杂志同时出售稿件供使用。由于这些稿件多为特稿,故又称"特稿辛迪加"(Features)。也有人称它为"资料供应社"。新闻通讯社主要是提供新闻稿,报业辛迪加则是提供政治、经济、教育、医药和娱乐等资料稿,其中不少稿子是辛迪加聘请有名的专栏作家撰写的。今天的媒体在形式上都数字化了,但是要成为精品还需要新闻编辑赋予这些信息一些特点,使所有人都变成他的支持者和朋友,当然也可以保留读者对它的疑虑和厌恶,这都看新闻编辑的功夫。"辛迪加像任何制造产品的企业一样,必须自己管理和销售货物(特稿)。新增添的东西需要推销,得不到青睐的专栏和漫画就得抛弃。辛迪加通常根据合同供稿,在一定时期内按一定价格为报纸提供各种特稿。像通讯社一样,辛迪加的收货标准是灵活的,发行量小的报纸付费低些。有的辛迪加对多用自己特稿的某些报纸采取价格优惠的做法,不过,大多数报纸都从多家辛迪加购买材料。"②"辛迪加"作为传统的大数据库,对于传统媒体起到过十分重要的作用。

随着 Web2.0 技术的运用,来自草根、政府、商人和各种社会组织等信源的信息不断涌现,大众如何从信息海洋中获得有用的信息是当前面临的一个问题。数据驱动新闻(DDJ)的工具运用,为我们解决了这一问题。数据驱动新闻是用来分析和过滤海量新闻数据的工具,它通过对数据进行整合,从而挖掘出有价值的新闻。在数据驱动新闻中文字占比较少,大量运用图片和动画,以及概率统计、分部空间和未来的趋势分析等。整个新闻的制作过程首先是收集数据,然后进行信息过滤,接着使之可视化,最后融合成一个完整的作品。由于信息量的巨大、杂乱无章以及良莠不齐,过滤显得尤为重要,是数据驱动新闻中的关键。

各种网络分析工具的发明给我们创造了全新的、有效的获取新闻的途径。新闻经历了 1980 年开始的精确新闻,1990 年开始的电脑辅助新闻,2000 年开始的数据库新闻,直到 2010 年开始的数据驱动新闻。2020 年人们是否会经历大数据新闻时代,这个我们还无法下结论,但是大数据新闻已经在各家媒体当中有

---

① 周鸿铎主编.应用传播学史纲.北京:中国纺织出版社,2005:88.

② [美]德弗勒(Defleur,M.L.),[美]丹尼斯(Dennis,E.D.)著.大众传播通论.颜建军等译.北京:华夏出版社,1989:266.

所运用。

互联网时代,很多数据我们已经无暇顾及,新闻编辑不需要关注这些数据的算法,而是需要利用这些数据研究公众。他们花费多少时间阅读?他们浏览页面的速度有多快?他们是连续阅读还是跳跃性阅读?他们会查看相关的链接并返回到页面上,还是直接走人呢?他们是如何找到这些新闻故事的呢?公众对于一个主题会有哪些疑问呢?他们已知的东西是什么呢?他们需要我们在新闻故事中补充什么样的背景信息呢?如果你知道你要面对的是什么样的读者群,你想要为他们做什么,那么这些数据就肯定能够给你指引方向,帮助你实现心中的目标。

《纸牌屋》的诞生是从 3000 万付费用户的数据中总结收视习惯,并根据对用户喜好的精准分析进行创作。《纸牌屋》的数据库包含了 3000 万用户的收视选择、400 万条评论、300 万次主题搜索。最终,拍什么、谁来拍、谁来演、怎么播,都由数千万观众的客观喜好统计决定。从受众洞察、受众定位、受众接触到受众转化,每一步都由精准细致高效经济的数据引导,从而实现大众创造的 C2B,即由用户需求决定生产,使该电视剧获得了最大的收益。

通过大数据的运用,最大限度地增强媒介的核心竞争力,以此推动新闻媒介公信力的提升。

第四,通过媒介教育提升政治感召力。阿特休尔在《权利的媒介》中指出,新闻媒介都被当做维护社会秩序的主要力量——教育人民使他们在社会中发挥各自的作用。列宁提出新闻媒介的三大作用,究其根源,无不是教育作用,正如马克思笔下新闻媒介的形象是冲破普鲁士的书报审查,成为教育人民认识现实的工具一样。新闻媒介作为教育工具的主题,统一了整个交响曲。虽然那些受僵化意识形态蒙蔽的人无法看到这部交响曲的总体统一,但是稍有头脑的观察者都能感觉到整体的统一谐和。这样一来,美国编辑就会放弃苏联新闻媒介是共产党宣传武器的主张,苏联编辑也同样会改变美国的新闻媒介是华尔街工具的说法,而苏美编辑都会放弃发展中国家的新闻媒介幼稚、狭窄、排外的观点,而发展中世界的编辑站在自己的立场上也可能嘲讽苏美两国新闻媒介是殖民剥削的工具。假如各国编辑都能承认各地的新闻媒介都有相同的地方,那么全人类对世界的理解程度理所当然会得到提高。[①] 新闻媒介教育人民的作用已在世界范围内形成共识,然而新闻媒介教育人民的方式却因为不同的新闻编辑产生不同的效果。

---

① 阿特休尔.权利的媒介.张国良主编.20 世纪传播学经典文本.上海:复旦大学出版社,2003:489—490.

新闻编辑作为通过新闻媒介教育公众的主要操作者,以其追求真理,担当社会责任,教育人民,争取盟友,拥护社会制度,统一观点,改变行为,提升政治感召力,作为其树立媒介公信力的价值标准。新闻编辑的工作在任何时候都无法超越政治而存在,正如亚里士多德在《政治学》一书中所说的:"人生来就是政治动物。"新闻编辑在判断任何信息的一字一句时,都和他所生长的社会环境和政治制度密切相关,支持某些观点,反对某些现象,都具有明显的政治性。也许我们会在编辑的工作中,放下工作来思考文化、人性和道德等问题,但是新闻媒介工作中固有的铁则,是我们无法改变的,这些铁则必定带有这个社会固有的政治倾向。新闻编辑通过媒介的文化形式,服务于新闻的政治目标,提升媒介的政治感召力。

新闻编辑只有通过提升媒介的权威性、影响力和信赖程度,从而提高媒介的公信力。

第三章　新媒体环境下的舆论

第一节　新媒体环境下的舆论特点

　　互联网把我们带入了一个全新的媒体时代,电报、电话、报纸、期刊、广播、电视等传统媒体,正在与我们渐行渐远,新媒体的智能终端开始与我们紧密相连。社交媒体极大地拓展了舆论的传播范围,随着逐年递增的虚假新闻、网络大谣、语言暴力、扒粪揭丑、信任危机,舆论生态环境变得日益复杂,如何增强对社会舆论的引导,如何建立更加合理的公共话语空间,如何理顺网络关系,搭建新的社会联结,成为人们期待。要实现这些目标,首先我们要对新媒体环境下的舆论特点有一个深入的了解。党的十八大后新媒体环境下的舆论特点主要表现为以下几个方面。

一、群体言说彰显的适度性

　　舆论作为群体言说的表现形式,是人们思想意识的直接表现。所有的生命有机体总是显示出变化和差异,在群体之间也是如此,"言说和行动揭示了这种独特的差异性。通过言说和行动,人使自己与他人区别开来,而不仅仅显得与众不同"①。这种言说和行动的差异,使人们的意见表达千差万别,使舆论的表现形式千变万化。

　　新媒体的群体言说时常是群体意见的表达,在网络化的公共空间里,这些言说形成的意见直接通过媒介切入公共领域,"这种切入就像人的第二次诞生"(阿伦特),在公共领域里,人们通过言论、意见、思想,展示自身隐含的一面和赤裸裸的一面。人们不像在工作中那样被安排、催促去表演,也不像在现实中那样把一切强加在我们自己的身上。在虚拟的世界里,你可以是蒙面人、可以是明星大

---

　　①　[美]阿伦特(Arendt H.)著.人的境况.王寅丽译.上海:上海人民出版社,2009:138.

腕、还可以是政治家、文学家、艺术家……你可以是你想象的任何那个人。在虚拟空间里,人们的言说经常被群体所激发,因为在现实的寂寞中,人们更想加入群体,获得信任和陪伴,于是跟从群体意见。在虚拟的公共领域中,每一个个体都是主动的,在他们的身上可以发生任何未曾预料的事情,可以存在各种意见表达形式,有无数的片段性和连续性。网络总是以颠覆统计学规律和概率的形式发展,对于现实来说,规律和概率实际就是生活的确定性,然而在网络中却不是这样。

Web2.0时代的微博、微信意见表达形式,解构了传统媒体意见表达的严苛与伦理上的标准,两微空间成了公众意见表达的公共客厅,所有的参与者都有自由表达意见的权利,意见交流的范围更加宽泛、内容更加丰富、形式灵活多样。作为一个意见主体,他的天赋、品质、才能、优点和缺点,实际既可以显示也可以隐藏,也许他彻底的沉默可以把自己隐藏起来,然而大多数公众还是把自己的意见彰显在虚拟世界里,我们无法断言其彰显的意见是好的意见还是坏的意见,但是在虚拟的世界里他找到了归属感,在公共领域里意见的彰显总是让人绽放出荣耀的光芒。既然你要彰显,你就必须冒风险。言说总是有目的的,是为了达到利于自己的目的还是为了达到损害一方的目的,是为了宣传还是为了蛊惑,无论哪种形式,都已经成为了舆论的表现形式。

群体言说的目的大多是为了追求个体的意义和独立的价值,为了实现这个目的,他必须把自己交给大于自己的社会。因为所有的认同都来自于他人,以及意见主体和他人组成的社会。意见主体因为希望得到认同,结果把自己交给了能够满足自我认同感和归属感的群体。任何一个言说个体往往都带有自身的一些特殊性,比如民族感、社群感、阶级感、性别感、职业感、宗教感,这些特殊性决定了他的意见表达,对各种意见的承受和接纳的程度。对于一个佛教徒来说,言说的意见中侮辱释迦摩尼是他所不能忍受的;对于一个阿拉伯人来说,言说的意见攻击穆罕默德,必然引起强大的舆论冲突。可是在很多时候言说者时常只为那些可以给他利益、给予认同的人说话,而不管这些意见是不是好的、合法的。

新媒体即时通信工具的广泛运用,群体意见言说,出现了各种变异的形式,其中谣言大行其道就是一种突出的表现。例如,2014 年 7 月 15 日,双汇集团在官网挂出公告,称从 6 月份以来,"火腿肠还敢吃吗"等谣言在微信、贴吧等互联网平台快速传播,严重损害了双汇的商业信誉和商品声誉。在谣言中,有人把国外对动物尸体进行无害化处理的画面移花接木,配上火腿肠的生产画面,制作成视频并加上双汇产品的图片,通过微信公众账号和多个个人账号大肆传播。双汇方面表示,他们曾多次向腾讯微信后台进行举报,但对方一直没有任何反应。反过来腾讯对此回应称,没有收到来自双汇的投诉或者举报。7 月 18 日,安利

（中国）日用品有限公司发声明称，针对网络、微信上传播的"安利老板早逝""安利纽崔莱采用转基因原料"等谣言，公司将采取法律行动，依法追究谣言制造者和散布者的法律责任。"其实说安利纽崔莱采用转基因原料的谣言往年也有，但今年以来在微信朋友圈里传播更广。"正如国家的公权力不能滥用一样，个人的权利行使同样有着一定的边界，网络世界的言行依然受道德、法律等行为规则的约束。如果一个人行使自由不受约束，他人的权利就无法保障。

2014 年 8 月 7 日，国家互联网信息办公室新出台《即时通信工具公众信息服务发展管理暂行规定》，以十条规定规范以微信为代表的即时通信工具公众信息服务，被网民简称为"微信十条"。规定自公布之日起施行。"即时通信工具公众信息内容"管理已进入有法可依的时期。微信拥有超 6 亿用户，其中约 4 亿活跃用户，是当前中国使用人数最多、活跃度最高的移动即时通信工具，在社交和信息获取上给人们带来了巨大便利，但时常出现的谣言却会破坏网络传播秩序和制造舆论恐慌。因此出台《暂行规定》加以治理净化可谓大势所趋。

"从心所欲而不逾矩"，群体言说的彰显依然有度和标准，每一个人都是历史的、社会的产物，他不可能从中抽离出来，群体的意见表达也有选择、决定和行动的过程，但是不论任何理由，意见的彰显都不能以损害他人为标准，这是一个最基本的标尺。当一个人的意见是为了追求神圣的理想而不得不损害他人的利益和践踏他人的尊严，那么这个时候，人们也许要思考这个历史的"必然"是不是有选择权、判断力和理性的人应该采取的行动。通过这一矛盾困境的思考和适度的选择，彰显出来的意见才是更为适度的言说。

二、构筑公共领域意见的一致性

"在人们开始行动之前，必须保证有一个明确的空间和制定好的结构，所有接下来的行动都在这个空间结构中发生，这个空间结构就是城邦的公共领域，它的结构就是法律。"[①]公共领域的概念可以追溯到古希腊时期。当时，城邦公民通过各种形式紧密参与政治，城邦的利益就是公民利益的体现，"公共"和"私人"之间的界限因而不甚分明。随着社会的演进，"公"、"私"之间出现了分野。尽管柏拉图和亚里士多德把制定法律和建造城邦提升到了政治生活的最高层次，但是古希腊时期的公共领域还是一个雏形，因为它尚未形成一定的约束力。但是今天他们的政治理念依然被很多人奉为圭臬。

"公共领域"一词，是由 20 世纪 50 年代德国女思想家汉娜·阿伦特最早提出的，后由德国哲学家尤尔根·哈贝马斯在 20 世纪 60 年代通过论文《公共领域

---

① ［美］阿伦特（Arendt H.）著.人的境况.王寅丽译.上海：上海人民出版社,2009:153.

的结构转型》进行了充分阐释,并产生了广泛影响。根据哈贝马斯的理论,公共领域(public sphere)就是指"政治权力之外,作为民主政治基本条件的公民自由讨论公共事务、参与政治的活动空间"。通俗讲,它是一个介于国家(state)和社会(society)之间的公共空间,公民们可以在这个空间中自由发表言论,而不受国家的干涉。哈贝马斯的"公共领域"有三个构成要素,即公众、"公共意见"或"公众舆论"、公众媒介和公共场所。舆论实质是"舆人之诵",就是公众的意见,有公众的地方才有意见的存在,公众是意见产生的根本。公众在制度、风俗、语言、经济、宗教、文化上有高度的一致性,对事物的看法也有基本一致的意见、看法和见解。如果没有一致的意见、看法和见解,各执一词,就无舆论可言。

在互联网的公共空间里,人们通过对公共事务和社会事件交流和讨论,达成初步一致性的意见。公众是形成部分意见一致性的基础,这种共同的意见代表了更多人的一致利益。网络公众舆论是公众探讨政府对公众事件的决策是否符合公众的价值评判,社会事件对群体和个人的影响有多大,以及国际事务对国家利益的干涉等事件中民众的共同想法是什么,网络公众舆论表明了人们的共同意愿。网络公共舆论已经不再是个人意愿的表达,而是相当数量的网络群体对公共事务和社会实践的公开讨论。有时候,公众舆论也会带有情绪化的色彩,但是,公共领域中的群体意见的一致性对事件的发展具有强大的推动力和明确的政治功能。

公共领域中的意见领袖具有引领公众,形成强大一致意见的力量。意见领袖的特色之一是他的意见在接受他的意见团体中受到尊敬及重视。其次,作为一个意见领袖也许在另一个领域则会成为别的意见领袖的追随者。意见领袖瞄准高端受众,把话筒伸向金融投资大师、商界领袖以及政府决策者,意见领袖的发声会造成舆论的极大震荡。所以在公共领域中,意见领袖起着十分重要的作用,受到政府的高度重视。

2014年7月,由国家互联网信息办公室、广东省互联网信息办公室联合主办的"粤来粤好——2014年网络名人看广东"活动,邀请30名网络名人和中央媒体以及地方媒体组成的采访团在4天时间里先后奔赴广州、惠州、深圳、东莞、佛山、珠海等地,实地走访广东省重大项目,了解建设运营情况,亲身感受改革推动发展下广东的新面貌。在这次活动中,参观广东的涉环保类重大项目是重点。这些环保项目的发展,也体现了广东重大项目发展的成果。

在参观完大亚湾核电站项目后,网络名人袁小靓发微博说:"广州第一资源热力电厂,日处理垃圾能力2000吨,垃圾被由热能转化为电能。五年前这里的居民也走上街头反对建造垃圾焚烧厂,后来因垃圾无处处理,居民开始'反臭'。如今,垃圾填埋场像公园,处理后的水池里是一天到晚游泳的鱼。"

活动主办方表示,我们请"大V"们来体验和了解,对这些环保类大项目给予客观公正科学的评价,借力"大V"强大的粉丝效应传播出去,达成意见看法的一致性,有力推动广大网友了解广东、认识广东、支持广东的发展。"粤来粤好"活动,是充分运用新媒体资源进行传播策略转型的一次尝试。目前,话题♯粤来粤好♯已成为网络热词,仅新浪微博平台,涉该话题微博成为热门微博,点击量已达3800多万次。从传播效果上来看,为广东省重大项目建设发展营造了良好的网上舆论氛围,促进了公共领域意见的一致性,在网络空间很好地传播了正能量。

三、社交媒体舆论发展的持续性

从社交媒体的发展历史,我们可以更深入地了解社交媒体的属性。1971年,人类第一封电子邮件诞生。其缘起就是为了方便阿帕网(ARPANET)项目的科学家们互相之间分享研究成果,分享是社交媒体的早期功能。

1991年万维网(world wide web)成立,其缘起也是来自于伯纳斯·李(Tim Berners-Lee)创造的"超链接"传输方式,他早在1980年就开始构建超文本在线编辑数据库ENQUIRE项目,广泛分享成为社交媒体功能的发展。

1995年,Classmates.com成立,旨在帮助曾经的幼儿园同学、小学同学、初中同学、高中同学、大学同学重新取得联系;Classmates.com在2008年的时候还拥有5000万会员,到2010年才跌出社交网站TOP10。这里有一个罗曼蒂克的鲜活例子:Ray Sears在Classmates.com上找到了自己七年级的女友,他通过站内信息工具问她还记不记得他,她回答"我怎能忘记我的初恋"。于是两人走进了婚姻的殿堂,并生下两子。互动分享开花结果。

2000年,Jimmy Wales和Larry Sanger共同成立Wikipedia,这是全球首个开源、在线、协作而成的百科全书,完全不同于《大英百科全书》的编撰方式。Wiki的用户在第一年就贡献了20000个在线词条。目前维基百科仍然坚持募捐的方式筹措运营资金,2011年底他们募集2000万美元来维持2012年的运营。广泛互动分享,开源、在线、协作开始运用。

2003年,面向青少年和青年群体的MySpace上线,它再一次刷新了社交网络的成长速度:一个月注册量突破100万。MySpace发展到后来涉黄和无谓谩骂逐渐增多,管理者不加规范,以致难以扩大用户,最终被出售。如果说2005年卖给新闻集团的5.8亿象征着它是未来的新星,那么2011年3500万美元贱卖给广告商则意味着这颗流量陨落。

2004年,Facebook成立,根据2012年7月Facebook上市后的首份财报,Facebook目前每月有9.55亿活跃用户(MAU),每月移动平台活跃用户数有

5.43 亿。

2005 年，YouTube 成立，它在成立后迅速被 Google 相中，2006 年从 Google 那里得到的收购价是 16.5 亿美元。

2006 年，Twitter 成立，由于它内容限制在 140 字以内，它迅速成为方便的交流工具和强大的自媒体平台。

……

以上的社交媒体，均有强大的社交功能，满足人们日益增长的互动交往、分享的需求。

社交媒体的发展史有足够漫长的 40 年历史，既不是 Facebook、Twitter 开始，更不是从人人网、饭否、微博开始。《旧唐书》有言："以史为镜，可以知兴替。"社交媒体的发展同样如此。①

1999 年 2 月，中国的很多互联网用户都是通过腾讯 QQ 和 QQ 空间第一次接触社交媒体，大多数 QQ 用户的年龄都在 18 岁以下。这些年轻、奔放的青少年热切希望通过社交媒体加深自己与同学和其他朋友的关系，他们通过这个平台发布自己的观点、组织校园活动等。

在进入大学后，很多年轻人的网络行为开始出现变化。受到同龄人及校园营销的影响，很多大学生开始把 QQ 看做是一种幼稚、不成熟的工具。

2009 年 8 月 4 日，人人网建立，大学生们开始纷纷转向人人网。2011 年，人人网注册用户达到 1.7 亿人，其中 9500 万为活跃用户，大部分都是大学生或刚刚毕业的大学生。人人网受到这些年轻人的喜爱，因为人人网提供了他们各自所在大学的相关信息，包括学校里的讲座、班级讨论板块等。

2010 年，微博在年轻人中也受到广泛的欢迎。微博中丰富的内容让年轻人欲罢不能，他们通过微博扩展学校以外的社交圈。通过微博，年轻人开始形成自己的观点并通过微博表达自己的意见和看法。当这些学生毕业进入工作岗位后，思想、社交生活和个人收入的不断变化也改变了他们的网络行为。在参加工作后，这些年轻人开始建立自己固定的社交网络，包括大学同学、家庭成员、同事和用户等。

2011 年 1 月 21 日，微信应运而生。2012 年 1 月，据中国互联网络信息中心（CNNIC）报告显示，截至 2011 年 12 月底，我国微博用户数达到 2.5 亿，较上一年底增长了 296.0%，网民使用率为 48.7%。微博用一年时间发展成为近一半中国网民使用的重要互联网应用。

---

① 中国青年网：纵览社交媒体 40 年发展史（组图）. 2012-10-23. http://qyj. youth. cn/. xwtt/201210/t20121023_2540959_1. htm

　　截至 2013 年 6 月,中国微博用户规模达到 3.31 亿,97％以上的中央政府部门、100％的省级政府和 98％以上的地市级政府部门开通了政府门户网站,政务微博认证账号超过 24 万个。仅微博每天发布和转发的信息就超过 2 亿条。

　　从国内到国外,随着人们对社交媒体需要的持续变化,社交媒体的形式也在不断创新,但是无论怎么创新,社交媒体始终是人们通过撰写、评价、讨论、相互沟通,来分享意见、见解、经验和观点的工具和平台,中国现阶段社交媒体主要有社交网站、微博、微信、博客、论坛、播客等等,成为舆论传播的重要工具。

　　社交媒体人数众多,自发传播,创造了一个又一个热门话题,网民的需求得到了自由释放。使用社会化媒体的人数总是在不断增长,其产生言论意见数量的庞大,足以改变一个国家的政治景观,现实世界中各种昏惑不明的言论、思想、意见在这里展开讨论,各种对立冲突的意识形态在这里刀枪毕现,理性的思想在这里总是激情澎湃。公民不断担当各种角色,完成历史学、社会学、经济学指派给他们的任务,因为他们醉心于担当,并乐意完成这些使命。他们的心灵和思想让他们投身和卷入于各种问题,并和这些问题一起活着。

　　社交媒体完全颠覆了经验和思想的关系,其舆论的表达不仅仅被看成是一股力量,更可以说是一股未来持续发展的洪流。"一种近乎玩笑的、挑战的、悖谬的情绪,掩盖了人们不得不以旧思想传统来应付新现象所导致的困惑,因为离开旧思想传统的概念框架,任何思想都是不可能的。"①所以,无论社交媒体中的舆论在何时何地存在,都是一种历史的延续,离开历史的持续性,任何思想和观点都是没有依据的。

　　2014 年 1 月 16 日,中国互联网络信息中心(CNNIC)在京发布第 33 次《中国互联网络发展状况统计报告》(以下简称《报告》)显示,2013 年社交类综合平台持续升温,虽然微博、社交网站、论坛等互联网应用的使用率较 2012 年有所下降。类似即时通信等以社交元素为基础的平台应用则发展稳定:在 2013 年,整体即时通信用户规模在移动端的推动下提升至 5.32 亿,较 2012 年底增长 6440 万,使用率达 86.2％。与传统即时通信工具、社交网站相比,以社交为基础的综合平台不仅拥有更强的通信功能,还增加了信息分享等社交类应用,并为用户提供了诸如支付、金融等内容的综合服务,最大限度地增加了用户黏性,保证了用户规模的持续增长。

　　随着社交媒体运用规模的持续增长,社交媒体的网络舆情也在持续升温。例如 2014 年 1 月,H7N9 禽流疫情风波席卷上海,20 日下午,上海市浦东新区人民医院的一条微博引发全国网友"围观",转发数瞬间过万,活跃网友"作业本"、

---

① 　[美]汉娜·阿伦特著.过去与未来之间.南京:译林出版社,2011:21.

大号媒体官微"@财经网"等均加入转发行列,原微博称"根据上级卫生部门通知,我院外科张晓东医生已被确认为人感染 H7N9 禽流感确诊病例"。因为患者为医护人员,关于"是否被病人传染"的猜测一时四起,H7N9"变种"为"人传人"的恐慌也不胫而走。

在事态日趋严重之后,上海市卫计委联合"@上海发布"(上海市政府新闻办官方微博)当日分多次紧急回应公众关切,表示张某某为外科医生不接诊流感患者,不存在就诊感染的"人传人"现象,且其所有密切接触者(包括同院医务人员)均未出现发热、咳嗽等呼吸道症状。次日,上海市疾控中心继续联合"@上海发布"(上海市政府新闻办)在新浪微博就 H7N9 疫情进行"微访谈",就民众关心的各种问题予以解答。

但事关生死,官方的一系列动作并未完全扭转网民的焦虑。直至 23 日下午,在上海市十四届人大二次会议闭幕后召开的记者招待会上,上海市市长杨雄出面表态,目前 H7N9 禽流感已确定没有"人传人","我们会非常负责任地、毫无保留地发布疫情"。这才释缓了舆情热度,逐步消散了网络恐慌。

据人民网舆情监测,继上海医生患 H7N9 不治身亡后,网络上瞬间疯传海口、南通、天津、深圳等地也有医生因患 H7N9"凌晨四点二十一分死亡"的谣言,极大干扰了全国的疫情发布,加剧了网民焦虑,也徒增政府机构的辟谣成本。

当然,与事后补漏相比,疫情防治才是重点,其中舆论尤其关注上海是否学习北京取缔活禽交易。此前,上海也暂时性取消过活禽交易,从之后的病发率看,效果明显。"@上海发布"已表态"永久性关闭是大势所趋",但永久取缔绝非小事,一要改变市民长久的饮食习惯,二要触动市场、涉及养殖户的根本利益,后续政策的推进必须有所权衡,做到"蹄疾而步稳"。

社交媒体在网民不断自发贡献大量新闻资讯的同时,各种不同的意见也随之产生。社交媒体的舆论发展,会随着网民对事件的挖掘,对细节的呈现,对问题的评论,表现为持续的传播、分享、合作和行动,影响舆论发展的广度和深度。网民媒介素养的培育,媒体良知强化,媒体社会责任感的加强,是社交媒体持续发展的重要保证。

四、网络群体道德认识的局限性

在网络媒体中,任何舆论的出现,往往都存在着两面性。网络媒体由于组织关系的松散,使社会成员的关系属性有很大的自由度,他可以认同其所处群体的道德责任,成为责任主体,阻止其他成员的不良言论;也可以背叛其不认同群体的道德责任,成为不道德行为的主体,参与群体的错误意见。因此,群体成员的变动性和组合的随意性,时常会导致舆论两面性的出现。群体成员在道德认识和道德实践中,把自然的认识上升为理性的认识,把随意的、自发的言论转化为具有明确道德意识和道德倾向的言论,就必须明确个体的道德责任。

开放的新媒体环境,由于共同利益的不一致而连结起来的舆论共同体,缺乏相对的稳定性,很容易被外部强大的力量所打破。在媒体环境中的群体,生活大多相对孤立,他们很难感受到共同的目标、理想、追求和民族利益,很多舆论共同体都是暂时的集结。然而行为个体时常又是道德责任得以履行的关键,行为者个体可以是道德的主体,而社会则不可能是道德的主体,"古斯塔夫森认为,道德的个体和道德的社会共同作用,才是促使道德目标得以实现的充分而必要的条件"①。莱茵霍尔德·尼布尔(Reinhold Niebuhr)还主张,"社会或群体则不可能承担集体责任。将责任归于群体或社会,甚至是对责任的消解"②。只有明确的道德责任,才有正确的道德言论。就像美味的烩菜,整体美味的特质,并不代表每一种成分都是美味可口的,但是它们结合在一起,就变成了一道脍炙人口的好菜。但有时候也许由于性质的不稳定性,导致美味的改变。在媒介中,每个人的道德责任意识并不一样,作为道德主体的公民对与自身的角色身份和权利、能力相联系的自己在道德上的"分内应做之事"或"应当为没有做到分内应做之事所担当的道德过失"的自觉体认,然而在现实中,很多人对自己的道德责任并不明确,因此群体的道德责任一直无法处于稳固的状态,这就是群体道德责任的局限性。

新媒体的空间虽然无限,但是人们社会活动的范围却是有限的。情感的不确定性、理智的局限性、思维的差异性,制约着人们履行道德责任的行为实践;人们生存的社会环境、文化氛围和教育程度,制约着人们道德能力的发挥;个体和群体对自我负责,对社会负责的态度,对关系整体、人类整体、世界整体的认识有其文化的局限性。由于诸多的局限性,导致话语主体的言论立场、目标、目的和社会话语的总体目标出现偏差,于是建立道德共同体,将责任的约束力和有效履行责任的现实可能性有机地统一起来,让群体成员为群体或组织的不道德行为承担责任,使具体的道德责任得到执行。在新媒体时代群体道德责任日益突出的时候,制定网络道德规范,让违背道德的舆论受到应有的惩治。

在网络进入生活,自媒体快速发展的今天,任何一个网络群体和组织都不可能有严格意义上的固定成员。从前的部落和公社的稳固结构和明确的道德责任,随着这些组织的结束而分化,网络上永恒的利益群体无处寻觅,群体组织成

---

① 江庆心著.人在世界中的位置及其责任——古斯塔夫森的伦理思想研究.北京:中央编译出版社,2011:149.

② 江庆心著.人在世界中的位置及其责任——古斯塔夫森的伦理思想研究.北京:中央编译出版社,2011:151.

员有很大的任意性和变动性,然而这并不是群体成员逃避道德责任的理由。个体或群体的意见传播应当在整体利益的道德实践中,顾全大局,维护群体的道德底线,关注普通人群的需求,督促政府作为,不以一己利益而放弃社会自组织团体的利益,不以个人的喜好干涉他人的自由。"把体现党的主张和反映人民心声统一起来,把坚持正确导向和通达社情民意统一起来"(胡锦涛),虽然让群体道德责任得到最具体的落实有一定的局限性,但是正面舆论的宣传永远是国家、政府和百姓的期待。

五、社会系统舆论的可控性

社会作为一个完整的系统,所有的人都在这个系统中生存,新媒体作为社会系统中产生的新工具,对整个社会系统却产生了重大的影响,作为一种新的传播方式,新媒体只用了 20 年的时间,就拥有了远远超过报纸、广播、电视用数十年、上百年才拥有的受众群体;新媒体近两年产生的信息在全球过去和现在所有信息中占到 90% 的份额;新媒体舆论在民进国退中崛起,在国进民退中减弱。在社会系统中,舆论处于有效的控制之中。

社会系统按照汉肯(Hanken)的观点,实际是由三个基本的集体系统构成的。"第一,没有通信的集体系统。在行动者之间没有通信,但可以有互相影响,而且有一种机制可以把各个个人的优先选择集中起来形成群体的优先选择。第二,具有通信但不存在结盟的集体系统。通信的目的在于改变行动者的态度,在群体进行决策的初期,各个行动者的优先选择未必是相容的。现在设想通过讨论或探索,引导人们改变态度,以有助于达到群体意见的一致,这时群体即达成了一个共同的目标。第三,存在结盟的集体系统。为了结成联盟,通信自然是个必要的条件。另一个必要条件是群体至少必须由三个行动者组成。在集体系统中结成联盟的目的往往是为了在投票表决中获得多数。这种联盟我们称为简单联盟。"①

社会学家在观察不朽和秩序时,总是能从本质上再现社会运动的规律。新媒体社会系统按照汉肯的观点,我们实际可以归结为三个基本层次:第一,没有通信的集体系统,如乡村组织、基层组织、边缘组织,这些组织的意见和言论十分有限,对社会的冲击和影响趋于弱势;第二,有通信但不结盟的集体系统,实际是市民组织、自媒体组织、群体组织等,这些组织有较高的危机意识,关注暂时性的事物和纯粹意见的领域,对事件的演变起积极的推动作用,有强大的现存和短期效应,会产生较大的舆论影响力;第三,存在结盟的集体系统,这是一种稳固关系

① [荷]A.F.G.汉肯著.控制论与社会.黎鸣译.北京:商务印书馆,1984:87—88.

的党派组织、社团组织、协会组织等,这些组织有目标、有理念、有条例、有规则,行动能最大限度地遵循话语的规律和准则,意见的产生以一定的理性为指导,其驱力和情感建立在规则之中。

根据社会系统中社会组织结构的分类,我们可以深入地了解到舆论的来源、分布,舆论的性质、特点和舆论引导应该采用的方式、方法。但是,无论来源于哪个社会层次的舆论,都要通过媒体的传播才能实现,所以,推动传统媒体和新兴媒体的融合,调整媒体格局,在媒体融合、渠道融合的基础上,控制舆论传播的源头,营造一个主流、主动、主体的舆论生态环境,形成一体化发展的现代传播体系。

新媒体环境下的舆论,虽然变化迅速,信息量巨大,但是也有其相对的稳定性和可控性,人们通过对社会系统特性的把握,发现社会组织内部传播的特点,从而较好地控制和引导舆论。

第二节　新媒体舆论系统的构成

米勒认为,系统成分的特点可以从三个概念中看出:等级秩序、相互依存和可渗透性。等级秩序(Hierarchical Ordering)单单把一组不加区分的零件扔在一起并不能构成一个系统。相反,系统成分必须按次级系统和超级系统——一种等级秩序——等非常复杂的方式来排列。如果你把你的身体想像成一个系统,你会看到这样的等级秩序:你的身体是由许多次级系统组成的——心血管系统、消化系统、神经系统等。同样,这些系统也由次级系统组成——例如:心血管系统包括了心脏、肺和血管。我们可以进一步把这个模型套用在对器官成分、细胞等的分析上。

相互依存(interdependence)是系统成分的第二个特点。相互依存的概念意味着系统中某一成分要依赖同一系统中其他成分才能顺利运作。再回到人体的例子上,大脑需要不断地供给血液才能发挥作用,但如果心脏失去搏动的功能,那么这种供给就不可能了。一个组织就像一个系统,具有高度的相互依存性。

可渗透性(pemeability)是系统成分的第三个特点,是指这些系统具有可供信息和物质进出的可渗透的边界。可渗透的程度依系统的不同而不同——一些系统相对封闭,而另一些则极度开放。但是,所有的生物或社会系统的生存都需要某种程度的可渗透性。可渗透性指整体系统——这个系统必须对环境开放——和系统里的组成成分。例如,人体必须对环境开放,以吸收生存必须的空气、食物和水分。人体的成分也必须具有可渗透性,以使物质在器官和器官系统中流动。①

新媒体的舆论系统结构不像生物或机械的结构,它往往是看不见的、是隐形的意识形态系统,它需要在实际操作中显示其结构关系。

一、新媒体舆论系统的等级秩序

网络中完全陌生的人聚集在一起,在一个很短的时间里,当他们开始产生互动,他们内部的等级、相互依存关系和彼此的渗透就在发生,某些人个人由于发声频繁,处理关系的能力强,就会成为意见领袖,而其他人时而应和、时而围观,就会受意见领袖的影响,由此传播结构的内部系统就形成了。在这个传播系统中,人们可以得到他们想知道的信息,了解社会发展的方向,拥有互诉的平台,获得展示才能的机会,于是这个传播系统的群体就有一定程度的可预知性。当陌生的群体聚集在一起,他们只具有低程度的结构,当经过长时间的互动之后,他们就有了较高融合度的结构。此时如果人们希望把一种观念或思想传达出去,他就必须是拥有众多跟从者的主要领导,他就可以在这个系统平台中,把一个人的观念传达给一个群体。然后通过群体的传播和实施,很多理想得以实现,于是人们对这个系统组织会有更深入的依存关系。

任何一个系统,它的组织关系都是按照科层制建构起来的。马克斯·韦伯认为,科层制是特定权力的施用和服从关系的体现。在网络媒体中,舆论组织的关系,就是意见领袖和普通网民的关系。意见领袖在等级秩序中,他拥有的不是职务权力,因为他不能在舆论传播中作出决策或决定导向;但他可能拥有专家权力,因为这些意见领袖往往拥有专门技能和专业化本领,能在某些领域作出权威发言,并得到普通网民的认可和尊重;还有一种意见领袖,类似于中国古代的门客,他是各种掌权者和专家的座上宾,他能通过言论,左右他们的思想,通过信息控制制造权力,而且他们更多地存在于非正式的群体中。

舆论系统的等级秩序,可以追溯到拉扎斯菲尔德和卡茨的二级传播理论。二级传播理论就是指意见从媒介到舆论领袖到受众再从受众到媒介的过程。1944年在调查报告《人民的选择》里提出,大众传播只有通过"意见领袖"的中介作用才能发挥影响。意见领袖是人们所认识和信赖的人,具有某些专长和对某些问题见解深刻。意见领袖能够向人们提供建议和解释,改变他们的态度和影响他们的行为。与社会正规组织的领导人物不一样,意见领袖是非正式的领导,给人出谋划策,其影响力常常比大众传媒更大。

意见领袖不同于官僚体制中的领导人,他们与舆论所涉及的社会领域相联

---

① [美]凯瑟琳·米勒著.组织传播.袁军等译.北京:华夏出版社,2000:63—64.

系。有人是公共事务方面的意见领袖,有人是流行趋势方面的意见领袖。在某一领域是意见领袖的人,在另一个与此无关的领域中不一定还能成为意见领袖。在舆论系统的等级秩序中,谁领导,谁追随,往往具有极大的不稳定性。意见领袖如果不能在长时间里持续传递有价值的信息和观点,很容易被信息更丰富、更有才华的人取代。

意见领袖有众多的粉丝,其言论能被众多粉丝快速转发,在群体中有较大的影响。活跃的微博意见领袖如于建嵘、贺卫方、邓飞、范以锦、黄健翔、潘石屹、任志强等都是典型代表。2011 年,邓飞发起了"微博打拐"及"免费午餐计划",学者于建嵘则发起了"随手拍解救乞讨儿童"活动,积极主动地参与公共事件和群体性事件的讨论,并在事件的推进中,展示强大的影响力。据统计,影响重大事件舆情的 300 余个微博意见领袖的个人粉丝数量多在 100 万以上,仅 9 个核心意见领袖的粉丝数量总和就高达 6200 万,①当其振臂一呼,往往可以左右舆论的发展方向。

网络推手作为另类意见领袖,对网络舆论炒作也产生过不小的负面影响。自称"中国第一代网络推手"的杨秀宇(网名"立二拆四"),为炒作赚钱,幕后策划了"僧人后海船震"、"干爹 888 万带我包机看奥运"、"北京车展最美清洁工"、"干露露浴室征婚门"、"郭美美炫富"等事件。从 2006 年的"别针换别墅"开始,杨秀宇几乎每年都要制造一起轰动网络的热点事件,在网上引发热议。这些网络虚假事件,以"至贱无敌"为法宝,包装干露露、炒作郭美美,以"炫丑无边界"为原则,力捧"情妇"、"小三"、"干爹",向网民展示了一个无比黑暗和堕落的无底线网络世界,严重伤害了网民的情感,更误导了年轻网民的价值观,使拼世界就是拼底线、"无耻就可以无敌"这样的丑陋文化在网上大行其道,冲破道德底线,扰乱社会秩序,产生了巨大负面影响。这种造假、传假行为破坏了真实有序的网络环境,破坏了市场经济诚信体系,严重影响了媒介公信力。

移动互联网时代,信息传播的速度非常快,一些不良、不实甚至恶意有害的信息也借助移动即时通信工具公众平台传播,扰乱正常社会秩序,影响社会健康发展,进而危害国家安全和社会稳定。既然网络空间是公共空间,就要有基本的公共秩序。就像我们生活的现实世界需要秩序一样,网络空间同样离不开秩序的规制。只有秩序,才能保证网络世界运行良好,保证每个人的正当利益、合理诉求都能得到实现。

人民网舆情监测室发布《2013 年中国互联网舆情分析报告》,第一次对有关网络"意见领袖"进行了成规模调查。调查发现,在近年一些突发事件和公共议

---

① 姜胜洪.微博意见领袖的新特征、存在的问题与对策思考.理论与现代化,2014(2):75.

题上,网络"意见领袖"的影响力常常超过媒体和政府在微博中的传播力。平时大约300名全国性的"意见领袖",其粉丝数量有的多达1000万以上,他们以"二级传播"的方式,影响着互联网的议程设置。

2013年8月网络治理专项活动开展以来,微博舆论领袖发博量整体下降,博文内容涉及政治话题减少,更加倾向于法制主题;整体互动程度降低,意见领袖群体对个体影响力减弱,群体之间信息控制力和传播力差距缩小。意见领袖由积极出击变为平稳过渡,意见领袖和普通群体间的等级秩序依然存在,但是更趋于自然共振。

今天人们把网络看成是一个富于变化、有很多不确定性的开放系统,很多人认为严谨的科层制在网络时代早已过时。然而网络从内部结构看,实际仍然是一个有规则的系统组织,我们看到的是一个由系统成分构成的集合体,这些系统成分按等级排列,相互依存,和环境相互渗透,不同等级秩序的成员,通过新媒体传递不同意义的信息,从而营造出不同的信息环境。在稳定的组织系统中,人们相互依赖共生共荣。

二、新媒体舆论系统的相互依存

"信息论、控制论的创始人维纳曾经说过,信息是使社会赖以黏结在一起的黏合剂。互联网对社会的这种重新架构和组织就是通过信息和传播的'穿针引线',带来资源的对接、匹配、发现、发掘和整合,形成新的经济的、政治的、文化的以及社会资源的重新连接和配置。"[①]网络本身就是一个通过信息相互依存的强大系统,对存在于网络的庞大信息组织中的舆论,也是一个相互依存的子系统。当一个人发表意见并不能成为舆论,当公众为了共同的需要、价值观、利益追求,众人相互接受意见,并最终取得认同,才能形成舆论。当人们的共识产生分歧,彼此的意见得不到认同,价值观不一致时,彼此的相互依存的关系解体,舆论也就不存在了,舆论是群体意识的反映。在网络媒体中,特别是在社交平台上,信息相互传播,相互影响,凝聚成引人注目的社会舆论。

当今的网络媒体已经是一个纵横交错、覆盖全球的相互依存的体系。任何信息和舆论的存在,都是这张网上的一条线。新媒体舆论系统的相互依存也是和国家之间政治、经济文化的发展相互依存、密切相连的。"在这个相互依存的世界中,各国之间的相互关系已处于如此牵一发而动全身的地步:美国联邦储备银行的汇率调整,可能很快会在拉美国家引起剧烈的金融危机;欧洲联盟的汇率

---

① 高海珍.喻国明:站在媒介研究的前沿.新闻与写作,2014(8).人民网.传媒. http://media.people.com.cn/n/2014/0812/c387571-25451776.h-ml

震荡,可能会波及到日本的经济增长速度;而石油输出国组织的油价调整,则可能改变国际贸易结构。……形成了一国政治与他国政治、国内政治与国际政治既相互联系、相互渗透,又相互制约、相互影响的局面。"①

互联网让人们对世界的接触和了解越来越多,获得的信息也是无穷无尽。因此,他们对世界的看法更加全面、客观、理性,站在全世界的角度,具有全球化的视角,舆论的表达表现出更多的相互依存和彼此推动。今天的舆论信息随着大数据管理的深入,将会通过数据整合、内容整合、过程整合,把相互依存的数据进行有效梳理,使舆论的形成和传播更具有科学性。

数据是组成信息的基本元素,数据整合就是把网络上大量的舆论数据库集成起来,提供一种单一的虚拟数据库,当舆论数据积累到一定数量就会产生对于舆论的有价值分析。舆论的表现形式是多种多样的,例如电子表格、文本文件、图像、图表、报告、音频文件和视频文件等。内容整合就是通过内容管理系统对各类舆论信息进行编、审、校等步骤,对各类舆论信息进行分类管理,控制舆论信息的发布与访问权限,有效限制不良舆论的广泛流传。在数据整合与内容整合的基础上,进行过程的整合。过程整合就是把一些舆论信息的处理规则转化为应用软件,通过提高外在的和内在的过程自动化水平,提高舆论管理的整体效率,达到优化舆论传播过程的目的。

人民网舆情频道是我国官方主流媒体中第一个从事舆情监测和研究的专业频道。人民网舆情频道包括论坛热帖排行、热点舆情专题、舆情研究报告、舆情观察、舆情分析报告、案例库等栏目,为读者及时提供网络社区、论坛、博客中的舆情热点。舆情频道监测和研究的对象非常广泛,不仅运用"网络舆情监控技术"追踪海内外主要媒体的报道,整合各大新闻网站信息和信息跟帖,而且监测全国有影响的网络社区、论坛、BBS和很多知名人士的博客。舆情频道通过专业技术对采集的信息进行过滤和预处理,然后按照领域分门别类进行文章筛选和统计排行,再经过人工审校,排除干扰因素,最后形成成熟的舆情监测信息。舆情频道还有许多相关领域的专家做深入的舆情解读,如"舆情监测室"、"舆情案例库"是对特定时期或特定事件舆情的集纳。通过对数据的抓取、挖掘、聚类、分析和研判,实现了相互依存信息的有效整合,方便舆情工作人员迅速获取舆情,提高舆情管理和舆论引导的水平。

---

① 姜永泉.相互依存理论、世界多样性理论:国家关系伙伴化的理论基础.海南师范学院学报(人文社会科学版),2002(3):69.

三、传统媒体与新媒体舆论系统的相互渗透

当前互联网开始加剧渗透到各个传播领域，它不仅颠覆了传统媒体的传播秩序，而且完全改变了舆论的表达方式。过去的 20 年，互联网把所有的传统媒体都变成了数字媒体，这并不意味着所有的传统媒体都将被新媒体取代，而是传统媒体与新媒体间相互渗透的表现。

新媒体的发展让传统媒体的生存空间不断缩小，新媒体已经为整个新闻媒体行业的自我重塑创造了良好的机遇。网络平台已经极大地提高了新闻的消费量，并且获得了更多的新闻读者，同时还改变了现有读者的阅读习惯。硅谷预言家安德森认为："目前新闻量的消费速度快于新闻的产出速度，这就形成了一种供不应求的局面。"①

"根据国际电信联盟的数据，2013 年全球互联网用户将达 27 亿，渗透率达38.8％；全球手机用户将达 68 亿，接近全球总人口数，其中移动宽带用户将达到20 亿，渗透率达 30％。《2013 全球传媒发展报告》指出，国内新闻仍是各国数字新闻消费的主要内容，互联网已成为最重要的新闻获取平台之一，受众的媒介消费行为呈现出移动化、数字化和网络化趋势。"2011 年，"全球数字化程度趋于成熟，世界主要国家宽带入户率均过半，数字电视入户率超过六成。就主要发达国家日常媒介使用情况而言，看电视仍是最受青睐的媒介消费和传播行为，上网（移动上网除外）已超过听广播、读报纸，成为仅次于看电视的媒介消费行为，位居第二"②。微博、微信、移动客户端等互联网新兴媒体迅猛发展，一路抢占先机，成为影响我们政治观念和思想意见的重要媒介。不时有人断言，新媒体将在短时间内完全取代传统媒体，成为最主要的传播方式，"纸媒消亡论"也已谈论多年。然而中国社科院舆情调查室 2013 年城市居民舆情调查显示，对信息的本源，受众仍然依赖于传统媒体，对报纸的信任度超过 70％，比网络的信任度高出15 个百分点。从媒体的发展历史看，每一种新兴媒体的出现，都不同程度地丰富了人类社会的传媒形式。传统媒体和新兴媒体总是在发展中融合、共存。

传统媒体与新兴媒体各有优势，相互渗透，新兴媒体在信息的生产方式和传播渠道上为传统媒体做补充，传统媒体在内容上为新兴媒体提供支撑。推动媒体融合发展，从实践来看，传统媒体在与新兴媒体的融合发展中，传统优势得以巩固，新的优势正在形成，两者相得益彰，媒体的舆论影响力及传播力也得到了

---

① 思睿编译.硅谷预言家安德森：网络新闻业将迎来 10 倍增长.腾讯科技.2014-2-28. http://tech.qq.com/a/20140228/025041.htm

② 韩秀.研究者称互联网已成最重要新闻获取平台之一.中新网.2013-12-24. http://finance.chinanews.com/it-12-24/5658756.shtml

进一步增强。传统媒体与新兴媒体合作共赢,不再是谁取代谁的竞争,更不是此消彼长的发展方式,而是共存、融合、互补的关系。融合的关键点是:把所有的优势资源全部汇集在一起,把所有的客户端集中在一个平台上,实现舆论引导的最佳组合。

2014年7月22日,由新华社新媒体中心发布的年度报告《中国新兴媒体融合发展报告(2013—2014)》显示,2014年,将以"媒体融合元年"为标志写入中国新闻发展史。2014年媒体融合发展方兴未艾,成为当今传媒发展的主潮流。推动传统媒体和新兴媒体融合发展,是党中央着眼巩固宣传思想文化阵地、壮大主流思想舆论作出的重大战略部署。

新华社新媒体中心承担着推进战略转型的"排头兵"、探索新闻信息集成服务的"试验田"、新媒体建设发展的"先行者"、链接市场的"对接口"的重任。新媒体中心在不到两年时间,跨出三大步,在产品融合、终端融合、渠道融合、平台融合等方面实现了跨越式发展,逐步摸索出了一条具有通讯社特色的媒体融合发展之路,媒介融合使主流媒体的舆论阵地得到发展壮大。

以《人民日报》为首的传统媒体纷纷进入新媒体,设置法人微博账号。人民日报法人微博在创办初期,也有过"办好是戴项链,办不好是戴锁链"的担忧,也曾遭遇"微博这个地方,人民日报来干什么"的吐槽。但经过时间的检验,人民日报法人微博收获的是网民的信任。借助微博平台,人民日报的传统优势得到增强和放大,"你好,明天""人民微评"这些原创的评论栏目以其清新文风和独特视角,在微博舆论场独树一帜。借力社交媒体,人民日报在新闻媒体领域扩大了传播力、公信力和影响力,在更广泛的人群中提升了品牌认知度和美誉度。

第三节　新媒体舆论的组织行为

一、新媒体舆论的组织形态

新媒体将如何塑造民意,成为国家组织机构建设的重要议题。舆论的控制过于严苛会导致公众对政治的疏远和冷漠,过于松散则会带来国家意识形态领域的混乱。新媒体的多样化会带来言论的广泛民主和自由,新媒体不但是公众交流意见的空间,更是官方政策和公众意见直接对话的空间。体制一体化和媒体多元化的平衡成为新媒体舆论的基本组织形态。

新媒体组织内部是一个有规则的系统。今天人们把网络看成是一个变幻无常、难以掌控的系统,很多人认为科层制在网络时代早已过时。然而网络从内部结构看,实际仍然是一个有规则的组织系统,无论是数字广播、数字报纸、数字电视,还是网络社交媒体,都有其组织机构独有的规则和特性,在传播的方式上也各有侧重,按序排列。像多媒体数字报省去了传统报纸所需的印刷、发行的时间,使报纸的时效性更强。同时,它在传统纸媒体发行的基础上大面积拓展了发行空间,让报纸无限量、无地域限制地发行,全世界的人都可以上线阅读"网络报纸"。它在新闻内容上突破了只有文字和图片表现形式的天然局限,可以方便地插入视音频内容或者动画,使得新闻报道真正做到"有声有色",同时图片的观感和质量也大大超过了新闻纸印刷的表现力。数字报纸的在线互动方式,能够让受众方便表达个人的意见。数字广播把单一的文字转化为声音的传播,数字电视则实现了文字、声音到动态图像的转变,新媒体创造了传播形态一次又一次的辉煌。

新媒体组织内部的个体具有很大的流动性。来来往往的个体很难保持对一个组织系统的持续忠诚,但是他们随时要学会如何融入组织成为组织的一员,这是个体自身价值得到认同的重要选择。个体在决定加入组织群体之前进行必要的知识准备,积蓄能量以应对各种问题;进入组织之后,就要不断地适应新的环境,尽快得到组织的认同;努力接受组织的规则,在一系列的适应和发展的过程中,融入组织,实现真正的同化。在稳定的组织系统中,群体会确定共同的目标,会共同发声,彼此相互影响相互传播。

新媒体组织之间竞争激烈。在新媒体主导舆论的今天,自媒体每天生产的内容不计其数,阅读竞争也越来越激烈,快速生产的内容,导致读者的阅读越来越浮躁,而读者的浮躁也必然传染信息的制造者,为了获取更多的点击率,他们会更多地选择话题性更强的新闻,而很少认真地去做深度的新闻,更没有人愿意深入地进行事实采访,人云亦云,这必然不会有好的新闻作品产生。有时就是有好的新闻,也会被海量信息所淹没,新媒体的碎片化传播,让舆论瞬息万变。

新媒体组织外部社会环境的变迁。随着新媒体的广泛运用,直接推动了社会政治、经济、文化的一系列变革。传统金字塔式的社会结构已经趋于扁平化,从前的舆论调控和信息封锁的功能已经基本失效,在新媒体的环境下,政府无法完全垄断和精准控制信息。当很多事件发生的时候,民众已经把所有细节披露,但是政府还不一定完全清楚事件的原委。自媒体让公众在信息传播的过程中,拥有了更多的主动权,特别是在热点事件上,民众时常是舆论传播的主体。互联网去中心化的特点,使政府组织的权力受到不可忽视的影响,主流媒体难以掌握主流舆论,主流舆论难以传播主流声音,针对这样的传播现实,政府组织必须以变应变,在创新中掌握主动权。推进政府组织的变革,是政府提升整体实力和核心竞争力的必由之路。政府组织开始主动介入社交平台,实时监测社会热点舆情事件,及时干预网络事件,积极回应群众呼声,增进政府组织与群众组织的互动,重视新技术的运用,占领信息传播的至高点。

二、新媒体舆论组织群体的演化

格伦·卡罗尔和迈克·汉南在《报纸组织群体演化中的密度依赖》一文中认为,"不同组织群体的演化,似乎都依循着相同的模式。铁路运输、劳工联合会、银行以及报纸等组织都经历了从产生时数量少,到数量急剧增加,再到数量稳定或者减少的过程"①。

在新媒体舆论组织群体中,组织数量的增加和减少,为什么会遵循一个类似抛物线的曲线模式?一个解释是组织群体所使用的资源不具有可持续性。当资源丰富的时候,组织数量剧增;而当资源出现匮乏的时候,组织数量就减少了。就像广播、报纸和电视这些舆论组织群体,在早期所有的新闻信息都投入到这些媒体中,因此关注的人数非常多,信息的渠道特别畅通,舆论也大多产生于这些媒体组织中。随着新媒体的出现,这类舆论组织的数量就开始下降,因为人们把更多的信息投入到新媒体平台上。

第二个解释是组织形态是特定社会技术和物质技术的体现。老的群体在新技术出现以及社会条件改变的情况下,最终会失去它们的竞争优势。比如,在今天人们还没弄懂传统互联网的时候,移动互联网来了;在人们还没弄懂移动互联网时,大数据时代又来了。媒体技术的快速发展,让共享新媒体发展的人们,开始使用新的媒介平台发表言论和信息。"从统计数据上看,2013年年初开始,广播的广告增量在3.4%左右,互联网的广告增量为36%。虽然近几年报纸、电视等传统媒体加快了在视听新媒体领域的布局,但广告增量远远不及互联网。"②依靠先进的网络技术,信息传播的效率越来越高,大有一骑绝尘之势,新媒体舆论的监管刻不容缓。

第三个解释是这种典型的增长曲线反映了合法性与竞争之间的反向作用。在低密度时,组织数量的增长主要是使得组织群体以及群体所使用的组织形式具有合法性。但是当密度与资源高度相关时,密度的增长就会加剧竞争。③

新媒体如此快速的发展,组织群体如此高密度的意见交流,就是因为在网络话语的背后仍然存在很多的利益诉求,因此,新媒体时代,更多的平台和资源将面临更急剧的竞争。如今的微时代,微博和微信取代了博客,成为覆盖面更广、

---

① 张永宏主编.组织社会学的新制度主义学派.上海:上海人民出版社,2007:283.

② 李晓东,鲁磊,张敏.传统媒体转型,出路在哪里? 光明日报,2014-1-5.

③ 张永宏主编.组织社会学的新制度主义学派.上海:上海人民出版社,2007:284.

活跃度更高的传播渠道。内容提供者根本不需要报纸、电视台作为发言的平台，他们可以在"两微"上迅速找到自己的读者。从内容生产者的角度来看，自媒体的优势在于，发布流程短、工作效率高、言论空间稍大。在微信、微博等新兴平台的推波助澜下，传统媒体里很多思维超前、有想法的腕儿们，都已经在建网站，弄微信公众账号，特别是互联网圈子里的记者最能感受到新技术、新模式带来的变化和冲击，也会比其他同行率先觉悟，他们在新媒体中通过去组织化、众包生产、多平台传播，把各种新技术引入媒体，他们在文章中接地气、有干货、语言独具个人风格，吸引了众多眼球。

舆论往往起始于个人意见。自媒体以发表个人意见贯穿始终，自媒体的拥有者，大多以知识精英为主，他们总是选择适当的场合和恰当的时间来表达个人的见解，扩散他们的意见，在网络上确实会带来很大的关注度和人气。但是，要保证持续、源源不断的内容生产，仅靠少数人的力量是否可以长期持续？传统媒体的做法是雇佣专业的新闻编辑、记者，进行专业体系内的生产，而虎嗅、雷锋网等新媒体虽然不用雇佣专业的记者，但也需要一个机构式的平台，即使是一个UGC的松散平台，也离不开组织的力量。韩寒的电子杂志《一个》，可以看做是韩寒的自媒体试验田，影响面很广，其IOS版和安卓版上线24小时，便登顶中国大陆地区APP免费排行榜第一名。细数数，其制作团队，包括编辑、设计等人员，榜上有名的就不下10个。目测一下，如今活跃起来的自媒体大多以评论、观点见长，产出深度、故事情节丰满的深度调查报道很少，这一方面是中国舆论界真正的好观点太少，另一方面也是成本所致。坐而论道可以，但深度调查、走访、挖掘内幕故事，难道是单个人长期能有时间、有精力玩得转的呢？因此组织成为新媒体持续发展的重要条件。

"社会网络的形成意味着人们从常常具有严格社会规范的社区生活中的'解放'。但是，当邻居们不再互相分享烦恼和欢乐甚至隐私的时候，大家也同时失去了彼此的'零距离'情感和物质的互相支持。超地域的社会网络靠电子媒介和当代交通工具才能维持。正是这种空间距离过滤掉了'零距离'交流的真实性，使生活中的虚拟成分或者不确定性大大增加。因此，当人们不用再担心邻居们会说三道四而感到'解放了'的时候，也就开始了孤独、抑郁和焦虑的社会网络生活。"[①]越是离散孤独的人群，就越容易被引导和诱惑。在社会网络发展到今天，网络为人们制造了更多的虚拟空间，舆论的制造者利用群体的归属意识和认同

① 杨伯溆. 现实的虚拟和虚拟的现实——社会人际关系网对电子媒介的扩散与应用的影响. 2004 第二届亚洲传媒论坛——新闻学与传播学全球化的研究、教育与实践论文集. 2004. 北京广播学院出版社, 第2页.

第三章　新媒体环境下的舆论

心理,在网络中通过意见的组织和引领,影响社会的发展方向和进程。所以新媒体舆论的组织系统的行为,就是引领民意,改变社会的行为。

三、新媒体舆论组织的串联

"不去了解串联的话,就无法完整地讨论社会分裂和新的传播技术。特别当信息,包括错误的信息,只需按一下鼠标,就可以传给几百人、几千人,甚至几百万人时,串联的模式也愈来愈相像。"①串联对中国人来说是一个并不陌生的词,它会很自然地让人想到 1966 年的"文化大革命",因为发动"文化大革命"就要有人"冲锋陷阵",先把中学生和大学生"串联"起来,通过"旅游"的方式组织一支"先头部队",以此来冲击"资产阶级反动路线",是一种事半功倍的好办法,比起动用工农兵来"成本"更低。红卫兵满天飞,不管"飞"到哪里都有人接待,接待站就像现在的旅行社一样搞全程服务,以保证"文化大革命"的"流程"顺利进行。各地政府生怕招待不周会"引火烧身",因为得罪了红卫兵就是"破坏革命"。"文化大革命"一开场就让学生"周游列国",这个"大串联"很快就在全国各地"风起云涌",红卫兵所到之处"横冲直撞",他们"炮轰"、"火烧"、"揪斗"、"游街",从"为所欲为"发展到后来的"无法无天"。大串连造成的革命氛围,使学生红卫兵脱离日常生活角色和行为规范,进入自己确定行动目标的无政府状态,虚假的自由、崇高感,刺激了革命造反,造成了原有运转秩序的全国性瘫痪。这样的串联也许是对新媒体初期传播的一个隐喻。

今天我们所说的串联是民意的传递,这样的串联往往是由信息所驱动的。网络作为虚拟的空间,其民意的串联每天都在发生,对很多重要的事情我们时常缺乏直接完整的信息,虚拟串联让信息增加了多样不一致性,各种新媒体渠道,有的让我们防范某种病毒,但是那样的病毒并不存在;有的电子邮箱告诉我们可以去什么地方领大奖,结果落入骗局;有的人精心设计恶作剧,金庸多次被传死讯,结果依然健在;如果进入微信、论坛、社区、微博、博客、播客,在那里你可以看到无数的虚拟串联,那些忙碌的传播者像"红卫兵"一样,在世界各地的虚拟社区中串联,制造的各种虚假信息,不断引爆信息点,让人们的观念出现各种喜剧性的变化,无论是真实的还是虚假的,无论你相信还是不相信,其串联的地区可以是大众的层次、社会的层次,甚至是国际的层次。越来越多的人卷入其中,往往虚假的事件也演变为真实的存在。虚拟串联是虚假信息产生的温床,它会让排山倒海般的人群相信错误的事情。

---

① 〔美〕凯斯·桑斯坦(Cass Sunstein)著.网络共和国网络社会中的民主问题.黄维明译.上海:上海人民出版社,2003:56.

然而新媒体舆论的串联有时也会引发意想不到的效果。周久耕事件就是网络民意虚拟串联，导致官员落马的最好案例。南京市江宁区房产局前局长周久耕在网上的一张照片，照片只是非常普通的会议场面，周局长的表情做派与平时并无二致，这张照片转发到微博上时，网络话题是集中在他手边的一包烟上。对周局长的合法收入来说，这种烟的价格太昂贵了。这种落差引起了人们对其财产状况的怀疑，2008年12月14日，网友发帖说，"周局长一条烟抵下岗工人3个月低保。"配发照片注："'九五至尊'，一条1500元！"成为周久耕事件的第二个转折点。12月15日，网友发帖指认周久耕所戴手表是"江诗丹顿"，价值约10万元。舆论的愤怒最终导致周久耕落马。在网络空间里"人人即媒体"，传统媒体舆论流动的"由上至下"的"垂直性"被改变，舆论客体常常流变不定、上下串联，主题的迁徙和交叉非常频繁。这一方面使网络舆论的真正价值在于对话语权的解放，重构了话语权的归属，让普通民众有了发言论道的机会；另一方面，由于网上的言论交流、思想碰撞处于匿名状态，很多网民发表意见呈现"群体极化"倾向。网络时代，每一个网民都是准记者，信息串联能力也日益强大。在传播如此迅速、海量和分散的情况下，原来的堵、封、压，亟待向疏导、沟通和顺势而为演变。

陕西省安监局原局长杨达才的落马，与周久耕如出一辙。"事故现场官员满面笑容，情绪稳定。"2013年8月26日16时35分，在翻看"8·26"陕西延安特大交通事故的现场图片时被一名官员的笑容激怒后，网友"@JadeCong"发出了上述微博，并附上了相关截图。该微博被广泛转发后，36人死亡的惨剧与冷血官员的微笑形成鲜明对比。人肉搜索的大幕随即开启。当日19时53分，网友"百姓大于天"在其微博爆料称，涉事官员为时任陕西省安监局局长杨达才。22时29分，网友"卫庄"在其微博发布了一张杨达才佩戴手表的照片，并称"网友怀疑是价值3.8万多欧元的欧米茄"。23时57分，渤海论坛的官方微博发布了杨达才在不同场合佩戴有5块不同款式手表的照片，称这是"陕西省安监局局长杨达才同志的爱好"。8月27日18时12分，第五大道奢侈品网首席运营官孙多菲在其微博中称："我已向表行业内专家请教：第一张：6.5万元左右的蚝式恒动系列劳士；第二张：3.4万元至3.5万元之间的欧米茄；第三张：江诗丹顿18K玫瑰金表壳，而且是机械的，市场估计在20万元至40万元；第四张：欧米茄，价格也就3万多元到4万元；第五张：雷达全陶瓷，市值估计3万元。"这条微博被转发14531次，引发评论5350条。杨达才因此也被网民戏称为"表哥"。9月21日，陕西省纪委才在其官方网站秦风网发布了杨达才因存在严重违纪问题被撤职的消息。网络信息的急速串联，让整个事件的细节公诸于世，网络监督的职能得到有效行使，实现了公民反腐的又一次胜利。

公共决策在虚拟串联中偏向民意。2003 年被称为中国的"网络媒体元年"，2003 年"非典"疫情爆发，进一步改变了普通大众从电视、报纸等传统媒体获取信息的习惯。互联网也改变从报纸、电视等传统媒体转载、引用的做法。传统媒体在"非典"疫情前后报道的截然相反的立场，让公众对其公信力产生质疑。互联网终于让公众实实在在地看到其作为新兴媒体强大的威力。特别是在政府公布疫情后，民众可以通过网络了解最新动态，在浏览新闻的同时，通过论坛、新闻跟帖等形式相互串联，畅所欲言，发表自己的评论，这给一贯没有太多表达渠道的大众提供了一个相对宽松自由的空间，网络舆论开始受到上至党和国家领导人，下至平民百姓的普遍关注。广州的孙志刚案，也是由于网络虚拟串联，引发人们对事件的关注，最终导致国家制度改变的典型事件。孙志刚在收容过程中被打死，被媒体报道出来之后引起了网上、网下的热烈讨论，最终使得延续了几十年的收容遣返制度被废止；另一起是哈尔滨的宝马撞人案，围绕着撞人者的身份展开了声势浩大的网络讨论，最终导致黑龙江官场大规模地震。网络民意的表达推动公共决策的发展进程。

2003 年至 2013 年，是新媒体快速发展和影响日益扩大的十年，虚拟环境中信息的串联，成为事件发展的重要推手，这是一个大众拥有麦克风的时代，公众的话语权得到了自由行使的空间，社会的各个阶层的任何人，只要他拥有新媒体，他就可以自由表达自己的观点，参与各种讨论，推动各种言论的进程，传统的新闻监督机制日益缓慢，法律作为利益调节的底线保障时鞭长莫及，互联网也就成了弱势群体表达利益诉求的几乎唯一顺畅通道。一人爆料维权，众人"围观"，新媒体成为弱势群体寻求希望和满足需求的地方，也经常变成倾泄"仇官"、"仇富"等负面情绪的"垃圾箱"。传统的"公共知识分子"借助互联网频繁发言，关注时事政治，热衷于"观念启蒙"，延展其影响力，引领社会思潮。新媒体舆论的虚拟串联，使繁荣的网络舆情变得日益复杂。

四、新媒体组织的政治文化嬗变

网络新媒体作为新观念的承载者和边界扩张者，更多地被人们当做恢复民主政治的工具，网络新媒体使公民的政治意识、主体意识、权利意识逐渐增强。政治空间和媒介空间之间的界限日见模糊，社会变迁重塑了社会规则和群体关系，传统的纽带、社会的责任，政党、核心家庭、信仰、邻里关系、社会分层，失去从前的关联，新的网络政治文化正在形成。

互联网技术的飞速发展，对现实的政治生活产生了巨大的影响，网络媒体为公民参与政治活动提供了新的途径，网络新媒体的社会群体，时常从信息传播者转变为政治推动者，在政治功能的分担中，成为社会监督的重要批评者，从前被排除在视线之外的公民，走进了政治精英们的视野。网络以离散的、无中心的结构模式运作的特点，实现了地位平等的参与，瞬间传播、实时互动、高度共享，改变了公民意见传播的模式，改变了人们的政治行为，有效地推动了社会的发展。网络新媒体作为相对自由和便捷的传播媒体，没有现实社会的种种限制，导致人们积极参与政治的热情。

对主导文化的引领和建设，是政治文化的重要功能。然而这些网络行动的实现由于没有统一的领导，而且没有明确的阵地意识，更无法控制舆论动向，具有很大的随意性。社会群体以共同兴趣聚集，以快速淡化解体，使其政治特征模糊难以界定。在 2013 年前 100 大热点事件的传播中，由网络大 V 等首发或主导的占了近一半，传统平面媒体首发或主导的不足三成，七成左右为新媒体首发。新兴媒体的裂变式发展，改变了传统的舆论引导和传播格局，舆论生态更加复杂，给新闻宣传工作带来全方位、深层次的影响。目前，"我国移动互联网用户 8.3 亿多，手机网民达到 5 亿，微博用户超过 5 亿，已经成为新媒体第一大国，构成全球最庞大、最复杂、最喧嚣的舆论场。网络发展势不可挡，深刻改变着舆论格局"①。

在转型政治文化的影响下，网民的参政议政的意识不断增强，"在网络上，人们痛快淋漓地享受着获知新闻的权利和自由表达的权利，用一系列生动的案例演绎了网络民意干涉社会生活的哗然强大之声和赳赳前进之势"②。在这个"诸神退位，众声喧哗"的时代，网络使人们顺畅地获取信息，也使人们能够直接地发表言论，一个人的力量可以通过网络撬动大山。网络空间中，坏事往往比好事传播得快，谣言总是以病毒传播的方式发展，反对者的呼声总是能够得到公众的声援，未经编辑的信息传播之快，往往如洪水猛兽，瞬间吞噬了正确的言论，让人黑白难辨。新媒体组织使权力机构越来越难维持昔日的控制力，网络提升了人的社会价值，优化了各种组织关系，在同一时间既分化了组织权力，又使组织更加一体化。网络成为一个适合年轻一代的独特文化模式，业务经验不多的新手上路也能引导媒体的未来，青年人成了老年人的老师。信息以惊人的速度传播，有的信息刚刚出生就步入了老年甚至马上死亡；有的信息充满了激烈的竞争和意外；有的拥有被人欣赏的特质和华丽的表述形式。青年一代成为网络新媒体的主力军，他们适应变化的能力强，在网络空间取胜的可能性更大。很多年轻人在他们可以驾车之前就在网络空间中驾轻就熟，他们乐于采用新技术，而且涉及新技术的职业几乎全部成了他们的专利，具有革命性质的新技术很符合年轻人充

---

① 黄云鹤."微时代"的舆论生态与壮大主流声音.北方传媒研究,2014-8-12.来源:人民网.
② 张淑华.网络民意与公共决策:权利与权力的对话.上海:复旦大学出版社,2010:12.

满激情、爱创新的思维模式,他们雄辩的言辞,娱乐的个性,欢快的冲动,在整个网络社会有惊人的相似之处。

新媒体使人们对政治的认识发生了颠覆性的变化。的确,新媒体的优越性在政治角逐中表现得更为明显,"罗斯福那个时代,收音机步入社会。罗斯福有效地利用了这项新发明,将自己的声音传到每个选民的耳中,因而罗斯福被称为'收音机总统'。肯尼迪时代,电视机问世,他聪明地利用这个新鲜玩意在选民面前亮相,因而肯尼迪被称为'电视机总统'。克林顿时代,Internet 风起,他不失时机将电脑网络引入选举当中,克林顿希望自己成为'电脑网络总统'"①。奥巴马则被称为"网络总统",走到哪都带着黑莓手机,通过网络工具、视频、博客、博客、网页广告多管齐下,还在美国最受欢迎的视频点播网站 YouTube 上传了 70 个奥巴马的相关视频,他通过看起来非常草根的视频,显得平易近人,成为网络红人。他在 Myspace 社区上有 41.5 万个朋友,在 Facebook 网站上吸引了 100 万"粉丝"。他左手向网络砸钱,右手向网络募钱,他挖掘了互联网所有的潜力,在总统竞选中脱颖而出。黑莓手机也让他在竞选中显得新锐非凡。新媒体的发展促进了人们参与政治的热情。新媒体给民主政治提供了前所未有的机遇。

今天中国新媒体发展已经走到了世界的前列,新媒体在其发展的过程中,给予了公民更多的话语权,使人们政治参与意识得到增强,在舆论监督和网络反腐中都起到了积极的作用,但是网络新媒体的负向作用也很大,进一步完善对新媒体的管理变得日益重要。

2014 年 8 月 18 日,中央全面深化改革领导小组第四次会议审议通过了《关于推动传统媒体和新兴媒体融合发展的指导意见》。习近平强调,要着力打造一批形态多样、手段先进、具有竞争力的新型主流媒体,建成几家拥有强大实力和传播力、公信力、影响力的新型媒体集团。新型主流媒体的打造,已经上升到国家战略的重要位置,这是面对当前传统媒体影响力的日益减退、话语权受到新兴媒体巨大冲击的基础上,站在"巩固宣传思想文化阵地、壮大主流思想舆论"的诉求上提出来的,媒体融合将有效地推进政治体系内感情与理性、自发与自觉相统一的过程。

五、新媒体组织形态的显著变化

"据摩根斯坦利全球投资报告,对 11 种产业建立起世界级有竞争力的大企业所需年限作的统计分析发现,传媒业所需年限仅为 8 年,远远快于医药业、日

---

① 乔岗编著.网络化生存 Internet.北京:中国城市出版社,1997:308.

常消费品银行、电力、能源和建筑行业。"①传媒业拥有如此丰厚回报,吸引了国内外大量资本纷纷投资传媒业。过去我国传媒产业一直由政府管控,非官方传媒根本无立足之地。1998年12月以资本运营为纽带的上海世纪出版集团和广东出版集团,开始了政府主导下的资本化的出版集团试点改革;1999年第一支传媒股——电广实业在深圳股市正式上市;2001年8月,中宣部、国家广电总局和新闻出版总署下发《关于深化新闻出版广播影视业改革的若干意见》,正式允许系统外资金进入媒体。随后,我国传媒企业化运营的改革不断深入,使传媒产业的规模化、集约化水平不断提高,涌现出一批核心竞争力强、具有较大影响力的传媒集团。传媒业的巨大投资,带动新媒体数字化技术的发展,数字化技术使不同种类媒介之间联系越来越密切,互联网、电信、传统媒体之间跨媒介融合成为大势所趋。国内很多出版集团近年来努力推进"五跨"联合,跨媒体、跨地区、跨行业、跨所有制、跨国界合作,增强媒介的综合实力,国家广电总局和新闻出版总署合并组建为国家新闻出版广电总局,打破了行业壁垒、门户之见,统筹推动报刊、出版社、通讯社、电台电视台和互联网等新媒体发展,意味着大传媒时代的到来。"数据显示,2013年中国移动音乐基地曲库从170万首增长到280万首,平均每月音乐下载超过1.5亿次;2013年我国网络游戏市场规模接近900亿元,同比增长33%;2013年中国网络文学市场收入规模达46.3亿元,同比大幅增长66.7%。"②数字化无孔不入,让人们享用各种形态的信息。

新媒体最大的特征就是具有明显的意识形态特性,在文化传播活动中,必须坚守政治、法律、道德底线,不能一味追求利润最大化而损害公序良俗,注重社会效益与经济效益相统一。新媒体掌握着现代社会稀缺的注意力资源,在公众中具有较高影响力,能够在很大程度上影响受众,并影响社会进程、社会决策、市场消费和人的社会行为,在舆论传播中占有主导地位。新媒体的快速互联,时常会引爆公众舆论的导火索。在2013年20个热点舆情事件中,继举世瞩目的薄熙来案一审宣判之后,陕西"房姐"龚爱爱案、"高铁一姐"丁书苗案陆续开审,北京大兴摔童案、李某某强奸案、河北王书金强奸案等相继宣判,沈阳摊贩杀死城管案主犯夏俊峰被执行死刑,更使得司法公正成为空前集中的网络议题。民生问题和个人权益保护依然是网络舆情的热点领域。年初的香港奶粉限购令,黄浦江上游的死猪,下半年的延迟退休之争,基层政府和百姓之间、不同社会群体之间的各种摩擦事件,6月7日,厦门中年男人陈水总在快速公交上纵火导致47人死亡,其中包括一些高考生。7月20日,山东农民冀中星因上访无门在首都

---

① 杨六华.传媒产业引领文化发展.学习时报,2013-12-09.
② 陈晨.数字化能否撑起文化消费大旗.光明日报,2014-02-20.

国际机场引爆了自制炸弹。冀中星在进京前最后一篇博客写道:"我叫天,天不应,叫地,地无声。"有网民对此做出点评:领导多融入群众,就不会产生冀中星、陈水总。在一些突发事件和公共议题上,网络"意见领袖"的影响力常常超过媒体和政府在微博中的传播力。据统计研究显示,平时有大约300名全国性的"意见领袖"影响着互联网的议程设置。

2013年8月19日,习近平总书记在全国宣传思想工作会议上发表讲话,提出:互联网已经成为舆论斗争的主战场。很多人特别是年轻人基本不看主流媒体,大部分信息都从网上获取。要把网上舆论工作作为宣传思想工作的重中之重来抓。8月以来政府骤然加大互联网管理力度,网络舆论环境得到有效治理。

党的十八大召开后,中国新媒体组织形态也开始出现了显著变化。据《中国新媒体发展报告(2014)》指出,中国新媒体出现了四个显著的变化,基于新媒体的微传播已经成为促进中国社会发展的新动力。

第一,微传播成为主流传播方式。基于移动互联网的微博、微信、微视频、客户端大行其道,微传播急剧改变着中国的传播生态和舆论格局。

第二,传统媒体和新兴媒体正在加速融合。传统媒体纷纷推出新媒体战略,拓展传播空间,而新兴媒体凭借技术优势整合传统媒体资讯再传播,新媒体引发又一轮传媒革命。

第三,新媒体的社会化属性增强。功能不断拓展的新媒体正在快速向政治、经济、社会、文化各领域延伸。微政务成为创新中国社会治理的新路径。新媒体引发产业升级和互联网金融热兴。微交往、微文化正在推动社会结构变革和文化发展。

第四,新媒体安全成为最重要的国家战略。新媒体正在超越传统媒体成为跨越诸多领域的"超级产业",而新媒体的安全问题日益成为各国国家战略考量的重点。2013年以来,在顶层设计的强化下,中国新媒体在社会发展中的战略地位进一步凸显。中国正迈步从新媒体大国走向新媒体强国。[①]

新媒体舆论将如何引导,如何管理,才能更好地对内让老百姓能够心情舒畅地表达,形成社会共识;对外广交朋友,让世界了解中国,讲好中国故事,传播好中国声音,是未来传媒变革的主要目标。

[①] 辛闻.中国新媒体发展四大变化　微传播成社会发展新动力.来源:人民网,2014-06-25. http://media.people.com.cn/n/2014/0625/c14677-25198827.html

第四章　新闻编辑舆论引导的信息论

第一节　新媒体信息传播的新格局

当前,大数据、移动互联网、社交媒体等已成为全球新媒体发展的主要热点。十八大报告强调要"促进文化和科技融合,发展新型文化业态,提高文化产业规模化、集约化、专业化水平。构建和发展现代传播体系,提高传播能力。"构建科学、合理、高效的现代新闻传播体系成为当前国内新闻传播业发展的目标,为迎接国际挑战、参与国际竞争,国内的传媒业出现了不同程度的转型和变革,"当今传媒业的变局,发端于技术的革新进步,发酵于观念的交融交锋,发展于资本的推动运作。"①数字化时代新媒体技术的快速发展,改变了国际、国内媒体传播的格局。

一、国际媒体传播新格局

2013 年 6 月 18 日,默多克新闻集团一分为二,分拆后的公司包括出版公司和传媒娱乐公司两大部分,而默多克仍将独揽大权,担任两家公司董事长,以及后者的 CEO。这是新闻集团成立 30 多年来最大规模的重组。分拆之后的一个公司将负责运营 20 世纪福克斯影业、福克斯广播电视网和福克斯新闻频道;另一个公司将负责原来新闻集团旗下报纸图书的印刷产业和教育产业,包括《华尔街日报》、《泰晤士报》、《纽约邮报》、《太阳报》等全世界各地一百多家报纸的运营。在新媒体的冲击下,其印刷媒体及报纸业广告下滑、长期亏损,需要依靠有线电视和娱乐产业盈利的反哺才得以生存。而且新媒体现在的广告收入也越来越高,很多公司已经超过了传统纸媒体的广告收入。分拆有利于新闻集团旗下业务未来更好地发展。默多克说,在分拆以后,我还会投更多的报纸。还会有不

---

① 魏骅,李金红.媒体领军人物共话传媒业转型.来源:新华每日电讯.2014-04-10(7).

断的投资人进入到这个领域，只是他会挑在非常强的品牌、非常好的内容和非常优秀的采编队伍中投资。优秀的采编队伍是默多克投资的重要砝码。新媒体的冲击使强大的传媒帝国也开始了拆分组合。

2013 年 12 月 9 日，普京签署总统令《关于提高国有媒体效率的一些措施》，俄罗斯将成立"今日俄罗斯"国际新闻通讯社，撤销俄新社和"俄罗斯之声"，所有资产并入这家新的联邦单一制国有企业。

俄新社前身为创建于 1941 年 6 月 24 日、即纳粹德国入侵苏联两天后的苏联新闻社。俄新社现在 45 个国家和地区设有分社，用 14 种语言发稿，是俄罗斯提供信息时效性强、高水平的权威新闻媒体之一。"俄罗斯之声"成立于 1929 年，是俄罗斯开播历史最久的广播电台。两大媒体合二为一，堪称普京 2000 年执政以来对国有媒体最大的一次手术。据分析师说，克里姆林宫此举一是整合国有媒体资源，以应对网络上越来越多的批评声；二是主动出击，塑造和改善俄罗斯的国际形象。

在解散之前，俄新网、"俄罗斯之声"、"透视俄罗斯"等多家外宣网站就登录中国微博客，扩大对外宣传力度。当前，用最现代的语言和最先进的技术加强媒体控制，在国际舆论方面打出一片江山，"让最多人了解俄罗斯"，也许是这次重组的最主要原因。普京重组国有媒体，大概是克里姆林宫与反对派、西方国家舆论阵地争夺战的结果，是保守派胜利，让属于自由派的俄新社总编退出，任命"今日俄罗斯"国际新闻通讯社总经理人选为现年 59 岁的著名记者兼主持人德米特里·基谢廖夫成为这个庞大媒体舰船的掌舵人。基谢廖夫本人对"今日俄罗斯"国际新闻通讯社的使命心知肚明："（此举是为了使西方）恢复对俄罗斯的公正态度，使之被视为一个具有善意的重要国家。"控制舆论、扩大宣传，成为俄罗斯媒体改革的重要目标。

2013 年 6 月 6 日，英国《卫报》和美国《华盛顿邮报》报道，美国国家安全局和联邦调查局于 2007 年启动了一个代号为"棱镜"的秘密监控项目，直接进入美国网际网路公司的中心服务器里挖掘数据、收集情报，包括微软、雅虎、谷歌、苹果等在内的 9 家国际网络巨头皆参与其中。

斯诺登向世人揭开了"棱镜"计划，让全世界都知道美国是世界上最大的一个监听国家。从前，东德是西方人心中最完备的监听国家，拥有 10 多万公民间谍和数以万计的专业间谍。但如今的美国比东德已经大大地向前迈进了一步，他们用大数据（big data）这种资本密集型和技术密集型的运作方式，代替了原始的劳动密集型监听网络。"9·11 事件"之所以发生，其中有一个重要的原因就是安全部门之间协调的不到位，通过"棱镜"这样的大数据平台，不同部门之间可以更及时地分享情报资源,减少重复建设的资源浪费和提高危机应对的反应速度。①

英国《卫报》主编拉斯布里杰就该报刊登斯诺登泄密文件一事曾接受议会质询。他否认报道是"不负责任"的,并坚称该报的记者都是"爱国者",同时也热爱民主和新闻自由。拉斯布里杰还称,该报刊登的美国机密文件仅占斯诺登所泄露文件总数的百分之一。为此美国网络新闻协会还将年度原创调查性新闻报道和看门狗新闻报道奖颁给《卫报》,理由是他们首先报道了美国情报机构的监控项目。2014年美国普利策奖获奖名单4月14日在纽约揭晓,《华盛顿邮报》和《卫报美国》因报道斯诺登泄露美国国家安全局监控计划并列获得分量最重的公共服务奖。评委会称,两家报纸通过权威性和深入的报道,帮助公众理解如何在国家安全的较大框架下看待泄露出的这些信息。大数据时代的到来,使舆情信息变得纷繁复杂。

2014年5月,由《纽约时报》完成的名为《创新报告2014》的调研报告在媒体曝光,引发国内外同行高度关注。这份报告指出,像《纽约时报》这样的传统媒体,应该在受众发现与拓展、编辑部职能调整、社交媒体推广、跨部门协作、数字人才招聘等方面采取更为有力的措施,以更好地融合纸媒的传统业务和新兴媒体业务,顺利实现数字化转型。

牵头制作这份报告的是《纽约时报》发行人小阿瑟·苏兹伯格之子、《纽约时报》数字部门的负责人格雷格·苏兹伯格。这份报告历时6个月完成,长达96页,据称采访了几百位《纽约时报》员工以及几十位其他媒体高层及大量读者,同时对《纽约时报》内部数据进行了深入剖析。近日新上任的执行总编辑迪恩·巴奎特表示对这份报告高度重视,称将尽快落实其中的一些建议。

报告指出,《纽约时报》目前在数字化转型方面存在以下主要问题:过度重视印刷版,产品在社交媒体上的推广力度不够;大批编辑,包括许多负责人不熟悉网络,许多部门甚至缺少了解如何评估数字化工作的编辑;舍不得放弃一些失败的数字化产品;现有数字人才流失,而新的数字人才难以招聘;缺少有组织的标签系统以及管理稿件的大数据解决方案等。为应对这些问题,报告提出五点建议:一、创立负责受众拓展的管理职位;二、创立数据分析团队;三、创建战略分析团队;四、强化跨部门合作;五、优先聘用数字人才。②

---

① 吴迪.斯诺登事件和大数据维稳.2013-06-26.来源:联合早报网.http://www.zaobao.com/forum/views/opinion/story20130626-220758

② 新华社新闻研究所国际传播研究中心编译.纽约时报融合发展战略与举措.来源:人民网传媒.2014-06-23.http://media.people.com.cn/n—0623/c386024-25187496.html

二、国内媒体传播新格局

2012 年 11 月 8 日,党的十八大召开,大会鲜明地向党内外、国内外宣示了我们党将举什么旗、走什么路、以什么样的精神状态、朝着什么样的目标继续前进这四个关系党和国家工作全局的重大问题。当今社会,金融危机不是最大的危机,经济危机也不是最大的危机,信仰危机、信心危机、信任危机才是最大的危机。如果社会个体不了解应该对国家和社会所承担的责任和义务,缺乏强大的精神支柱,信仰的缺失与道德的危机将影响社会的发展和国家的进步。所以,中华民族的"心灵基本建设"成为一项重大的工程。党的十八大提出了"坚持正确导向,提高引导能力"、"唱响网上主旋律"等战略任务。

十八大报告对社会主义核心价值观做了层次上的区分。从国家、社会、个人三个层面进行表述,从国家的层面上倡导富强、民主、文明、和谐,从社会层面上倡导自由、平等、公正、法治,从公民个人层面上倡导爱国、敬业、诚信、友善。这三个层次的区分,具有很大的合理性。今天的中国人口众多、结构繁复、实践丰富、思想复杂,很难用单一的价值观表述来有效地指导国家、引领社会、教育人民。十八大报告从国家层面、社会层面、公民个人层面分别用八个字提出要求。按照十八大报告的要求,要扎实推进社会主义文化强国建设。文化是人民的精神家园,如果人们的精神失去了家园,那么我们的思想、心灵就会流浪漂泊、失去归依、迷失方向,那么,国家的凝聚力、向心力、战斗力就无从谈起。所以,文化对任何国家、民族来说都是非常重要的。

今天世界主要的西方发达国家的文化产业占 GDP 比重平均在 10% 左右,美国达 25%,中国还不到 4%。据有关统计,美国在世界文化产业市场中所占份额已经达到 43%,欧盟占了 34%,两者总共占了 77% 的比重,再加上日本的 10% 左右,韩国的 5% 左右,只剩下 7% 才是中国和其他所有国家在世界文化市场中所占有的份额,显然这和我们国家总体经济规模极不相称。[①]

在我国,新闻事业作为文化事业的一个分子,历来是党的事业重要的组成部分,同时也是党密切联系群众的重要渠道,还是推进文化强国建设的重要内容。新闻舆论如何把较为抽象的价值理论体系细化为群众能够看得见、摸得着的个体感受和实践。应该说,这一表述是社会主义核心价值体系理论的重要创新,对新闻文化工作具有重要的指导意义。如何用我们的新闻作品和宣传报道,重新唤醒人们心中对道德的坚守,并进而凝聚大众对社会理想的共识,是每个党的新

---

① 张国祚. 从党的十八大报告看文化强国之路. 人民网,2012-11-28. http://theory. people. com. cn/n/2012/1128/c40531-19722545-3. html

闻工作者义不容辞的责任。

2013 年 8 月 10 日国家互联网信息办公室举办的"网络名人社会责任论坛",就承担社会责任,传播正能量,共守"七条底线"达成共识。"七条底线"是:法律法规底线、社会主义制度底线、国家利益底线、公民合法权益底线、社会公共秩序底线、道德风尚底线和信息真实性底线。

同年 8 月 13 日至 15 日召开的中国互联网大会上,各位理事、专家、学者、网站负责人、网民代表经过热烈讨论,一致认为,网络空间是现实社会的延伸,所有网站和网民都应增强自律意识和底线意识;一致赞同,应共守"七条底线",并倡议:全国互联网从业人员、网络名人和广大网民,都应坚守"七条底线",营造健康向上的网络环境,自觉抵制违背"七条底线"的行为,积极传播正能量,为实现中华民族伟大复兴的中国梦作出贡献。

2013 年 8 月 19 日,全国宣传思想工作会议召开,习近平强调,宣传思想工作一定要把围绕中心、服务大局作为基本职责,胸怀大局、把握大势、着眼大事,找准工作切入点和着力点,做到因势而谋、应势而动、顺势而为。

意识形态工作是党的一项极端重要的工作。必须坚持巩固壮大主流思想舆论,弘扬主旋律,传播正能量,激发全社会团结奋进的强大力量。关键是要提高质量和水平,把握好时、度、效,增强吸引力和感染力,让群众爱听爱看、产生共鸣,充分发挥正面宣传鼓舞人、激励人的作用。在事关大是大非和政治原则问题上,必须增强主动性、掌握主动权、打好主动仗,帮助干部群众划清是非界限、澄清模糊认识。

习近平总书记关于宣传思想工作的重要讲话,站在党和国家事业发展全局的高度,深刻阐述了宣传思想工作的地位作用、目标任务、基本职责、方针原则、工作重点和政治保证等重大问题,具有很强的思想性、前瞻性和指导性,为在新的历史起点上开创工作新局面提供了基本遵循,指明了前进方向。抓好网上舆论工作这个重中之重,推进社会主义文化强国建设,构建大宣传工作格局,巩固马克思主义在意识形态领域的指导地位,巩固全党全国人民团结奋斗的共同思想基础,为实现民族复兴中国梦提供强大的精神力量。

新媒体时代,舆论传播的参与性、互动性越来越强。深入研究现代新闻传播规律,可以提高宣传工作能力。实情决定舆情,社会负面舆情的产生,往往与社会活动中存在的问题或瑕疵有关,要严格按程序履行职责、行使权力,防止因实体上的错误、程序上的瑕疵导致舆论危机。针对舆情实时性等特点,重事实、讲证据,以人民群众信服的内容和方式,及时回应社会关切。面对现代传播技术的迅猛发展,提高驾驭互联网等新媒体的能力、塑造网上舆论强势的任务更加繁重。这就迫切要求坚持正面宣传为主,巩固壮大主流思想舆论,弘扬主旋律,传播正能量,激发全社会团结奋进的强大力量。

当前,我国正在进行具有许多新的历史特点的伟大实践,面临的挑战和困难前所未有。舆论生态错综复杂,必须强化媒体社会责任,强化媒体担当意识,牢牢掌握新闻舆论的主动权、主导权、话语权,积极发挥正面宣传鼓舞人、激励人的作用。

2013年9月9日,《最高人民法院、最高人民检察院关于办理利用信息网络实施诽谤等刑事案件适用法律若干问题的解释》出台,给网络世界拉起了明确的法律红线。2013年网络谣言出现了井喷的趋势,从"谣翻中国"的"秦火火"到借维权敛财的周禄宝,从泄私愤造谣的傅学胜到自建网站敲诈勒索的仲伟,利用网络实施的诽谤、敲诈勒索等违法犯罪不断增加,由于网络信息传播速度惊人,一些网络造谣、传谣造成的社会危害性甚大,不仅严重侵害公民权益、扰乱公共秩序,还会导致群体性事件的发生。"两高"司法解释指出,"同一诽谤信息实际被点击、浏览次数达到五千次以上,或者被转发次数达到五百次以上的",应当认定为诽谤行为"情节严重",从而为诽谤罪设定了非常严格的量化的入罪标准,并列举了"严重危害社会秩序和国家利益"的七种情形:(1)引发群体性事件的;(2)引发公共秩序混乱的;(3)引发民族、宗教冲突的;(4)诽谤多人,造成恶劣社会影响的;(5)损害国家形象,严重危害国家利益的;(6)造成恶劣国际影响的;(7)其他严重危害社会秩序和国家利益的。这样规定,既充分尊重当事人的处分权,依法保护被害人的合法权益,也有助于有力打击那些严重危害社会秩序和国家利益的诽谤犯罪。其实质是为人们的网络发声框定了必需的行为准则和法律底线。换句话说,就是把已经成为人们共识的"七条底线"具体化为法律条款。

2013年10月30日第十三届中国网络媒体论坛举行。本届论坛认真贯彻党的十八大精神和习近平总书记一系列重要讲话精神,共商中国互联网发展大计。"网聚正能量,共筑中国梦"对于网络内容建设来讲,正能量是总要求,中国梦是主旋律。网聚正能量,就要紧紧围绕中国梦,用13亿中华儿女的共同期盼,最大限度地凝聚信念的能量、大爱的胸怀、忘我的精神、进取的锐气,让我们的网络空间充满雨露阳光;共筑中国梦,就要不断激发正能量、传递正能量、汇聚正能量,不断巩固党和人民团结奋斗的共同思想基础。

中国梦归根到底是人民的梦,是人民对国家富强的憧憬,是人民对民族振兴的追求,是人民对个人幸福的向往。互联网作为新形势下党和政府联系群众的重要纽带、服务群众的重要平台,充分讲述百姓寻梦的故事、展示百姓追梦的奋斗、汇聚百姓圆梦的力量,形成共筑中国梦的强大合力。要实现让网络空间清朗起来这个总目标,就要把建设为民、文明、诚信、法治、安全、创新的网络空间作为六个具体目标。主流新闻网站和重点商业网站作为传播正能量的主力军,要充分发挥引领作用,做到"八个带头",即带头把方向、带头抓管理、带头扬正气、带头树新风、带头守法纪、带头探规律、带头谋发展、带头建队伍,汇聚正能量,共筑中国梦。

2013年11月12日中国共产党第十八届三中全会召开,通过了《中共中央关于全面深化改革若干重大问题的决定》,在《决定》明确提出要"健全民主监督、法律监督、舆论监督机制,运用和规范互联网监督"。在有关舆论导向方面的论述中指出:"健全坚持正确舆论导向的体制机制。健全基础管理、内容管理、行业管理以及网络违法犯罪防范和打击等工作联动机制,健全网络突发事件处置机制,形成正面引导和依法管理相结合的网络舆论工作格局。整合新闻媒体资源,推动传统媒体和新兴媒体融合发展。推动新闻发布制度化。严格新闻工作者职业资格制度,重视新型媒介运用和管理,规范传播秩序。"政府对于舆情工作的重要性给予了高度的重视,要"健全坚持正确舆论导向的体制机制"的关键在于内容管理,内容管理的关键在于有效地处置网络信息,"坚持积极利用、科学发展、依法管理、确保安全的方针,加大依法管理网络力度,加快完善互联网管理领导体制,确保国家网络和信息安全。"新媒体在舆情监测管理中是十分重要的领域,"鼓励地方、基层和群众大胆探索,加强重大改革试点工作,及时总结经验,宽容改革失误,加强宣传和舆论引导,为全面深化改革营造良好社会环境。"《决定》虽然涉及各类改革工作60多项,但是关于舆论引导的论述更是多次出现,表现了新一代领导集体对舆论引导的高度重视。

2014年8月18日中央全面深化改革领导小组第四次会议召开,会议审议通过了《关于推动传统媒体和新兴媒体融合发展的指导意见》。

习近平强调,推动传统媒体和新兴媒体融合发展,要遵循新闻传播规律和新兴媒体发展规律,强化互联网思维,坚持传统媒体和新兴媒体优势互补、一体发展,坚持先进技术为支撑、内容建设为根本,推动传统媒体和新兴媒体在内容、渠道、平台、经营、管理等方面的深度融合,着力打造一批形态多样、手段先进、具有竞争力的新型主流媒体,建成几家拥有强大实力和传播力、公信力、影响力的新型媒体集团,形成立体多样、融合发展的现代传播体系。要一手抓融合,一手抓管理,确保融合发展沿着正确方向推进。

新媒体的发展带来的无论是传统媒体与新媒体的拆分,还是传统媒体与新媒体的融合,无论是对信息的开放,还是对媒体的监管,最终的目的都是为了推动媒介的快速发展,信息的广泛传播,媒介产业的大量盈利。我们处于媒介信息转型的关键时期,如何建立融合发展的现代传播体系,任重而道远。

三、新媒体时代信息传播新特点

（一）传播正能量

十八届三中全会的召开，预示着中国对于新媒体管理的转变，新闻信息的传播从事后"禁言"转向事前"引导"；由事后"堵截"到事前"疏导"；坚持正面引导，激发正能量、汇聚正能量、传播正能量成为当前新媒体信息传播的重要导向。能量是一个物理学概念，根据能量守恒定律，能量不会凭空产生，也不会凭空消失，它只能从一种形式转化为其他形式或从一个物体转移到另一个物体，但能量的总量不变。能量守恒，就意味着"正能量"越多，负能量就会越少，社会才会充满向上的动力。

何为"正能量"？著名语言文字学者郝铭鉴指出，"正能量"是一种健康乐观、积极向上的动力和情感。今天的中国经历了30多年的改革开放，社会"正能量"和"负能量"的博弈到了转型的十字路口，如何激发社会向上的信心和希望，促进社会道德的健康发展，正确化解社会的负面情绪，这都需要新媒体传播更多的正能量。

在新媒体传播中，论坛、博客、播客、新闻跟帖、贴吧、社区、空间、社交网站、微博、微信、轻博客等，都是信息传播的重要途径，网络媒体门槛低、参与度高，互动性强，信息传递便捷，同时网络媒体具有"人人皆记者、人人皆媒体"的特点，网络新媒体在推动社会发展的同时也带来很多问题，如虚假信息泛滥、恶搞信息充斥、不良信息流行，网络新媒体成为汇集民意的重要舆论场，在海量信息面前，"他们可以先后被矛盾的情感所激发，但是他们又总是受当前刺激因素的影响。他们就像被风暴卷起的树叶，向着每个方向飞舞，然后又落在地上。"[①]此时就需要每位网民能多一些独立思考、理性判断，少一点冲动偏激、轻信盲从，多传播正能量，少释放"负能量"，这样才能营造一个积极向上的网络环境。

网络空间正能量的传播，要大力推进保护公民合法权益、打击网络谣言。2014年4月11日，备受关注的"网络推手"秦志晖（网名"秦火火"）诽谤、寻衅滋事一案11日在北京市朝阳区人民法院开庭审理。秦志晖就是曾经在网上小有名气的"秦火火"，他一直渴望自己能够"火"一把，为了"火"他不惜"裸身求粉"，敢于"谣动中国"。如今他真的"火"了，作为打击网络有组织制造和传播谣言专项行动中被司法机关公开审理的第一人，他终于"抢到"了各大网站和新闻媒体的头条。据其承认，制造并传播的谣言多达3000余条，比如铁道部向在"7·23"动车事故中意大利遇难者协议赔偿3000万欧元（折合人民币接近2亿）、张海迪

---

① ［法］勒庞著.乌合之众：大众心理研究.冯克利译.北京：中央编译出版社，2000：26.

拥有日本国籍、李双江之子并非其亲生、杨澜从股市骗了几十亿元……每一条谣言都被广泛传播,既给谣言涉及者造成了极大困扰,也使网络空间谣言充斥,真假莫辨,影响极其恶劣。他不仅要故意造谣,还将造谣当成他的工作;他不是不知谣言的危害,而是利用谣言的危害达到自己的目的。如其所愿,"秦火火"火了,但火是火了他自己,损了他人,搞乱了网络,危害了社会,受到了法律的制裁。正如他自己所说的,"网络上有一个秦火火就够了,为此自己付出代价实在是太大了,失去了自由、失去了工作、失去了与家人团聚的机会,失去了在网络世界遨游的乐趣。希望给大家以警示,希望大家珍惜在网络上的自由空间,真正做一个对社会有价值的人。自己就是前车之鉴"。

网络空间正能量的传播,依靠各地各有关部门一起动手、齐抓共管。主流新闻网站率先带头、引领示范,重点商业网站紧密配合、积极呼应,广大网民踊跃参与、真诚互动,网络空间雾霾渐散、晴空初现,得到社会各界的充分肯定。

(二)坚持正确舆论导向

党的十八届三中全会《决定》指出:要"健全坚持正确舆论导向的体制机制",其关键在于内容管理,内容管理的关键在于有效地处置网络信息。

新媒体的快速发展,使舆论导向的体制机制发生了根本性的变化,舆论导向从传统媒体主导到新媒体主导的根本性改变。"网络的开放性和信息的无限性提供了广泛的信息源,网络的交互性提供了更广泛的群众基础和监督平台,网络的即时性使新闻舆论监督更为快捷,而其超文本结构使舆论监督的形式更为多样化。"①舆论导向事关社会的稳定、国家的前途命运和人民的福祉,坚持正确的舆论导向是实现中国梦的重要保障。

微媒介的信息传播改变了舆论传播格局。随着媒介技术的不断发展,信息的传播终端出现了新的变化,以微博和微信为代表的微媒介,彻底改变了舆论传播的格局,在这个"微传播"年代,微媒介成为人们获取信息的重要工具。2010年,被人们称为微博元年,微博成为互联网发展最快的应用。2011年,微博在全民之中掀起热潮,随后微博的活跃度和影响力在不断上升。2013年,随着微信的广泛运用,微博的活跃度急剧下降。"国家行政学院电子政务研究中心日前发布《2013年中国政务微博客评估报告》。报告显示,截至去年年底,我国政务微博客账号数量超过25万个。政务微博客从爆发增长期进入平稳增长期,政务微博客账号数量的增长率,已从2011年的776%、2012年的249%下降到2013年的46%。这表明,政务微博已经过了'孔雀开屏'期,从几年的井喷式发展,进入平稳运行和发展阶段,党政机关开官方微博以及干部实名认证开微博,已经从新

① 田大宪.新闻舆论监督研究.北京:中国社会科学出版社,2002:257－261.

鲜事变成平常事。"①然而,2014 年 3 月的昆明暴力事件、两会召开、马航失联航班等事件的舆论传播,又把两微推到风口浪尖。如核裂变式的传播速度与当量,使两微舆论场的作用再次凸显,其信息传播的数量、力量、范围、影响,让微媒介成为民众获取信息的重要平台。微博作为公开的、传播范围广泛的、信息交互强大的媒介,其媒体价值不可低估;而微信则通过强大的关系链和亲密关系的信任度,成为信息传播最具价值的舆论场。微博、微信通过信息的传播、交流、共振,协同发展,成为人们获取信息的重要渠道和舆论传播的重要场所。

新闻编辑介入信息把关及再传播。自媒体带给我们的是浩如烟海的信息碎片,如果在这样一堆未经编辑的信息碎片中获取知识,你将得到的是没有序列、没有深浅、没有延续的信息符号。这不仅不利于我们能力的提高,相反还会使我们变得毫无目的,茫然失措,失去起码的判断力。由于信息出现的短暂,消失的迅速,没有新闻编辑的梳理,人们往往无法看清事件的全貌,难以触及事件的真相,因而对事件最终无法作出正确的判断。新闻编辑通过对信息碎片的深度挖掘,专业新闻团队的制作,使碎片信息具有更强目的性、序列性,对资讯的解读更具有权威性,舆论导向功能更为明晰。

移动互联网的舆论引导。人民网舆情监测室发布的《2013 年中国互联网舆情分析报告》称,以微信、新闻客户端为代表,移动互联网在一些突发事件和公共议题上开始成为新信源,从而影响舆论。人民网舆情监测室认为,微博上陌生人的集体吐槽,转向微信熟人间的相互取暖,提示了社会参与的无力感增强。在移动互联网上,一条信息的传播范围会随着转发的次数呈几何式增长,这种裂变式的传播效果使得用户可以从移动互联网上获取的信息量大得惊人。一旦社会焦点问题出现在互联网上,来自各地各行各业的网络用户都能很快参与进来。新闻编辑面对移动互联网扑面而来的信息,控制和操作难度日益加大,信息传播不当就会引发公共危机。移动互联网让信息传递比任何时候都显得更加便捷,速度成为人们追求信息的基本认识。如果你不抓紧,这一秒的新闻必然成为下一秒的旧闻。移动互联网成本低廉,人人都可以消费得起,没有程序的限制,没有额外考虑的因素,所以人们选择并热爱着这个媒体。每天来自于互联网的社会民生问题接踵而至,每天的问题新闻不断。在移动互联网这个平台上,百姓可以把自己感悟的心声、对社会的看法与见解很好地与媒体、社会进行沟通,便捷性让移动互联网赢得更多的受众。

移动互联网中的舆论要想获得广泛的影响力,最重要的是要得到主流网站的推荐、传统权威媒体的转发、网络大 V 及意见领袖的认同。移动互联网的舆

---

① 桂杰.政务微博已过"孔雀开屏期".中国青年报,2014-04-13(03).

论引导,需要通过专业"守门人"的议程设置,对海量信息的筛选、引领,因为很多议题在潜伏期,常常不为人们所关注,建构完善的舆情监测机制,及时发现海量信息中的问题隐患,通过"守门人"及时的议程设置,从而产生正确的舆论导向。

(三)注重网络道德建设

"道德是社会意识形态。社会意识是第二性的,由社会生活决定。道德作为一种社会意识通过它特有的表现形式,如善恶、责任、良心、荣誉、尊严和生活意义等形式表现出来。道德意识是一个带有正号和负号的评价体系,通过褒贬和善恶对立来反映现实。"[①]"在现实中,人的心理状态没有任何一点不是受外部决定的,如果一个人不接受某些社会价值,那么他就是自觉不自觉地倾向于另一些社会价值。"[②]

网络道德就是在网络环境下对人们的社会行为进行规范的伦理准则。人们通过网络的终端进行信息传递和网络交际的过程中,"道德规范的主体在虚拟社会中表现不完整、不充分。在现实社会生活中,个人的性别、年龄、相貌、职业、财产、地位、名誉等自然属性和社会属性都充分地展现在交往对象面前。而在虚拟社会中,人的自然的、社会的特性,总之人的一切特性都被剥离了,剩下的只是代表交往对象的一个个符号,甚至连这个符号也是不确定、不统一的。"[③]于是道德主体的道德意识出现淡漠化现象,对自我的道德约束力减退,人们内心的道德信念:善良、荣誉、责任等难以维持。透过纷繁复杂的网络社会现象,我们发现,种种网络道德问题,不是先进技术的问题,最终还是网络主体人的问题,人的网络行为和其他社会行为一样,需要一定的道德规范和准则。积极引导人们讲道德、尊道德、守道德,追求高尚的道德理想,最终才能有效夯实中国特色社会主义的思想道德基础。

人们的道德行为具有如下的特点:

第一,它是自知的行为。一个道德行为必须以行为者对关于自己同他人和社会的利益关系的认识为前提。也就是说,行为者必须是知道了自己的行为所包含的对他人和社会的利害关系的。只有这样,他才能对自己的行为负有道德的责任,也才能懂得对自己的行为所进行的道德评价的意义。网络的道德看起来似乎是虚拟的道德,但是它以现实的道德作为参照系,虚拟的道德和现实的道德在根本点上是一致的,并通过充分利用虚拟道德传播的广泛性来促进现实道德朝健康的方向发展。

---

① [苏]阿尔汉格尔斯基著.马克思主义伦理学.郑裕人等译.北京:中国人民大学出版社,1989:31—32.

② [苏]阿尔汉格尔斯基著.马克思主义伦理学.郑裕人等译.北京:中国人民大学出版社,1989:69.

③ 陈万求.网络伦理难题和网络道德建设.自然辩证法研究,2002(4):43.

第二,它是经过道德意识的指导所作出的自觉自愿选择的行为,一个道德行为还必须是自愿决定的行动。由道德动机支配而自觉地作出的有利或不利于他人或社会利益的行为,才是道德的行为。在网络世界中,当一种思想、言论和意见流行起来的时候,人们可以经过自我道德意识的指导作出自愿的选择,不经过自己道德意识的指导作出的选择活动,不能进行道德上的评价。

人们生活在网络技术高度发达的社会中,在求得自己生存和发展的同时,总要同他人和社会发生这样和那样的关系,即使这样的关系存在于虚拟的世界中,这些关系也是道德关系的基本内容,所以当我们在采取任何社会行动的时候,都要有道德意识的支配,都是出于自知、自愿、自择的结果,而不是无意识地跟风转发。道德的行为选择是网络社会健康发展的重要保障。

当前网络淫秽色情信息屡禁不止、屡打不绝,淫秽色情等和道德意识相悖的文化垃圾已变成了社会的一大公害。这些网络信息严重败坏了社会风气,诱发多种违法犯罪,社会各界对此深恶痛绝,要求严厉整治的呼声十分强烈。"扫黄打非·净网2014"专项行动,就是积极回应社会重大关切问题、协调多重社会力量行动,体民之所需、想民之所愿,态度鲜明、措施有力地依法打击网络色情的行动。严厉查处制作、传播淫秽色情信息的网站,对情节严重者要依法予以取缔,涉嫌构成犯罪的要立即移送公安机关立案查处。同时,还将充分利用"扫黄打非"工作体制机制,加大对打击传播淫秽色情活动的组织协调力度,组织、协调、督促各地各部门对网站进行全面清查,并发动群众进行举报。以网站、网络文学、网络游戏、视听节目、网盘和即时通信群组等为重点,及时发现和处置网络淫秽色情信息,除了要对直接从事制作、传播淫秽色情信息的个人和网站依法严厉打击之外,对那些为淫秽色情网站提供建站、网络接入、增值服务、广告推广、代收费服务的运营商和第三方支付企业也要依法追究法律责任。净网既是道德底线也是法律高压线,在网络的虚拟环境中,网民只有主动承担道德责任,才能让网络空间真正地晴朗起来。

(四)规范网络传播秩序

互联网作为一个开放的空间,没有统一的控制中心,任何人都可以在互联网上建立网站,设立网页,发表言论;而不像传统媒体那样由政府进行统一严格的监管,不允许私人办报(台),有资格办报的单位也必须经过严格的审批才能获得办报许可证和报纸刊号,不良的言论也会被"把关人"过滤掉。互联网为舆论的传播提供了前所未有的自由空间,由于信息发布的广泛性、匿名性和互动性,使得信息的传播到了滥用的程度。网络世界缺乏有效的监管,规范网络传播秩序成为当务之急。

通过立法规范网络传播秩序。多年来,国家为加强互联网管理,规范互联网秩序,相继出台了一系列法律法规和规章,如《全国人民代表大会常务委员会关于维护互联网安全的决定》、国务院《互联网信息服务管理办法》、公安部《计算机信息网络国际联网安全保护管理办法》等等,对促进互联网健康发展起到了积极作用。但由于互联网等信息网络具有公共性、匿名性、便捷性等特点,一些不法分子将信息网络作为新的犯罪平台,恣意实施诽谤、寻衅滋事、敲诈勒索、非法经营等犯罪活动。

近年来,利用信息网络实施的各类违法犯罪活动日渐增多,特别是利用互联网等信息网络进行造谣诽谤的违法犯罪现象比较突出:有人在信息网络上捏造事实恶意诽谤他人,损害他人名誉;有人利用社会敏感热点问题,借题发挥,炮制谣言,误导民众,造成公共秩序严重混乱,甚至引发了群体性事件;有人以在信息网络上发布、删除负面信息相要挟,索取被害人或者被害单位财物,聚敛钱财。有的人在短期内就通过此种敲诈勒索方式非法获利数百万元。值得注意的是,社会上还出现了一些专门从事造谣、炒作、"删帖"等活动的所谓"网络公关公司"、"策划营销组织"及"网络推手"。他们以营利为目的,违反国家规定,有偿提供"删帖"、"发帖"等服务,牟取巨额非法利益,使得网上造谣、炒作活动越来越呈现出一种组织性特征。

2013年9月9日,《最高人民法院、最高人民检察院关于办理利用信息网络实施诽谤等刑事案件适用法律若干问题的解释》出台,通过明确利用信息网络实施的诽谤等犯罪的定罪量刑标准,为依法打击此类犯罪行为,提供了更加明确的司法解释依据。通过厘清在信息网络上发表言论的法律边界,公民可以依法充分行使宪法赋予的言论自由和监督权。《解释》有助于规范网络秩序,为广大人民群众提供一个健康、有序的网络环境。

加强行政监管规范网络传播秩序。互联网在发展的初级阶段,自我治理、信息自下而上传播是互联网舆论传播模式的基本特征,政府的行政干预总体较少、较弱。随着互联网的发展,单纯的自我治理机制已不能完全适应互联网发展的需要,国际社会也已普遍认识到政府必须在互联网治理方面发挥重要作用。而政府作为国家和社会利益的总代表,应当在互联网管理中发挥主导作用。但"政府主导"并不意味着全部由政府控制或处于控制地位,而是政府营造促进互联网发展、保护公众利益的适宜环境,民间社会组织、私营部门在互联网治理方面继续发挥各自的重要作用。

互联网在发展初期,政府普遍采取不加干预、鼓励发展为主的态度。但互联网经过近十几年的快速发展,这种无序状态也暴露出越来越多的弊端和缺陷,若一味地任其无序发展,将会给整个社会带来太多的负面影响。

基于互联网技术更新速度的快速多变性,仅仅依靠行业自律和道德规范加以约束，已不能满足现实管理的需求。因此，政府在积极推进互联网的行业自律建设和网民的道德建设的同时，还积极通过加强行政监管来规范网络秩序。

互联网已成为社会的舆论场和意识形态建设的重要领域，网络阵地的行政监管是控制网络舆论传播和争取意识形态主动权的重要方式，是坚持正面宣传、关注社会动向，开展舆论引导的主要手段之一，通过对网络营运监管、网络内容监管、网络版权监管、网络经营监管、网络安全监管、网络经营许可监管，使互联网能够更有效地传达信息。"保障人民使用互联网获取信息的权利应该是目的，监管应该是手段，手段是为目的服务的。如果这个手段能够使得这个目的更好地达到，我觉得就是一个好的手段，如果不能，就是需要改进的手段。"[1]

2011年，郭美美在微博等网站公然炫耀奢华生活，并称自己是中国红十字会商业总经理，自此在网络上引起轩然大波。虽然红十字会极力辟谣，微博也对实名认证有误一事致歉。但从此针对红十字会的网络水军攻击便没有停歇过，中国红十字会及中国政府的慈善体系几乎被郭美美事件彻底摧毁。而郭美美也一跃成为所谓的"网络红人"。

不论是炒作郭美美的红十字会商业经理身份，还是炒作"2.6亿赌债"，以及为郭美美量身定制的网络电影《我叫郭美美》，甚至郭美美因赌博被抓后，其母亲配合北京警方调查时网上出现的"郭母连夜从日本飞回国"等不实消息，都疑似有幕后推手进行网络炒作。据悉，炒作郭美美的正是北京尔玛公司的网络推手"立二拆四"。

这些网络推手制造的网络谣言，就是由于网络行政监管不力，网络言论无立法底线，加之部分网民媒介素养缺乏，对社会造成巨大负面影响，让中国慈善事业蒙羞，引发了席卷互联网乃至波及网下的舆论风暴。网络行政监管势在必行。

强化技术创新规范网络秩序。十八届三中全会《决定》明确提出，要坚持积极利用、科学发展、依法管理、确保安全的方针，加大依法管理网络力度，完善互联网管理领导体制。

近年来随着网络安全事件的频发，各国纷纷采取措施，抵御外部信息的入侵。早在2009年，美国总统奥巴马就表示要成立白宫网络安全办公室，其负责人将协调相关国家机构制定出美国的网络安全政策，并向国家安全委员会和国家经济委员会汇报工作。一年之后，美军网络司令部正式成立并投入运作，并实行总统报告制，任何行动须得到总统的批准。这一定程度上也意味着"网络战"在世界打响。

---

[1] 李彦宏.委员谈网络监管：保障人民权利是目的.新浪科技.2014-03-06. http://tech.sina.com.cn/i/2014-03-06/17289218126.shtml

英国 2009 年出台了首个国家网络安全战略,成立了网络安全办公室和网络安全运行中心。法国于 2009 年 7 月成立了国家级信息安全机构——国家信息系统安全办公室,这是法国逐步加强信息系统保护能力的重要一步。该部门设立了 24 小时网络防卫中心,加强对重要行政机关的网络安全警戒,并对信息攻击来源进行侦查,通过技术手段加强防范措施。一个名叫"兰波"的安全电话网络,确保法国 4500 个重要的公共机构和应急中心之间进行信息交流与保护。除此之外,该部门还向运营商、企业、个人提供专业的网络安全咨询和建议。

德国 2011 年 2 月出台"德国网络安全战略",以保护关键基础设施为核心,建立了一系列相关机构。根据该战略,德国设立网络安全理事会,旨在进一步强化政府部门之间以及政府与经济界之间的合作。同年 4 月,德国成立国家网络防御中心,由德联邦信息技术安全局领导,联邦宪法保护局、联邦民众保护与灾害救助局、联邦刑事犯罪调查局、联邦警察、联邦情报局和联邦国防军共同参与,负责协调政府各部门间网络安全合作,处理关于网络攻击的所有信息。

2014 年 2 月 27 日,中央网络安全和信息化领导小组宣告成立,中共中央总书记、国家主席、中央军委主席习近平亲自担任组长,再次体现了中国最高层全面深化改革、加强顶层设计的意志,标志着这个拥有 6 亿网民的网络大国加速向网络强国挺进。2014 年是中国接入国际互联网 20 周年,20 年来,中国互联网抓住机遇,快速推进,成果斐然。同时,中国面临的网络安全方面的任务和挑战日益复杂和多元。中国目前是网络攻击的主要受害国。仅 2013 年 11 月,境外木马或僵尸程序控制境内服务器就接近 90 万个主机 IP。侵犯个人隐私、损害公民合法权益等违法行为时有发生。

2014 年是中国推进全面深化改革的第一年,网络安全与信息化发展的"破题之笔"将受到广泛关注。习近平总书记指出,"没有网络安全,就没有国家安全;没有信息化,就没有现代化。"领导小组将围绕"建设网络强国",重点发力以下任务:要有自己的技术,有过硬的技术;要有丰富全面的信息服务,繁荣发展的网络文化;要有良好的信息基础设施,形成实力雄厚的信息经济;要有高素质的网络安全和信息化人才队伍;要积极开展双边、多边的互联网国际交流合作。会议还强调,建设网络强国的战略部署要与"两个一百年"奋斗目标同步推进,向着网络基础设施基本普及、自主创新能力增强、信息经济全面发展、网络安全保障有力的目标不断前进,清朗的网络空间建设将会成为一项长期任务。

第二节　新闻编辑对舆情信息的认识

人们为了获得信息才会去阅读新闻,新闻的政治工具形式、舆论工具形式与商业工具形式,时常体现在新闻编辑的思想中。新闻秉承的"不偏不倚"的公正性,新闻信息传播的客观性,在新媒体传播环境下受到极大冲击,新闻编辑如何使作为新闻来源的大量信息,以真实、客观、公平、公正的方式,实现事实告知、舆情预警与监测、大众教育等新闻功能,这完全取决于新闻编辑对舆论信息传播过程的认识。

马克思主义的认识论为新闻编辑认识舆论信息的传播过程提供了科学的依据。马克思主义认识论与其他认识论的本质区别是:它把科学的实践观引入认识论,把辩证法运用于认识论,使认识论成为真正科学的认识论。马克思主义认为,人的认识活动包括三个基本要素,即认识主体、认识客体和认识工具。

一、认识主体:新闻编辑

新闻编辑在对新闻信息把关的过程中是最重要的认识主体。新闻编辑这个认识主体最主要的特征是:

(一)具有自然的物质基础

新闻编辑不是超自然的存在物,不是从自然界以外来的,他具有自然属性,并存在于自然界,是自然界的一部分。新闻编辑既没有什么特异功能,也没有什么天生的自我意识,只是他的大脑是高度完善的物质,是产生思想的前提。新闻编辑的"思想构成自己的根据和原则虽然深深地'隐匿'在思想的过程和结果之中,但它作为思想中的'看不见的手'和'幕后的操纵者',却直接地规范着人们想什么和不想什么、怎么想和不怎么想、做什么和不做什么、怎么做和不怎么做。"①

新闻编辑是社会思想的积极引领者。正如英国哲学家伯林所说的,"社会如果躺在无人质疑的教条的温床上睡大觉,就有可能会渐渐烂掉。要激励想象,运用智慧,防止精神生活陷入贫瘠,要对真理的追求(或者对正义的追求,对自我实现的追求)持之以恒。"②新闻编辑就是这个社会想象的激励者,真理的追求者,在实践的过程中辩证地处理"引领"和"迎合"的关系,在新闻传播的过程中科学

---

① 孙正聿.哲学通论.沈阳:辽宁人民出版社,1998:176.
② 麦基.思想家——当代哲学的创造者们.北京:生活·读书·新知三联书店,1987:4.

地处理语用和"语法"（这里的法指的是法规）的关系,积极弘扬主旋律,传播正能量,坚持正确舆论导向。

（二）具有社会历史性

新闻编辑作为认识主体,其社会性主要指,他生活在一定的社会关系之中,通过新闻活动同其他人结成一定的社会关系。新闻编辑是社会的存在物,他的任何活动都是社会的,而不是个人的或他人赋予的,他的认识必然要受到所处社会条件的制约。新闻编辑需要通过新闻信息的组织发布,积极培育和践行以"三个倡导"为内容的社会主义核心价值体系,使社会上形态各异的价值目标在总体方向上与执政党意识形态相一致,从而避免或减少社会不必要的争斗和内耗。

新闻编辑在对公共领域信息监管的过程中,其社会性得到充分的体现。社会本身的建立,也依赖于一定的秩序的形成,新闻传播系统也是一样,当思想、言论、受众、信息等元素处于无序混乱的状态,就会引发传播系统的解体。当传播系统处于良性运行、相互促进、相互协调的状态,新闻传播秩序才得以巩固。要造就社会秩序,就离不开可以整合个体行为的统一规范的文化,规范的文化为个体行为定格,个体之间的行为才能相互接受,相互适应。社会秩序不同于自然秩序,它需要教育的濡染,需要媒体的引领,需要文化的形塑。在社会转型期间,人们的不规范行为大量出现,在客观上形成了对于传统规范的强烈否定。如果人们仍然像过去那样谨守传统规范的要求,那么社会动荡就可能在社会范围内大面积地发生。大量不规范行为的出现,表明人们的传统规范已经被新介入的、外来的现代性因素所扰乱,新规则直接动摇了传统规范的社会根基。就像新媒体的出现,对整个社会系统的传播规范产生了巨大的冲击。人们遵循新媒体的规范,一是需要新规范的制定,二是依赖媒体的广泛宣传,三是需要制度的有力约束。"在边沁看来,驱使人们服从规范的力量就在于服从和不服从同快乐与痛苦之间的必然联系。如果对规范的遵从同人们的苦乐毫无关系,那么,规范就失去了自身的维持力。"[1]所以新闻编辑通过媒体对新的传播规范进行广泛宣传的同时,其社会性得到最大化的体现。当然,新闻编辑的宣传,主要侧重于精神感化,社会传播规范的执行,还需要强有力的法律制度来约束。

新闻编辑的社会性和历史性是分不开的。新闻编辑的历史性是指新闻编辑的历史活动不能超越特定的历史时代,每个新闻编辑对新闻的理解和认识,都代表和反映那个时代的水平。像马克思这样伟大的新闻编辑也不例外,他只能对报刊的新闻编辑提出具体的认识和看法,而不能对今天存在的新媒体新闻编辑提供建议。这个阶段的新闻编辑只能由这个历史阶段的新闻人来认识。每个时

---

① 吕耀怀著.越轨论——社会异常行为的文化学解析.长沙:中南工业大学出版社,1997:306.

代的新闻编辑总要受到一定的历史局限,走群众路线,通过群众办媒体是这个时期鲜明的时代特征。

(三)具有能动性

这是新闻编辑作为认识主体最突出的特点。新闻编辑的能动性是指新闻编辑不是消极被动地反映客体。新闻编辑从对舆论信息的选择和设定,到对舆论信息施加作用和影响,再到新闻编辑对舆论信息进行加工制作,都体现了新闻编辑的能动性。

新闻编辑的能动性首先表现在对新闻事件的主动介入。由于新媒体不像传统媒体那样需要严格的审查和批准,网民只要想说就可以在网络上"畅所欲言",网民之间交流传播极为便利,并瞬间影响着现实生活,一旦形成舆情风暴,就会对社会产生巨大影响,新闻编辑积极介入重大新闻事件的报道,对民众的网络呼声及时回应,主动担当网络舆情的调解员。其次是对新闻信息的科学选择。新闻信息选择的科学性表现在新闻在反映矛盾的同时给人以光明、希望和办法,新闻编辑在信息筛选中,尽力寻找与受众关联度高的话题,这是与受众产生共鸣,并能有效起到引领作用的关键。再次就是对新闻事实的超越。动物没有自我选择的能力,它只满足于自己的客观性,因而没有超越的问题,人则不同。新闻编辑的超越就是把客观存在的新闻事实提升到意识形态领域,意识形态工作是党的一项极其重要的工作,新闻编辑作为社会意识形态的塑造者之一,要紧紧依靠全党和全国人民,整合社会各阶层力量,实现原始信息向意识形态领域的超越,讲好中国故事。

(四)具有稳定性

新闻编辑作为认识主体,在认识活动中还必须具备一定的认识结构。认识结构应该包括思维方式、科学知识、价值观念等方面,它一旦建立起来就能成为一种相对稳定的框架或模式。新闻编辑的认识活动总是在原有的认识模式上去延伸并运用于将要认识的舆论信息之客体中。新闻编辑的活动长期受到政治、法律、文化底线的限制,因此,其相对的稳定性是不能轻易改变的。

(五)具有差异性

新闻编辑的主体认识结构不同,对舆论信息的理解也会出现差异。认识主体的情感和意志,以及信念、理想、习惯、本能等因素,对认识也有重大作用,处在逆境的人的认识与处在顺境的人的认识会出现不同的认识结果。这些心理素质对新闻编辑的认识能力的发挥和运用,起着导向、选择、激发和调节等作用。这就是说,新闻编辑往往自觉或不完全自觉地按自己的观点、方法和标准,去认识舆论信息、解释舆论信息,对舆论信息的理解带上认识主体的烙印,从而使得对同一对象的理解表现出明显的差异性。这种差异性,就是由新闻编辑的主体认识结构造成的。正如诺依曼在她的著作《沉默的螺旋:舆论——我们的社会皮肤》所强调的:人的社会天性,为防止交往中的孤独,人总是寻求与周围关系的和谐。这样,就形成一种"沉默螺旋"的现象:当人们感觉到自己的意见(可能是一种新的意见,或者是一种业已存在的意见)属于"多数"或处于"优势"时,便倾向于积极大胆地发表这种意见;当觉自己的意见属于"少数"或处于"劣势"时,遇到公开发表的机会,可能为防止孤立而保持"沉默"。意见一方的沉默造成另一方意见的增势,如此循环往复,便形成一种一方越来越强大,另一方越来越沉默下去的螺旋发展过程。新闻编辑作为社会舆论控制的主体之一,对于新媒体所强调的意见,总是倾向于媒介的正面信息的传播,运用媒介赋予新闻编辑对舆论实行社会控制的职能,迫使负面的舆论越来越沉默下去,正面的舆论得到持续弘扬,达到正确引领舆论的目的。①

(六)新闻编辑舆论引导观的发展

1. 马克思的舆论引导观。马克思关于舆论引导的论断,起源于他作为政治报刊编辑的时期。"马克思和恩格斯一生亲自创办并主编的报纸有 4 种,协助创办并参与编辑的报刊达 200 多家,他们在长达半个多世纪所写的 1600 余篇(部)文章和著述,80% 以上是在报刊上首先发表出来的。"②马克思恩格斯的著作里,"舆论"的概念出现过 300 多次,他们通过报刊活动反映舆论、引导舆论来推动革命,马克思对舆论的研究贯穿其新闻思想的始终。马克思在《新莱茵报创办发起书》中曾这样写道:"报刊最适当的使命就是向公众介绍当前的形势、研究变革的条件、讨论改良的方法、形成舆论、给共同的意志指出一个正确的方向。"马克思在担任《莱茵报》主编时,他的家乡种植葡萄的农民生活困苦,地方小报报道了这种情况,就在这个地区形成了同情农民的舆论;大城市的《莱茵报》准确而真实地反映了地方上的这种舆论,又在普鲁士全境形成了同情农民的舆论。《莱茵报》以此赢得了农民的信任,当该报被查封时,农民们纷纷向国王请愿,要求撤销查封的决定。③ 马克思的新闻舆论实践,反映群众生活,表达群众疾苦,有效地引导了舆论发展的方向。

2. 毛泽东的舆论引导观。毛泽东的舆论引导观继承了马克思主义辩证唯物主义和历史唯物主义的灵魂和精髓,毛泽东尊重群众的新闻实践和引导,他在1948 年对《晋绥日报》编辑人员的谈话中就指出:"你们的工作,就是教育群众,让群众知道自己的利益,自己的任务,和党的方针政策。办报和办别的事一样,

---

①　陈力丹.舆论学——舆论导向研究.上海:上海交通大学出版社,2012:176.

②　吴廷俊.马列新闻活动与新闻思想史.武汉:华中理工大学出版社,1992:3.

③　陈力丹.精神交往论:马克思恩格斯的传播观.北京:中国人民大学出版社,2008:178-179.

都要认真地办,才能办好,才能有生气。我们的报纸也要靠大家来办,靠全体人民群众来办,而不能只靠少数人关起门来办。"①相信群众,依靠群众,切实解决群众最关心、最直接、最现实的利益问题,使党的主张和人民的利益很好地结合起来。

3.邓小平的舆论引导观。新闻最主要的功能就是舆论的功能,舆论需要反映,也需要引导。1950年5月,邓小平在《在西南区新闻工作会议上的报告》上指出:"现在报纸的影响比过去大了,有些不正确的东西在报上一表扬,就糟了。前几年很多干部不看报,现在不同了,报纸有威信,看到报纸讲什么就要照着去做,很多地方看到报纸批评了的做法,就秘密地改,这就是报纸的作用。社会上很多人看报,看共产党什么态度,人民政府政策如何,要从报上找到自己需要的东西,解决自己的问题。正因为干部群众都重视报纸,我们就要很慎重。"②邓小平认为引导舆论实际就是向群众宣传党的方针政策,为干部群众树立标杆,干部群众对报纸重视,我们就要在舆论引领方面更加慎重,只有一切从实际出发,具体问题具体分析,才能更好地引导舆论。

4.江泽民的舆论引导观。舆论引导的问题,在任何时候都是至关重要的问题。1996年9月26日,江泽民考察人民日报社时提出:"历史经验反复证明,舆论导向正确与否,对于我们党的成长、壮大,对于人民政权的建立、巩固,对于人民的团结和国家的繁荣富强,具有重要作用。舆论导向正确,是党和人民之福;舆论导向错误,是党和人民之祸。党的新闻事业与党休戚与共,是党的生命的一部分。可以说,舆论工作就是思想政治工作,是党和国家的前途和命运所系的工作。因此,我们党一贯强调,要把新闻舆论的领导权牢牢掌握在忠于马克思主义、忠于党、忠于人民的人手里;新闻舆论单位一定要把坚定正确的政治方向放在一切工作的首位,坚持正确的舆论导向。"③江泽民要求新闻工作者打好"五个根底",培养"六个作风"。江泽民在多次讲话中,对舆论引导工作做了全面系统的论述,具有鲜明的中国特色和时代特征,创造性地推动了舆论引导工作。

5.胡锦涛的舆论引导观。新闻舆论处于意识形态领域的前沿,对社会的精神生活和人们的思想意识有重大的影响。胡锦涛2008年6月20日在人民日报社考察时特别强调要把提高舆论引导能力放在突出位置并要求:"新形势下,新闻宣传工作要高举旗帜、围绕大局、服务人民、改革创新,坚持正确舆论导向,提高舆论引导能力,营造良好舆论环境,更好地发挥宣传党的主张、弘扬社会正气、

---

① 童兵.马克思主义新闻经典教程.上海:复旦大学出版社,2009:406.
② 邓小平文选.第一卷.北京:人民出版社,1994:146.
③ 江泽民.视察人民日报社时的讲话.新闻工作者必读.文汇出版社,2001:65.

通达社情民意、引导社会热点、疏导公众情绪、搞好舆论监督的重要作用。要把提高舆论引导能力放在突出位置,进行深入研究,拿出确实措施,取得新的成效。""舆论引导正确,利党利国利民;舆论引导错误,误党误国误民。"努力将社会舆论引导到广大人民群众的利益上来,引导到有利于民族团结和社会发展上来。①

6. 习近平的舆论引导观。习近平对于认真抓好舆论引导工作一直都高度重视,2007年5月17日,习近平在上海文广新闻传媒集团等地考察时指出,"提高舆论引导能力,一要处理好服务群众与引导群众的关系,既要立足实际,又要影响实际,既要反映生活,又要引领生活,要始终把社会效益放在首位,增强社会责任感。二要处理好客观真实与价值取向的关系,在客观真实的报道中积极体现社会主义核心价值体系所代表的正确价值取向,真正起到激浊扬清、匡正祛邪的作用。三要处理好正面报道与舆论监督的关系,坚持正面报道为主,弘扬主旋律,进一步加强和改进舆论监督,实现新闻舆论的正确有效引导。"②

舆论引导就是要引领社会、凝聚人心、推动发展。如何阐释好中国特色,讲好中国故事,传播好中国声音,习近平2013年8月19日在全国宣传思想工作会议上指出,"坚持团结稳定鼓劲、正面宣传为主,是宣传思想工作必须遵循的重要方针。我们正在进行具有许多新的历史特点的伟大斗争,面临的挑战和困难前所未有,必须坚持巩固壮大主流思想舆论,弘扬主旋律,传播正能量,激发全社会团结奋进的强大力量。关键是要提高质量和水平,把握好时、度、效,增强吸引力和感染力,让群众爱听爱看、产生共鸣,充分发挥正面宣传鼓舞人、激励人的作用。在事关大是大非和政治原则问题上,必须增强主动性、掌握主动权、打好主动仗,帮助干部群众划清是非界限、澄清模糊认识。""明者因时而变,知者随事而制。"③

舆论引导工作不是主观随意行动,而是有其科学方法和发展规律的。这里的关键是新闻编辑要把围绕中心、服务大局作为基本职责,胸怀大局、把握大势、着眼大事,找准工作切入点和着力点,做到因势而谋、应势而动、顺势而为。

二、认识的客体:舆论

所谓认识的客体,是指主体认识活动所指向的事物。新闻编辑作为认识主体所指向的事物之一就是舆论,舆论是认识客体中最重要的部分。在媒体融合

① 胡锦涛:在人民日报社考察工作时的讲话. 人民日报,2008-6-21(4).
② 缪毅容. 综观全局心系大众 提高舆论引导能力. 解放日报,2007-05-18(1).
③ 倪光辉. 习近平:胸怀大局把握大势着眼大事 努力把宣传思想工作做得更好. 人民日报,2013-08-21(1).

的背景下,舆论引导呈现出新的发展态势:

(一)舆论平台融合

媒体融合是指传统媒体与新媒体的融合。传统媒体平台是指报纸、广播、杂志、电视等没有争议的稳固平台,新媒体平台则是一个一直在持续发展的平台,这些平台我们可以从四个方面来概括:

"第一种形态是社交媒体。社交媒体仍然是舆论的小演化中心。中国最流行的 20 个移动应用,在社交媒体和网络的累计下载量超过 33 亿次。社交媒体和社交网络已经成为公众获取信息最主要的渠道之一。当下社交的重要形式是分享一切可以分享的东西。

第二种形态是自媒体。自媒体的传播讲究自然、自有、自我和自律,其原则是自己拥有一切可拥有的东西,也就是自媒体、自商业、自生活这样一个整体的发展环境。

第三种形态是政务媒体。政务媒体的主要表现形式有六种:一是支付宝,例如其与浙江政府进行金融和社会服务方面的合作;二是政务微信,比如广东模式;三是百度大数据,与政府各部门的合作;四是政务微博的模式;五是新华社的政务整合模式;六是人民日报新闻客户端的问政模式。政务媒体的核心思想是什么? 是公开一切可公开的东西。

第四种形态是数据媒体。比如前几天海南岛发生自然灾害,一个地图可以基于移动数据,让用户随时看到每个村庄的灾情,了解灾民现在需要什么、怎样去帮助他们。新闻生产的方式一定会转变,成为一次采集、多次生成、多元发布、多渠道融合、多平台互动。这就需要大数据,其核心思想就是计算一切可计算的。

这四种思维是对新媒体融合的哲学考虑,需要传统媒体与'四媒'融合。传统媒体是底盘,社交媒体是走网络的群众路线,自媒体是百家争鸣、百花齐放,政务媒体是为网民服务,数据媒体是'多算胜,少算不胜,何况于无算乎'。"[1]

2014 年以来,我国在推进传统媒体与新兴媒体平台融合发展方面做出了诸多探索。人民日报移动客户端上线,目前其传播方式已扩展到了报、网、微博、微信、二维码、电子阅报栏、手机报、手机网、移动客户端、网络电视等 10 种载体。

中央电视台全力推进新兴媒体与传统媒体优势互补、一体化发展,初步实现内容、渠道、平台、经营、管理等方面的深度融合。中央人民广播电台以融合发展为契机,再造采编播传播流程,提出了"网台一体、以网带台"的发展思路。

媒体融合实现了传统媒体与新兴媒体的优势互补和一体化发展,信息资源

---

① 沈阳.人民日报新媒观察:媒体融合的四种思维和路径.来源:人民网,2014-8-7.

得到最大限度的使用,传播效率增高,危机隐患能够及时发现,使媒体分散片段传播,舆论难以控制的局面得到改善。媒体融合促进了舆论信息的中心控制,相互联动,渠道通畅,监管到位,减少推诿扯皮、分散失控的状态。既做到了对舆论风险的防范,又考虑到了舆论的应急处理,实现了舆论传播平台的有效整合和全面治理。

(二)舆情信息融合

大数据新闻的逐步采用,推动了数据的融合。从海量的信息中筛选有价值的数据,进行数据的分类和整合,形成有价值的数据新闻,成为媒体融合带动信息融合形成新的新闻生产方式的有意义的实践。数据新闻的制作是一个庞大的系统工程,需要打造一批形态多样、手段先进、具有竞争力的新型主流媒体和拥有强大实力和传播力、公信力、影响力的新型媒体集团,只有这些权威机构和大型信息服务集团,才有能力成为大数据的掌握者,他们有更多的经济实力,进行大数据库的建立,通过集团式的操作团队对大数据进行分析和呈现。

新华社运用集成服务理念和前沿的数字传播技术,着力打造以"新华通"为主平台的新闻信息集成服务,推出了"面向未来的赶考""治国理政一年间""三北造林记""上海自贸区"等三十多个大型多媒体集成报道产品,网民点击最高的达2亿人次,产生了强烈的社会反响,实现了主流舆论在新媒体、全媒体时代的传播引领。

媒体融合是信息融合的前提,有了媒体的融合,信息融合成为必然。信息融合,可以通过各种基础数据的整合,让数据信息产生意义,例如在2014年3月的两会报道中,腾讯网联合全国34家媒体进行了15天的网络投票,对25项民生领域的改革举措进行网友满意度评比,在此基础上进行信息整合,制作出"中国点赞地图",让信息完成其正面舆论宣传的功能。无论是宏观的数据新闻,还是微观的数据新闻,从获取信息到信息产生意义,数据新闻的可视化呈现,使新闻舆论的引导更鲜明、生动。

(三)舆论终端融合

近年,新媒体终端始终都是一个重要的主题。新媒体终端之所以重要,主要是因为它能通过新一代互联网,接入个人信息门户,也就是说如今的新媒体终端已经成为人类进行社会交往和信息传播的一种重要的新媒体融合平台。

在人类传播史上,信息的传播过程就是人和传播机器之间的关系,人是传播机器的主宰,传播机器是人的延伸。但是就像没有永恒的新媒体一样,也没有永恒的新媒体终端,在移动互联网时代更是如此。因此,新一代的新媒体终端只有不断走向人本、走向简单、走向智能,才能够在创新过程中顺应新的颠覆性技术潮流继续向前发展。

近来新华社举全社之力打造国内最大的党政客户端集群,抢占移动互联网和4G时代媒体融合制高点。尤其是2014年6月11日正式上线的"新华社发布"总客户端,当日单条稿件最高点击超过1130万人次,页面浏览量超过5000万,客户端年下载量有望突破千万。

三、认识的工具:新媒体

认识工具是指把新闻编辑和舆论联系沟通起来的中介系统。新媒体作为新闻编辑和舆论相联接的中介系统,也是在实践基础上逐渐发展起来的。原始人只凭着简单的语言、粗糙的工具进行信息交流,可以说他们没有专门的传播工具。随着媒体活动的发展和新闻传播的独立,新媒体在现代传播中成为及其常用的工具系统。

(一)新媒体是舆论传播的工具

根据维基百科,新媒体可细分为门户网站、搜索引擎、虚拟社区、RSS、电子邮件,即时通讯、对话链、博客、播客、维客、微博、微信、网络文学、网络动画、网络游戏、电子书、网络杂志、电子杂志、网络广播、网络电视、手机短信、彩信、手机报纸、出版、手机电视、广播、数字电视、IPTV、移动电视、楼宇电视等类别。新媒体传播工具的丰富,为新闻信息的传播提供了良好的平台。2014年3月13日,凤凰卫视"社会能见度"栏目报道《"丐帮"调查》,曝光了东莞一些犯罪团伙用各种非常手段使人致残、逼人乞讨的问题。资料显示,在东莞专门以乞讨为生的约3000余人,而在东莞城区就有1000余人。这些职业化乞讨人员的背后往往是残暴的犯罪集团,他们故意使小孩、老人致残,然后逼他们乞讨。该报道随后引起网络和媒体等强烈关注。截至3月17日,凤凰网的相关报道视频的播放数超过172万,网民们的跟帖评论数量超过2.5万条。该视频被网民们转发到论坛、博客、微博、微信等各类网络媒体上并引发众多网民热议。网民们称"东莞丐帮"犯罪团伙的做法令人发指,呼吁相关部门行动起来,对"东莞丐帮"进行彻底整治。随后受到中国广播网、中国新闻网、网易等各大新闻网站的强烈关注。推动"东莞丐帮"话题相关舆情热度呈现爆发性增长态势,当天的相关网络新闻超过360篇,相关论坛帖文超过390篇,相关微博超过9.6万条。截至3月19日,该话题的相关网络新闻已超过620条,相关微博超过2.9万条,数据显示,相关舆情热度仍处于快速升温状态。[①] "东莞丐帮"报道后,引起高度重视,目前东莞民政局已经和东莞公安、城管等部门就该问题进行协商合作,他们将多方联动,加

---

① 何新田,陈萌.今日舆情解读:公共管理死角更需阳光普照.人民网舆情. http://yuqing. people. com. cn/n—0319/c212785-24681246. html

大对乞讨人员的救助力度,加大对逼人乞讨等犯罪行为的巡查和查处力度。

因公共管理缺位,才使得犯罪团伙如此凶残、嗜血且肆无忌惮。然而新媒体所代表的公权力积极发声,揭开东莞"丐帮"黑幕,公众希望扫除"丐帮"的罪恶就像东莞"扫黄"一样,除恶务尽。事实上不只是东莞,也不只是"丐帮",应消除全国范围内所有像"丐帮"这样的公共管理死角,让所有超越现代文明社会底限的罪恶没有存在的土壤。新媒体作为舆论传播的工具,有效地推动了公共事件的传播。

(二)新媒体是新闻编辑理念表达的工具

任何行动最终都是由理念指导来完成的。新闻编辑对新闻信息的采集和处理都是新闻编辑理念表达的结果,新闻编辑的理念,应该反映新闻传播的本质规律,新闻编辑只有走群众路线,才是一切理念的根基。如何把党的意志变成群众的共识和行动,离不开新闻编辑的积极引导、释疑解惑和舆论监督。新媒体工具,让人人都拥有麦克风,信息的传递和获取越来越快捷。伴随传统和民间两个舆论场的博弈加剧,新闻舆论的作用越来越突出,新闻编辑如何在舆论引导的工作中发挥好推动经济发展、引导人民思想、培育社会风尚、促进社会稳步发展的作用,努力使新媒体成为传播社会主义文化的前沿阵地,促进人们精神生活健康发展的广阔空间,成为重要的新课题。

新媒体的出现使舆论环境出现了前所未有的变化,新闻编辑必须更广泛听取民意,更大力度地关注民生,更深入地了解民情,才能掌握事实真相,以真实、客观的态度反映群众呼声。新媒体已经成为执政党执政的题中之义,新闻传播作为连接党和群众的桥梁和纽带,新闻编辑的责任和使命尤其重大,如何让"中国声音"变成"中国好声音",新闻编辑将面临崭新的挑战。

(三)新媒体是新闻编辑引领舆论的工具

党的十八大后,新闻媒体在关注热点、扩大资讯、传播新闻方面出现了明显的变化,新媒体十分注重评论的播发、观点的提炼、意见的展示,通过多元意见和观点的交锋引领舆论。《环球时报》在一篇社评中写道:"这是中国从宫廷政治向现代政治转变的重要象征。"①新闻编辑如何准确地传递政府的声音,维护群众的权益,谋求最大公约数,推进社会前进的步伐? 只有改革,"改革是中国最大的红利"。新闻编辑只有借助新媒体反应快、影响广、回应多的特点,成为真正新闻舆论的风向标和引导者。例如,2014 年 3 月 29 日新华网一篇名为《一半是暴力,一半是暴利——盘点这些年让我们惊呆了的强拆》一文中曝光了暴力拆迁中

---

① 苏荣才.十八大以来官方舆论传播的新变局.南方电视学刊,2013(4):86.

的三个人物：①

人物一："李拆城"。据《国际先驱导报》报道，2009年11月，成都市金牛区天回镇金华村村民唐福珍，在面对政府不断逼近的破拆队伍时，一次次举起油桶，把汽油浇在身上，要求停止强拆，对话协商解决拆迁争议，但是拆迁方并没有理会，最终唐福珍选择了在自家天台上"自焚"。而当时的成都市领导就是因为大力推进拆迁而被坊间称为"李拆城"的李春城。

人物二："季挖挖"。被老百姓称为"季挖挖"的原南京市长季建业，在他主政南京的几年内，满城开挖，把六朝古都变成了个大工地。《第一财经日报》报道称：面对"季挖挖"的责骂和高压，有些区县干部只能将任务层层分解，一级压一级，限时限量完成。一些强拆项目，甚至提出底线是"只要不死人，不死在现场，什么手段都能用"。

人物三："孙善扒"。据《财经》杂志报道，原河南省政协副主席孙善武在担任洛阳市领导时，强势推进旧城改造，"别人不好拆迁的地方，只要孙善武一去，就很快拆光了"，因此被群众称为"孙善扒"。而在扒房的过程中，因管理不善，九朝古都的不少文物建筑都被破坏，而洛南地区4万亩耕地被建成了行政区和商品房。

"拆走一头牛，赔了一只鸡"，一些地方暴力拆迁的最大动力就是暴利。因征地而起的流血冲突事件屡屡进入公众视线，新华社"中国网事"记者梳理了部分让人瞠目结舌的案例，使暴力拆迁事件的本质昭然若揭，野蛮拆迁是对法制精神的践踏，对于保障公民的人身权、财产权、基本政治权利等问题在社会上引起广泛讨论，这些乱象的产生，无外乎是部分基层干部对宪法赋予人民基本权利的漠视，新媒体的警示作用，新闻编辑的舆论引导，使依法行政取得了新进展，成为影响社会变革的重要力量。

新闻编辑对舆论的认识过程是认识主体新闻编辑、认识客体舆论、认识工具融合媒体三者相互作用的过程。在这一过程中，新闻编辑是首要的、能动的；舆论是客观制约性要素；而融合媒体则是二者的中介。

第三节　新闻编辑对舆情信息的管理

新媒体的出现极大地提高了新闻的消费量，目前新闻的消费速度已经远远

---

① 鲍晓菁.一半是暴力，一半是暴利——盘点这些年让我们惊呆了的强拆.新华网.2014-3-30. http://news. xinhuanet. com/2014-03/30/c_1110009697. htm? prolongation＝1

快于新闻的产出速度,当一个新闻事件发生的时候,人们对新闻信息的需求时常会形成供不应求的局面。新闻编辑是舆情信息的有效引导者,新闻编辑通过互联网、移动终端等信息载体,过滤海量繁杂信息,组织有效信息,实现新媒体舆论的正确引导。正如李普曼所说的:"舆论如果是健全的,就必须组织起来为报刊所用,不是像今天这样的情况由报刊来组织,我想这种组织任务首先属于政治科学,只有政治科学能在真正的决定作出的前头成为舆论的形成者,而不是在决定作出后去充当辩护士、批评家或者报道者。"①网络信息必须由组织来形成舆论,这个组织是一个政治团体,新闻编辑就是这个团体舆论的形成者。

一、新闻编辑对互联网舆情信息的管理

1.目标明确。党的十八届三中全会通过《中共中央关于全面深化改革若干重大问题的决定》指出,要健全正确舆论导向的体制机制。健全基础管理、内容管理、行业管理以及网络违法犯罪防范和打击等工作联动机制,健全网络突发事件处置机制,形成正面引导和依法管理相结合的网络舆论工作格局。互联网舆情信息管理是新闻编辑面临的"最大变量",互联网作为中国社会的出气孔和减压阀,新闻编辑在舆情信息的管理上,要注重草根网民的呼声,对于网民的诉求,积极回应,及时发现问题、解决问题,避免小事拖大,大事拖炸。健全互联网的舆情信息联动机制,坚持正面引导和依法管理相结合。让新闻真正成为反映真实社会本质,体现社会正义和良知的权威信息。

2.依法治理。网络是公民参政议政、表达诉求的重要平台,一方面,新闻编辑致力于通过新闻媒体充分利用网络来实现舆情观察、分析和反映的社会功能,为政府机构掌握舆情、了解民意提供数据;另一方面,新闻编辑也纷纷开通官方微博等交流平台,为网络问政、回应诉求、宣传政策、反映情况和突发事件处置提供了现实渠道。总体上看,中国的舆论管理工作呈现出良好的发展势头。但要看到,对于网民人数6亿多的中国来说,我们面临的舆论环境更加复杂,管理更加困难。一方面,随着改革开放事业的不断深化,利益格局的调整使社会各种矛盾冲突日益突显;另一方面,网络信息量激增带来的无序性和庞杂性,又给人们判断和理解社会现象制造了无形的障碍。新闻编辑努力提高为政府提供准确舆情信息的能力,对于涉及国家安全和民族感情,住房、教育、医疗及收入分配,政府部门及官员的腐败,民族宗教和群体性事件等事件,做到在突发事件发生时,第一时间掌握准确信息,及时公开真相,使谣言和不良信息的传播丧失先机。新闻编辑积极提高社会责任意识和信息把关能力,使谣言和不良信息尽早被过滤

---

① 李普曼著.舆论学.林珊译.北京:中国人民大学出版社,1984:24.

第四章 新闻编辑舆论引导的信息论

在媒体传播之前,难以形成规模传播的危害。新闻编辑通过政府加大网络执法力度,依法打击造谣传谣行为,净化网络环境,维护网络秩序。

3. 占领阵地。新闻编辑通过网络新媒体占领舆论主要阵地,因为新闻舆论是影响社会、实现社会变革的重要途径。"我们每一个人都在地球表面的一个小小的部位上生活和工作,在一个小圈子里进行活动,只有对很少熟悉的事有所了解。我们看到的任何有广泛影响的公共事件,最多只是一个侧面和一个方面。"① 新闻编辑通过提供多角度、多侧面的信息,形成主流意见,抢占舆论主阵地。像微博@人民日报一马当先,它诠释主流立场、回应网民关切,促进政府和民众之间的相互理解和包容,有了较高的黏合度。媒体在党政领导人出访、干部人事贪腐案件、重大自然灾害事故、社会安全事件、公共卫生事件等方面,介入及时,力度大,发挥了舆论主导作用。以 2013 年禽流感事件和四川芦山地震为例,新闻编辑在主流媒体上发布的信息,其反应速度已经逐渐赶超网民和市场化媒体。主流媒体要积极占领舆论阵地,任何轻视和松散,必然导致意识形态领域的混乱,苏联解体前,群众评价《真理报》上无真理,《消息报》上无消息",就表明新闻编辑对真理和消息完全丧失了认识能力,对媒体舆论的不作为,导致整个舆论引导的脱轨,舆论导向的错误是最终导致苏联的解体原因之一。占领舆论阵地是任何政党都必须重视的工作。

4. 科学引导。新闻编辑对舆论的科学引导,在网络新闻的传播中十分重要。因为不同的社会制度,新闻传播者不同的价值取向,会影响新闻事实的取舍和这些事实所含性质的表现,尤其在新媒体的冲击下,新闻传播的速度更快,传播内容更多样,虚假新闻、低俗新闻、新闻炒作时常出现在新闻媒体中,严重损害了新闻媒体的公信力,也给公众的生活带来极大的困扰。"2012 年 3 月 19 日,中国国家互联网应急中心发布的《2011 年中国互联网网络安全态势报告》指出:2011年美国以 9500 多个 IP 地址控制中国境内近 885 万台主机,有 3300 多个 IP 控制境内 3400 多家网站。他们经常在网上发表言论,传播西方思想文化和意识形态,诋毁和批判中国主流意识形态和民族文化,片面渲染、刻意放大我国的各种问题,甚至制造各种社会谣言,煽动人民的不满情绪。"②

唱衰中国的声音一直不绝于耳,或断言我国"经济增长引擎已经熄火",或指责我们"国企垄断"、"不公平竞争",或渲染我们"企业借款减少"、"地方债务风险巨大",或炒作我们"贫富差距世界最大"、"面临巨大社会风险",等等。虽然"唱

---

① 李普曼著.舆论学.林珊译.北京:中国人民大学出版社,1984:59.

② 李艳玲.扣准社会脉搏是凝聚改革共识前提.求是,2013(2).新华网:http://news. xinhuanet. com/newmedia/2013-01/19/c_132113472. htm.

衰论"一次次在我国发展进步的事实面前不攻自破,但这些声音仍然对国内一些人产生影响,有人甚至不辨是非,跟着起哄。

2013年,政府加大了对互联网的管理力度,网络谣言遭遇沉重打击,风光不再。网络舆论板块发生重要变化,舆论热度大幅度下降,"吐槽"社会负面现象的声音明显减少。2013年8月全国宣传思想工作会议提出:要把网上舆论工作作为宣传思想工作的重中之重来抓。国家互联网信息办公室主任鲁炜提出互联网"七条底线",体现了网民自律和网络社区自治的柔性治理思路。9月9日,最高人民法院、最高人民检察院《关于办理利用信息网络实施诽谤等刑事案件适用法律若干问题的司法解释》出台。经过几个月的清理,网上爆料社会负面现象特别是批评政府的声音明显减少,帖文情感词力度下降,积极正面的声音日渐增多。8月下旬,公安部部署专项行动,集中打击网络有组织制造传播谣言等违法犯罪。人民网舆情监测室抽取100位活跃"意见领袖"的微博,发现以8月10日国信办主任鲁炜提出互联网"七条底线"为拐点,此前两个月累计发博72481条,此后两个月累计发博65126条,下滑10.2%。特别是9月11日至10月10日,下滑24.9%。8月10日以后,国家的媒体微博和政务微博的发博量超过了"意见领袖",提示微博舆论场上这两支"国家队"趁势崛起。政务微博到2013年岁末约20万家,已成政府新闻发布和突发事件处置的"标配"。党政部门通过政务微博第一时间通报权威信息,成为新闻信源和事态演变重要变量。新闻编辑积极配合政府相关政策,通过政务微博,疏导网络民意,表达政治意愿,引领主流思想潮流。

5.肩负重任。新闻编辑肩负着新闻信息传播的基础管理、内容管理之重任。"编辑就是新闻发生时的负责人,任何媒体的编辑皆然。"[1]新闻编辑通过对舆论信息在"说什么"、"谁来说"、"怎样说"方面的有力控制,保证对主体话语、主流舆论的正确引领。正如马克思所说的"向现实本身去寻求思想",[2]那些无中生有、无需论证、无所畏惧、无孔不入的舆论,将逐步被富于建设性的、详细调查研究过的、拨乱反正的言论所取代。改革开放以来,中国的新闻观念出现了前所未有的更新与变革,人们冲破了一个又一个政治限制和报道的禁区,一些关于国家政治生活的根本观念如民主与法制、传统与现代、闭关与开放、自由与规范出现了根本性的转变,这些改变和新闻舆论的引领有十分密切的关系,正确的舆论引领和新闻编辑的观念改造更是密切相关。新闻编辑深入了解中国国情,掌握中国新

① [美]塞西莉亚·弗兰德,唐纳德·查林杰,凯瑟琳·C.麦克亚当斯著.美国当代媒体编辑操作教程(第2版).展江,霍黎敏主译.广州:南方日报出版社,2008:17.
② 陈立新,俞娜.向"现实"本身去寻求"思想".新华文摘,2012(15):39.

闻话语传播的规律,建构主流舆论话语成为当今舆论引导的重要话题。

舆论是一把双刃剑,管控得当,利国利民,管之不当,害人误国。前苏联演变解体的重要原因之一就是舆论失控。其中,新闻媒体脱离苏共的领导,是导致其舆论失控的关键。现实社会中不存在无边界的绝对自由,网络社会同样如此。言论自由的边界就是法律,就是不损及他人利益,而法律所要保护的正是绝大多数公民的整体利益。

新闻编辑肩负着社会瞭望者和舆论引导者的使命,牢牢把握新闻信息的意识形态的主导权和网络舆论的引导权,扩大网络的宣传力量和管理力量,让网络空间清朗起来。

二、新闻编辑对手机媒体的舆情信息管理

手机媒体的特点。手机媒体是借助手机进行信息传播的工具。手机媒体的基本特征是数字化,最大的优势是携带和使用方便。手机媒体作为网络媒体的延伸,具有网络媒体互动性强、信息获取快、传播快、更新快、跨地域传播等特性。手机媒体信息传播的即时性、互动性,受众资源极其丰富;信息传播具有私密性、整合性等特征,同步和异步传播有机统一,传播者和受众高度融合等优势。手机媒体融合了报纸、杂志、电视、广播、网络等所有媒体的内容和形式,成为一种新的媒体。手机媒体的传播方式融合了大众传播和人际传播、单向传播和双向传播、一对一和一对多、多对多等多种形式,形成一张相对复杂的传播网。与此同时,手机还可以配合报纸、电视、广播、网络等媒体进行互动,实现"全媒体"传播的新局面。手机是"带着体温的媒体",人们对手机媒体的信赖程度较高,手机媒体能够产生更为直接而强大的效果,影响人们的思考和行动。据中国互联网络信息中心(CNNIC)2014年6月30日数据显示,中国手机网民数已达5.27亿。

手机媒体的发展。吴红晓在《2012—2013中国手机媒体发展报告》中谈道,2012年伦敦奥运会的报道中,以新闻客户端为代表的手机媒体强势崛起。不同于传统的手机门户网站、短信、彩信及手机报这类传统的手机媒体传播形式,新闻客户端依靠丰富的信息资源、及时的资讯推送以及活跃的社交互动性成为用户首选的手机媒体,其中有81.3%的用户通过新闻客户端了解了奥运信息。

同样,在对中国共产党第十八次全国代表大会的新闻报道中,手机媒体的传播方式显得更加多样化。除传统的手机新闻早晚报之外,新华网、人民网、搜狐、新浪、腾讯、网易等都纷纷推出手机新闻客户端。中国网络电视台也设立了视频CNTV移动客户端,全方位报道十八大。更多的用户通过手机客户端推送重大新闻,在第一时间获知了十八大的消息。

随着手机媒体时代的来临,人们的时间分配、注意力分配发生了急剧的改

变,阅读收看新闻的习惯也随之改变。手机看新闻已经成为大多数人每天必做的事情之一。调查显示,61.1％的用户通过手机新闻客户端获取每天最新鲜的时事要闻。顺应用户的需求和移动互联网的发展,"推送"和个性化成为关键词的新闻客户端,近一两年开始迅速崛起,使用户能更即时、更本地化、更个性化地获取新闻。

手机社交媒体成为移动互联网的重要推手和枢纽。手机社交媒体让越来越多的人一天到晚"挂"在上面,而看传统媒体的人越来越少。社会信息太多而人们又不能确定哪些信息是可信的、可靠的,于是大家都选择上社交媒体。因为在社交媒体里面,朋友之间可以互相传递信息和看法,将自己认为可信可靠的信息推荐给朋友阅读。你可以不相信媒体,但朋友是值得信任的,所以,经过朋友筛选和过滤了的新闻,再经由社交媒体传递过来,成了新闻信息传播的一种新途径。随着人们对传统交往资源的依赖性逐渐降低,对社交媒体尤其是手机社交媒体的信任度不断提升,通过手机社交越来越成为生活中不可缺失的重要部分。①

手机作为一种新媒体,它不仅产生新闻产品,还通过微博、微信,培育读者、观众和听众,同时还培育了新闻编辑本身,因为手机媒体本身的信息都是由新闻编辑做出来的,"做就必须先有人根据客观事实,引出思想、道理、意见,提出计划、方针、政策、战略、战术,方能做得好。思想等是主观的东西,做或行动是主观之于客观的东西,都是人类特殊的能动性。这种能动性,我们名之曰'自觉的能动性',是人之所以区别于物的特点。"②

手机媒体的舆论引导。手机媒体作为新媒体的一种表现形式,它在意识形态领域中的重要作用,一直是管理者关注的焦点。对于新闻媒体在意识形态领域里的作用,马克思曾这样论述:"正由于报刊把物质斗争变成思想斗争,把血肉斗争变成精神斗争,把需要、欲望和经验的斗争变成理论、理智和形式的斗争,所以,报刊才成为文化和人民的精神教育的极其强大的杠杆。"③手机媒体作为"第五媒体",把舆论的传播由现实的形式变为虚拟的形式,把物质的斗争变成思想的斗争,把血肉的斗争变成精神的斗争,手机媒体在舆论引导中发挥着不可替代的作用。

新闻编辑在这个内容为王、网络为霸、终端为重、技术为先、受众为大的新媒体舆论传播时代,应该明确手机媒体舆论在意识形态领域的作用的不断扩大。

---

①　吴红晓.2012—2013 中国手机媒体发展报告.传媒,3013(2):28—30.
②　童兵.马克思主义新闻经典教程.上海:复旦大学出版社,2009:56.
③　马克思恩格斯全集(第 1 卷).北京:人民出版社,1995:329.

20 世纪初以来，"意识形态终结"曾一度成为国际思想界和政治领域最重要的社会思潮，苏东剧变将这一思潮推向高峰。苏东剧变让 10 个社会主义国家解体，使社会主义阵营的力量极大削弱。苏东解体的一个重要原因，是因为其主流意识形态的构建和国内现实的脱节，其次就是媒体西方意识形态的渗透。手机媒体可以把意识形态通过无处不在的舆论渗透到各个领域。所以新闻编辑要清晰地认识到意识形态从来就没有终结，也不能终结，甚至根本不会终结。西方的意识形态、价值观念、生活方式等信息，借助手机媒体传播，从而给党的建设和意识形态阵地的巩固带来新挑战。

2011 年 2 月，广遭热议的"美国之音将停止对华广播"，从新媒体与意识形态的角度来看，难道是美国放松了对华舆论传播？事件真相实际上是美国对华传播战略的转型。美国之音只是拟取消普通话和粤语语种广播和卫星电视，而非全面取消对华广播，却加强了对西藏地区广播和电视节目的传播。美国之音的藏语广播时间在 2008 年至 2010 年间增长了 125%。美国之音现在每周提供 42 小时的原创藏语广播和电视节目。常规节目主题多为青年、健康、民主、自由和海外流亡者等。同时出于传播效果和经济利益的考虑，西方媒体实现意识形态战略空间的转移，全方位发展网络舆论传播，重视意识形态的"移动化"渗透：大力拓展手机传播，扩张新媒体意识形态霸权，猛力开发突破中国网络审查的技术，手机媒体将成为西方对华意识形态战的主要平台。在这种背景下，意识形态安全成为中国当前最重要的问题。新媒体技术对于意识形态的构建产生了极大的影响，尤其是对于中国而言，全球化、网络化和社会化发展的新媒体，空前拓展了意识形态存在的时间与空间，使得意识形态无所不在、无时不有，不同意识形态的冲突与交锋更为直接、激烈和多样化，各种舆论的传播更为广泛。

新闻编辑作为手机媒体新闻信息的管理者，必须先做好组织工作，动员各方力量，实施对信息观察、阅读、编辑的操作，根据信息的质量确定取舍，对信息进行文字的修饰，赋予它适当的形式和明确的风格，不断提供新的新闻信息。手机媒体的信息通常是个体意识形态的产物，大多都以独立身份参与传播活动，针对手机媒体信息的突发性、随意性、随机性和独立性，传播者唯一遵循自己表达欲、价值观和倾向性的特点，新闻编辑要根据手机媒体传播的规律，提高舆论引领的技巧，主动设置议程，及时发布信息，抢占舆论先机，把握舆论导向，把大众的思想观念引领到正确的轨道上来。

走群众路线是手机媒体舆论监管的必由之路。新闻传播事业是人民群众联合起来的共同事业，新闻编辑只有相信群众、依靠群众、尊重群众，才能更好地推动新闻传播事业的发展，毛泽东指出："我们的报纸也要靠大家来办，靠全体人民群众来办,靠全党来办,而不能只靠少数人关起门来办。"①手机媒体和报纸一样也是新闻传播的重要媒介,同时也是舆论引领的重要武器。新闻编辑通过运用手机媒体的视频、微博、微信、QQ群等,广泛听取群众意见、有效建章立制,才能取得群众满意的传播效果。由于手机媒体运用的广泛性和群众性,新闻编辑必须建立广泛的群众通讯员制度,特别是手机的多元化、即时性、多样性的舆论生态环境,只是靠个别人的力量是完全无法掌控的。新闻编辑通过群众通讯员,及时发现手机媒体舆论传播中存在的负面信息和潜在危害,进行正确的引导和科学的管理。新闻编辑通过手机媒体进行舆论监督,问政于民、问计于民、问需于民,询问群众的所忧所愁、倾听群众的所诉所求、寻找群众的所期所盼,能站在群众的角度和立场想问题、做事情,善把自己当做群众、置身群众、融入群众,多想群众之所想、多急群众之所急、多忧群众之所忧,只有这样才能形成正确的舆论导向。

新闻编辑要高度重视群众的热点,社会的动态,思想理论的焦点,通过手机媒体集中反映群众的生活、思想和感情,同群众同甘苦共患难齐爱憎,只要事件是群众的希望、追求、理想的具体表现,就要做客观的报道、真实的叙述并加以公正的评论。手机媒体是群众的有声表达者,是群众联系世界的纽带,是群众及其政党学说的公开表露,反映群众普遍的信念和普遍的愿望。不断通过手机媒体营造了一个开放、平等的网络议事厅,它能够更便捷地进行网络民意调查,手机媒体可以成为汇集社情民意的便捷通道。手机媒体具有贴近基层、贴近民生、贴近民众的特点,它既能拓展搜集社情民意的渠道,又能大大提高收集社情民意的效率。这也与党问计于民、问需于民的主张是相辅相成的。手机媒体可以让民主监督更有力。新闻编辑应该鼓励并引导群众通讯员运用手机媒体与群众沟通,参与网上舆论引导,净化网络舆论环境。

加强手机媒体的舆论引导。新闻编辑在手机媒体舆论引导中起着积极的作用。手机媒体舆论在所有新媒体舆论中是最活跃的部分,手机媒体舆论的传播效率几乎超越现在所有的媒体形态,微博、微信的推送,使信息的到达率更有保证。手机媒体用户将会扮演双重角色,既是内容的消费者,又是内容的制作者。作为内容生产者,用户可以随时随地拍摄照片、录制声音、输入文字;作为内容消费者,用户也可以随时随地下载视频、播放音乐、访问各种各样的移动互联网站。特别是手机媒体通过微博、微信等移动终端为推手,推动舆论的发展。以马航事件为例,手机媒体上的微博平台成为重要的信息源,微博成为重大事件发生后相

① 毛泽东. 对晋绥日报编辑人员的谈话. 毛泽东新闻工作文选(第一版). 北京:新华出版社,1983:150.

关机构和当事人发布信息的首选平台,媒体的新闻编辑也习惯于通过微博获取和核实相关信息。事件发生后,马航等相关媒体和政府机构都迅速通过微博发出公告。@马航事件中国政府工作组官微也开始通报事件进展,成为新闻编辑处理新闻事件的又一权威信息源。

马航客机失联事件发生后,网上各种信息言论盛行,很多信息真假难辨,新浪微博通过新闻编辑和网友举报,共查出和处理了"越南通讯社宣称失联飞机已找到"等不实信息 400 余条。例如,马航客机失联不久,一张水面上漂浮着降落飞机且有旅客幸存的图片被网友疯狂转发,但随即便有网友举报,经核实,这张照片是 2009 年美国航班迫降哈德逊河的旧照。照片被一位天涯网友 PS 过,去掉了原图中的尾翼,并将机身上的名称改成了马航。随后,一张女记者在飞机前微笑的照片也在网上引起大规模转发和关注,这张图被解读为"搜救时记者笑容面对镜头"。但随即,新浪微博接到了高达 690 条的举报,这张照片实际上是该女记者 2007 年的一次获奖照片。

对于发布这些不实信息的账号,新浪微博分别给予了扣除信用积分、账号禁言 15 天、禁关注 15 天等处罚措施。"网友举报与官 V 辟谣并行"和"网络的自我净化与权威声音相结合"的舆论净化方式,在这次事件的辟谣过程中起到了关键作用。①

微博等"新新媒介"的信息来源复杂、传播速度快、传播效力大,因此新闻编辑对信息真伪鉴别十分困难、管理成本较高。在这次"马航事件"中,微博的谣言治理凸显了"自净功能"和"他净功能"的协力效应,尤其是很多普通用户自发呼吁遵守灾难报道和信息传播的守则,不传播未经证实的信息,不伤害失联人员家属的感情;还有不少用户对涉嫌谣言的微博踊跃举报,自觉维护"自媒体"的传播秩序。新闻编辑对有违公共利益、公共道德、公共秩序、公共安全、国家和谐以及国家法律所禁止的其他内容予以了及时的调整和控制,有力地维护了权威媒体的信息发布。

在"马航事件"的微博传播中,"两个舆论场"协力辟谣,普通用户的作用凸显,打破了"300 大 V 掌控舆论走向"的舆情格局。微博由于人性化的平台设计和话题讨论的深度与广度,新闻编辑对新闻真实性的有效维护,再次在各类新媒体中脱颖而出,成为广大网民的第一信息源;微博的辟谣模式也进一步成熟,"在微博等真相"成为"马航事件"中的微博流行语。②

---

① 金可. 马航客机失联事件:400 余条微博谣言被处理. 人民网:传媒,2014-03-17. http://media. people. com. cn/n—0317/c40606-24658115. html

② 王君超."马航事件"国内媒体的报道问题出在哪. 人民网:传媒. 2014-03-18. http://media. people. com. cn/n—0318/c192374-24669133. html

手机媒体舆论引导的发展趋势。随着手机功能的不断扩展,手机新媒体已经成长为与 PC 平起平坐的数字消费终端。无论是在公交车上、地铁站里,还是在家、在单位,越来越多的人不再去买报纸或打开电视、电脑看新闻,而是选择用手机快速浏览信息。不论是短信、彩信,还是 wap、3G、4G,各个层次的手机连接模式都能够更方便地为用户提供及时、丰富的阅读体验,不断提升的手机终端硬件水平,改变着人们对手机媒体的观念。

手机媒体迅猛发展带来了全新挑战,手机媒体以其受众更广泛、互动更充分、功能更强大、使用更便捷、技术更先进等特点在政府舆论良性方向引导中起着举足轻重的作用,如何及时有效地进行舆论引导,更好地聚集科学发展、加快发展的正能量,成为宣传思想领域十分重要的工作。手机媒体的舆论引导首先要建立健全舆情收集分析研判机制,构建覆盖广泛、灵敏高效的舆情信息网络,新闻编辑在第一时间点掌握社会舆论的第一手资料,及时有效地引导和处置,有针对性地壮大"主流"舆论,引导"支流"舆论,沉淀"末流"舆论。

强化手机媒体新闻编辑队伍能力素质建设。通过新闻战线"三项教育"、业务培训和"走转改"、"转正改"活动,努力造就"政治强、业务精、作风正、纪律严"的新闻编辑队伍,建设一支"组织放心、群众相信、个人自豪、社会满意"的精锐团队,做到善于发现、善于分析、善于引导,努力让手机媒体舆论得到有效疏导。

手机媒体将成为未来政府和公众沟通的重要平台。政府可以运用手机媒体的积极作用来加强自身的舆论引导能力,从而与民众进行更好的沟通。手机媒体在未来的群体中将会得到更加迅猛的发展,手机媒体舆论信息的管理如果只是靠网络的自净功能以及政府部门的管理,力量显然是不够的,各媒体管理机构只有依靠新闻编辑,发展群众通讯员,才能更好地引领舆论的方向。

第五章　新闻编辑舆论引导的群体论

第一节　关于群体、社会认同和组织认同

新媒体既是社会舆论产生的工具，又是社会舆论传播的工具，新闻虽然不等于舆论，但是新闻能及时快速地反映舆论，新闻体现了新闻编辑舆论引导的思想。新闻编辑可以发现一个新闻，也可以埋没一个新闻；可以使一个新闻在社会上引起巨大轰动，也可以使新闻无人问津；可以让新闻在社会上产生积极的效果，也可以使新闻在群众中产生恶劣的影响。新闻编辑的舆论导向作用，在新闻传播中表现出强大的社会影响力。

新闻最初来源于群体，最终向群体传播，其目的就是如何实现社会认同，引领群体朝共同的目标奋斗。当前如何使群体适应社会的新常态，保持战略的平常心态，增进群体的凝聚力，维持安定的社会秩序，统一多元的价值观念，成为新闻编辑舆论引导需要研究的重要课题。新闻编辑对舆论的错误引导，将会使群体心理产生混乱，对建设事业丧失信心，使党的方针政策不能贯彻执行，社会认同遭受巨大破坏。我们比以往任何时候都更加关注群体，更加关注群体的社会认同，因为只有群体才是社会攻坚克难的磅礴力量，只有群体对当下社会组织产生认同，才是实现全面深化改革目标的重要保证。

一、关于群体

群体并不是简单个体的随意组合，群体是具有共同目的关系组织，在心理上相互影响，在行为上相互作用的人群集合体。群体是舆论形成的重要因素。个人的意见不能称为舆论，当个人意见转化为群体意见时舆论才得以形成。群体是新闻编辑在舆论引导中要研究的一个核心要素。

群体是"为了确认的目标而相互作用的人们的共同体，即客观上表现为动作

主体的共同体"。① 群体舆论的传播,总是从匿名的信源发出,然后由意见领袖、网络大 V、事件当事人等,以论坛、贴吧、微博、微信等方式,向特定的群体扩散。

前苏联的社会心理学家安德烈耶娃将群体根据其存在的状况可以分为大群体和小群体。大群体就是在社会历史的发展过程中形成的、在每一具体社会类型的社会关系体系中占有一定地位、因而在其相当长的存在时间内颇为稳固的群体。小群体则是偶然地、自发地产生的,存在时间相当短的、结构松散的群体。马克思主义社会心理学关于群体的研究主要侧重于对大群体的研究。因为大群体对于推动人类历史的发展具有重大的意义。② 今天我们对于群体的研究,主要是指大群体的研究。

社会系统是由许多社会群体构成的,社会的稳定取决于群体的稳定,通过群体的稳定取得社会的稳定,并在此基础上促进社会的发展。然而近年来,群体性事件频发,群体成员以一定的目的为基础,带有明显利益诉求性质体制外活动,通过没有合法依据的规模性聚集和群体冲突,给社会带来极大的负面影响。例如 2014 年以来,环保话题日益升温,相关群体事件已有多起,如杭州的垃圾焚烧场事件,一度出现警民冲突,引发媒体和网民的大量关注。广东茂名的 PX 项目,广东博罗县民众因垃圾焚烧场聚众抗议事件,河南获嘉化工扰民事件,均引发民众街头抗议。几起群体事件中,核心诉求都相当明确,其情绪发展均由来已久,网络媒体的反映也很激烈,如果政府能听取、整合、吸纳、反馈,让事件得到妥善解决,才能更好地维护社会的安定团结。群体性事件一般由暂时性的利益诉求而聚合的小群体。

"在大群体中存在着一种为小群体所没有的特殊的社会行为调节器。这就是风俗、习惯和传统。"③风俗、习惯和传统,具有相对的稳定性,它时常存在于"群体意识"中,比如,群体利益、群体规范、群体价值、群体意见、群体目标等,都属于群体意识的范畴。正由于大群体所拥有的这些稳固的特征,才使大群体不同于其他松散小群体。对于参加大群体的个体来说,首先他们必须接受这些特征,认清自己与该社会群体的其他成员有某种稳固的共同特征的事实,然后才能成为该群体的一员。

大群体就是网络舆论中的团体,"在网络和新的传播技术的领域里,志同道合的团体会彼此进行沟通讨论,到最后他们的想法和原先一样,只是形式上变得更极端了。"④在网络中,大群体有稳固的团队,有较长历史时期的交往,他们相

① [苏]安德烈耶娃等著.社会心理学.李钊等译.上海:上海翻译出版公司,1984:67.
② [苏]安德烈耶娃等著.社会心理学.李钊等译.上海:上海翻译出版公司,1984:181.
③ [苏]安德烈耶娃等著.社会心理学.李钊等译.上海:上海翻译出版公司,1984:181.
④ 凯斯·桑斯坦.网络共和国.上海:上海人民出版社,2003:47.

第五章 新闻编辑舆论引导的群体论

互转发链接,给予评论,对某些意见达成共识,彼此点赞鼓励,增强信心,形成强大舆论组织,还会沟通讨论,采取大规模组织行动,推动价值实现。

新媒体时代,我国社交媒体逐渐形成微博、微信和新闻客户端"三分天下"的格局,社交媒体成为社会舆论信息的主要来源。在新媒体中,大群体舆论信息主要存在于微信公共账号中,如人民日报、央视新闻、湖南卫视、浙江卫视等的微信公共账号。央视新闻作为其中有代表性的账号,于2013年4月1日当天上线后立即引发近10万用户参与互动,可见传统媒体的品牌效应。2014年1月21日,央视新闻微博公开宣布:微信公众账号订阅户已超过120万。这些新闻群体有效地引导着舆论的方向。

大群体在今天的媒介舆论舞台上替代了从前的网民、意见领袖和受众,成为意见表达的主力军。其信息传播具有强大的舆论引导力,主要是由于他们有明确的群体意识,这些群体意识主要表现在群体目标、群体规范和群体凝聚力这三个方面。

群体目标:"群体行为的共同指向,形成了群体目标。它是群体成员之间进行协作的基础。群体目标不同于个人目标,它是外向的、客观的,非个人的;同时,群体目标又有别于组织目标,它不是所有组织成员一致的行为指向,而仅局限于某个群体之内的成员行为的共同指向。"①大群体的共同目标时常是长远的,成员为实现目标而相互作用的时间是持久的;而小群体的目标时常是短期的,成员为实现目标而相互作用的时间是暂时的。

群体目标的形成和实现能够最大限度地满足群体成员的成就感。当事件发生引发群体共同关注,群体之间就会出现截然不同的意见,大群体的意见往往会在社会上占领主导地位,为了使社会舆论更有利于群体目标的实现,大群体会利用自己的社会影响力,进行舆论制造,舆情控制,阻止小群体舆论的扩散。被大群体关注的意见就可能成为主流意见,被大群体忽视的意见就可能逐步淡化甚至消失。群体目标总是以维护各种利益为根本目的,所以新闻编辑的舆论引导,首先要关注的是群体目标。

2014年8月13日,由国家新闻出版广电总局和上海市人民政府主办的上海书展开幕,书展的主要目标就是"推动全民阅读,必须让爱书人真正享受阅读之美"。500多家出版社带来约15万种图书参与了活动。书展虽然是一项文化活动,更是一项政治活动,其群体目标就是引领社会的主流价值观,"为价值搭台,向品质致敬"。打造书香中国,提高全民文化素养。《解放日报》感叹:历经11年深耕细作,上海书展早已超越书籍的展示交易,演化为市民阅读的庆典、思

---

① 黄丽华,王林.论组织目标及组织管理中的目标整合.软件科学,1999(S1):67.

想交流的盛会,成为上海一张优雅的文化名片。

根据上海市新闻出版局最新发布的《上海市民阅读状况调查分析报告(2014)》显示,尽管遭受数字阅读冲击,但上海市民阅读首选纸质书,纸质书阅读时间回升,高出数字阅读 25.15%。《解放日报》评论员施平从中解读出上海的人文底蕴:上海人读书对"无用之用"的倾向,实际上就是这座城市在世俗、务实的背后所蕴藏的另一种精神,并最终积淀为经得起时间考验的上海之美。东方网期待,一年一度的书展盛世,在取得显著成效的同时,推动整个城市阅读风气日渐浓厚,阅读基础设施不断改善,大众阅读热情更加高涨,书香城市彰显文化大都市的市民风范和更趋阅读习惯,催发市民阅读成为一种风尚,一种高品质的行为。在上海市民叶铿眼中,书展是全上海"最大的书店",他尝试以"读书的名义"在《东方早报》上"怀旧":这年头流行怀旧,我们 80 后的青春其实还没过,现下也纷纷感伤起自己的青春回忆了。怀旧其实是一种集体的文化仪式。在这里,庙堂与"江湖"、鸿儒与"白丁"找到了一个有机的结合点,教人喜闻乐见而不曲高和寡。书展前夕,上海市委书记韩正亲自撰文指出,"一个不爱读书的城市,是没有希望的城市。"实际上,文学更是关乎一个民族的光荣和梦想。书展期间,《人民日报》整理刊登作家刘醒龙的书展讲话呼吁:我们要像崇拜泰山、崇拜普陀山一样崇拜我们的诗歌,要像保卫我们的领土一样保卫自己的文学,保卫我们的文明,热爱自己国家的文学。

"阅读是人们心灵和上下古今一切民族的伟大智慧结合的过程。"《人民日报》亦有"人民时评"展望:当品质阅读成为风尚,反过来,它也将催动我们的出版界提供更有价值的图书,避免娱乐化、游戏化出版现象的泛滥,真正做到启蒙大众,推动文明。①

在今天这个以微博、微信、QQ"杀时间"的习惯利器面前,我们将如何管理好、使用好这些工具,如何通过阅读提高素质,提升修养,此次书展就是对书香中国建设有力的舆论推动。整个书展活动,既表明群体目标的真意,又有效地推动全民阅读的开展。

群体规范:是规定群体成员行为的规章,是由群体拟定和通过的。当群体成员能采取共同的行动,他们的行动必须服从于这些规范,规范对共同行动起调节作用。群体规范同价值有密切联系,因为任何规章都只有在接受或拒绝某些有社会意义的现象的基础上才能够建立。每个群体对社会现象都有一定的态度,这种态度是由它在社会关系中的地位和它组织某种活动的经验决定的。在确定

---

① 吴心远. 一个不爱读书的民族,是没有希望的. 来源:人民网. 2014-08-18. 来源:人民网. http://yuqing.people.com.cn/n—0818/c364176-25485574.html

这种态度的基础上形成了每个群体的价值。

群体规范是群体成员共同的思想方法和行为准则,群体成员如果不遵守行为规范将产生群体压力。群体规范能够协调成员的活动、规定成员角色和职责以促进群体目标的形成。

群体规范影响着群体对媒介和内容的"选择性接触","从众心理"成为个体舆论传播过程中服从规范的内在心理过程。"沉默的螺旋"的观点也从另一个角度说明了这一点,一个人作为群体中的个体,一方面在群体规范中不断内化,另一方面为了使自己受到群体的认可,其行为必然符合该群体规范。所以,舆论的热点,必然是违反了群体规范的反面事件,要不就是规范被模范实行的正面事件。新闻信息大胆地发表和扩散,必然是受到广泛欢迎的观点和意见。谣言和谎言在短时间内可能会广泛传播,但最终会被群体识破而遭受谴责。

群体规范常常会影响到舆论的发展方向。2014年8月11日,"湖南一产妇裸死手术台,医生护士失踪"的新闻。因涉及"医患纠纷"的社会敏感问题,加之事件细节尚未查明,舆论存在巨大争议。"院方处置是否存过错"、"家属行为是否愚昧暴力"、媒体为何"失实"报道、当事人家属态度缘何"戏剧性"变化争论不断。网络舆论更为错综复杂,事实真相难以辨别。

如何通过群体规范以正视听,《人民日报》评论"别轻易下结论"奠定报道基调,促使舆论回归理性。文章称,媒体和公众不应草率评价事件,只有把医疗事件归置于就事论事的框架内,才能给医患双方一个公正的评判。党报表态党网呼应。人民网评论"产妇之死,真相急不来"就认为,在当下中国的医疗生态中,急诊有着另一番含义。"急"成为一个最重要的标志,而"诊"的科学、理性和尊严则荡然无存。

究竟医患矛盾的根源在哪里? 新华社评论指出,湘潭孕妇之死,喧嚣之外,纠纷背后,是长期以来一直没有得到很好解决的医患"失信之痛"。

部分媒体认为,医患矛盾的产生恶化,媒体推脱不了责任。《环球时报》社评"产妇死亡事件,舆论流水线的次品",将批判的矛头对准媒体。文章认为,湘潭产妇之死,迅速形成全国范围的评论和意见卷入。由于绝大多数评论者都对冲突的真实过程并不了解,只能通过媒体和互联网报道得知,而这些报道又是残缺不全、相互矛盾的,因此这些评论也显得相当混乱。

该如何破解医患纠纷难题? 主流媒体纷纷建言献策,整体上两种声音最响亮。一、深入推进医改,完善医患纠纷解决机制建设。二、用真相化解纷争。

央视网指出,化解医患矛盾的根本方式,是深入推进医改。这个进程不仅是医生护士们在参与,患者们在参与,作为报道者、监督者的职业媒体,以及在自媒体舆论场上拥有大大小小话语权的每一个人,都在参与。

《南方日报》认为,当务之急,就是本着公开平等的原则,坚守尊重生命权利的底线,进一步厘清事实真相,明确责任归属,给死者一个交代,给活人一个回复,也给整个社会以期待。

一些媒体人称,湘潭产妇死亡事件,媒体"失实"报道的发生与当下媒体从业环境息息相关,现在的媒体不是20世纪八九十年代的媒体,那时候事业单位待遇,大家安心写新闻,国家养着,现在传媒产业化,内容商品化,一线员工只是个销售员,他卖弄销售他的新闻,以便养家。《南方都市报》广州新闻突发部记者张昊认为,现在很多媒体采写新闻采用的方式都是抢新闻,把时效性放在了真实性前面,都是先发了再说,这么做一为了适应媒体竞争;二所谓倒逼真相;三通过不断追踪,认为可把最开始的报道圆了。[1]

主流媒体的积极发声,代表了群体规范的样本。有效的舆论引导,使社会矛盾得以缓解。正面理性宣传的舆论逐步强大,负面错误的舆论逐步减弱。

群体凝聚力:又称群体内聚力,是指群体对成员的吸引力和成员对群体的向心力以及成员之间人际关系的紧密程度综合形成的,使群体成员固守在群体内的内聚力量。"费斯廷格认为凝聚力是指消极地或积极地使成员保持在一个群体中的力量。"[2]群体成员之间的相似度越高,就越容易产生好感,彼此也就有很大的吸引力,也就容易增强群体的凝聚力。领导者对群体的作用至关重要,如果领导与群体成员保持良好的关系,能作出正确的决策,能关心群体成员的发展,使群体成员能顺利达到目标,这样群体的凝聚力就高。群体成员为完成共同的目标而友好协作,彼此为对方提供有利条件,这不仅有益于自己,也有益于他人,彼此的合作产生较高的凝聚力。群体与群体之间处于竞争状态时,各自群体内部就会产生压力和威胁,迫使所有的成员自觉地减少分歧,统一意见,一致对外,以避免所属的群体受损失,这时群体有较高的凝聚力。[3]

"Mullen 和 Copper(1994)曾经把凝聚力喻为系统中能把人与人之间的摩擦降低到最低限度的润滑剂。"[4]群体凝聚力是群体最一般的心理特征。

不久前中央全面深化改革领导小组第四次会议审议通过了《关于推动传统媒体和新兴媒体融合发展的指导意见》,深刻阐释了媒体融合发展的工作理念、实现路径、目标任务和总体要求,为媒体融合发展指明了方向,提供了遵循。通过融合发展,使主流媒体科学运用先进传播技术,增强信息生产和服务能力,进一步提高传播公信力、影响力,更好地传播主流声音,更好地满足人民群众的信

① 马强.真相是重建医患和谐的唯一标准.来源:中国网.2014-08-18.
② 路海东主编.社会心理学.长春:东北师范大学出版社,2002:36.
③ 孙时进编著.社会心理学.上海:复旦大学出版社,2003:17-18.
④ 刘敬孝等.国外群体凝聚力研究评介.外国经济与管理,2006(3):46.

息需求。媒体融合实际就是群体的融合,这将更有利于增强主流媒体中群体凝聚力。

媒体融合的最大关键点,就是把优势资源全部汇集在一起,人民日报的资源、人民网的资源和客户端的资源全部汇集到一个平台上来。在新闻的生产过程中,多媒体一体化、平台化生产,打造出适合"全媒体"的新闻制作流程,在新闻报道"阵地前移"的同时,通过群体融合的"大编辑部"来改变传统的目标管理,从而实现过程管理和集约式管理,使传统上记者编辑单打独斗、部门分割、资源信息缺少共享的局面得到改变。编辑平台成为一个"会诊"中心,团队的位置被放到个人前面,更多思想和对问题的思考被释放出来,新闻的"策划"意味加强,一个编辑决定一篇稿子的情况消失不见,传统媒体在新媒体环境下表达出了自己的"个性"。如美国有线电视新闻网亚特兰大总部在"马航失联"报道中,将所有参与报道的记者拉进一个巨大的邮件群组,即时共享从前方发回的报道以及最新挖掘的事实、资料和数据,编辑部还发挥时差优势,综合身处世界各地记者发回的稿件,真正打通国内外不同领域的消息源,从而形成全面、即时、优质的新闻产品以推给读者。①

在媒体融合的背景下,新闻深度的互动和共享,使新闻群体间的合作增强,群体凝聚力得以提升。

二、关于社会认同

早在 1950 年,美国心理学家埃里克·埃里克森在《儿童期与社会》一书中,就将"同一性"和"同一性危机"(identitycrisis)列为自己论述的主题,并深入探讨了同一性和早年经验的关系。在埃里克森看来,同一性或认同是"一种熟悉自身的感觉,一种'知道个人未来目标'的感觉,一种从他信赖的人们中,获得所期待的认可的内在自信"。②

社会认同是群体积极进行信息传播、意见交流、获得所期待认可的动力。然而新媒体的离散性、去中心化、多元网状结构,使意见瞬时产生,即时传播,实时互动,快速消失,大多只能获得小范围认同,而难以获得大范围社会认同。只有当意见表达的群体数量巨大,意见表达的强度倍增,在社会上产生广泛的影响,群体意见才能够得到社会认同。

Tajfel 和 Tumer 等人在 20 世纪 70 年代提出了社会认同理论。社会认同理

---

① 全媒体话语体系日趋成熟(大视角·媒体融合之内容篇)(组图). 来源:人民日报. 2014-7-16 (23).

② 周晓虹. 认同理论:社会学与心理学的分析路径. 社会科学,2008(4):46.

论的创建者 Tajfel(1978)将社会认同定义为："个体认识到他（或她）属于特定的社会群体，同时也认识到作为群体成员带给他的情感和价值意义。"①

Tajfel 和 Tumer 等人通过研究表明，"社会认同是造成群体冲突以及持续的群体分化的根源所在，人们对群体的心理意识内在地作用于群体成员的知觉、态度和行为之上。"②群体出于共同利益的基础，产生了强烈的信息需求，当信息对自身利益有用，那么这个信息就会得到快速传播。信息在不同群体之间会产生不同的影响，由于意见的差异，群体常常会产生矛盾和冲突，出现持续的群体分化，然而，这些矛盾斗争的结果，仍然是为了取得社会的认同。

劳伦斯和贝利提出社会认同"是这样一些关系，诸如家庭纽带、个人社交圈、同业团体成员资格、阶层忠诚、社会地位等"。③ 社会认同关系的人，都是同一社会生活圈中的人，没有社会关系的群体，就不具备社会认同的基础。所以新闻编辑要发现舆论的产生规律，就必须在特定的社会关系中寻求共同的信源。

李友梅则认为："社会认同是一个社会的成员共同拥有的信仰、价值和行动取向的集中体现，本质上是一种集体观念，它是团体增强内聚力的价值基础。"④

郑杭生认为，"所谓社会认同，简要地说，就是个人和群体对其社会身份和社会角色的自我认定和他者认可。详细一点说，所谓社会认同，就是以利益为基点，以文化为纽带，以组织为归属，在多种社会关系网络中，个人和群体对其社会身份和社会角色的自我认定和他者认可。"⑤

社会认同是现代社会学和社会心理学的一个重要概念。2001 年，中国才开始了对社会认同的研究，社会认同对群体心理和行为作出了新的解释，对当今新闻舆论的引导研究，找到新的研究方向。

"按社会身份论(Tajfel&Turner,1986)，社会认同由三个基本历程组成：类化(categorization)、认同(identification)和比较(comparison)。类化指人们将自己编入某一社群；认同是认为自己拥有该社群成员的普遍特征；比较是评价自己认同的社群相对于其他社群的优劣、地位和声誉。透过这三个历程，人们抬高自己的身价和自尊。"⑥

可以这么说，没有群体就没有社会认同，没有社会认同，就没有舆论。群体

① 张莹瑞,佐斌.社会认同理论及其发展.心理科学进展,2006(3):476.
② 姚德薇.论社会认同研究的多学科流变及其启示.学术界,2010(8):107.
③ 张乃和.认同理论与世界区域化研究.吉林大学学报(社会科学版),2004(3):117.
④ 李友梅.重塑社会认同与探索社会自我调适系统.探索与争鸣,2007(2):11.
⑤ 郑杭生主编.中国人民大学中国社会发展研究报告 2009.北京:中国人民大学出版社,2009:5.
⑥ 赵志裕,温静,谭俭邦.社会认同的基本心理历程——香港回归中国的研究范例.社会学研究,2005:207.

总是在传播信息,其传播的最终目的,就是为了获得社会的认同,只有获得社会的认同,其自身的价值才得以体现,才能获得更大的利益。

三、关于社会认同和组织认同

"由于社会认同是一个比较抽象的概念,因此社会认同需要组织这个载体才能得以实现,组织认同在某种程度上可以说是社会认同的基础或一种特殊表现形式,当个体对组织表示高度认同时,即生存性认同、归属性认同和成功性认同都在一定程度上较高,个体的社会认同程度也将达到较高水平。"[①]

组织认同的研究最早是在 1958 年 March 和 Simon 的研究开始,社会认同的研究最早则是在 1978 年由 Tajfel 提出社会认同的概念开始。组织认同是社会认同的基础,也是社会认同的载体。组织和社会都是由人组成的,组织的人是具体的行为个体,社会的人则是抽象的行为个体。就好像新华社的记者和社会主义社会的记者,一个具体,一个抽象。无论是组织认同还是社会认同,都是人对共同目标和价值认同的过程。

群体对组织的认同程度决定了他对社会的认同程度。如果群体对其依靠的组织不能产生认同,自然对社会也无法产生认同。因为组织存在于社会当中。新闻编辑对舆论的引导,最终的目的就是要获得组织的认同,把大规模、松散的社会舆论加以整合,宣传主流价值观,提供可以模仿的榜样、行为,以媒介提供的文化景观,比如政治事件、体育比赛、娱乐消遣,塑造社会景观,影响群体的思想和行为,形成组织认同是达成社会共识的重要条件。

第二节　群体社会认同的心理过程与
新闻编辑的群体舆论引导

一、群体社会认同的心理过程

新闻编辑的舆论引导,就是对群体舆论的引导。因为群体是"一些个体的集合体,这些个体把其自身觉知为同一社会范畴的成员,并在对自身的这种共同界定中共享一些情感卷入,以及在有关其群体和群体成员身份的评价上,获得一定程度的社会共识。""群体之所以存在,是因为群体成员把自身理解为群体中的一

---

① 肖帅.转型期组织认同与社会认同的关系——基于沈阳市四个国企单位的实证研究.沈阳师范大学.硕士论文,2011(5):16.

分子,并获得认同感和归属感,并且,这种身份归属有基本的社会共识,亦即至少有一个他人表示认可。"①

群体是有社会共识的一群人,他们在群体中获得有价值的身份,并在群体中获得认同感和归属感。群体给予他们温暖、依赖和力量。Taifel通过对一系列最简单群体试验发现,即使让个体按最微不足道的标准组成群体时,例如群体成员仍然会表现出群体内偏爱倾向——给群体成员更多的评分。"对群体成员身份的意识是产生群体行为的最低条件,即使是把人分配到一个简单、无意义的类别中去,也足以产生群体取向。"于是社会身份理论提出,人们具有将自己分类到一个或更多群体的潜在倾向,在群体成员资格的基础上组建他们的认同,同时坚持与其他群体的边界;这种将自己分类为群体成员的过程会给个体行为以独特意义,从而形成一种积极的、有价值的群体身份。②

任何一个人即使在一个无意义的类别中,也会产生群体倾向。比如在微信上摇一摇而遇上的朋友,也是在寂寞时需要倾诉的伙伴。群体是舆论产生的最基本单位,网络群体虽然很多时候都是随机的组合,但当群体事件爆发的时候,群体仍然会一致对外,发挥网络的巨大力量,所以,新闻编辑的舆论引导有极大的灵活性,必须根据舆论传播时的特定群体属性来制定舆论引导的方法,所以,新闻编辑必须是一个思想成熟、内涵丰富、知识广博、经历过长期锻炼的新闻人。

群体要获得有价值的身份,就必须得到社会认同。在《群际关系的社会心理学》一文中,泰费尔提出,社会认同的产生往往要经历三个基本的心理过程:社会分类(social categorization)、社会比较(social comparison)和积极区分(positive distinctiveness)(Tajfel,1982),其中每一过程对社会认同的产生都起到了积极的作用。

社会分类 对客观事物进行分类是为了更好地理解它们。同样,人们将人(包括我们自己在内)分类也是为了更好地理解社会环境。人们使用社会分类,如黑人、白人、基督徒、穆斯林、学生和工人等,是因为它们的确是有用的。人们也会通过了解所归属的类别来发现自己身上的某些东西,从而根据群体规范来界定什么是适当的行为。

社会比较 费斯廷格(Festinger,1954:117—40)就曾提出社会比较的概念。社会比较的概念就是指,为了评价我们自己,我们会将自己与相似的他人进行比较。泰费尔将费斯廷格的比较过程从个体推向了群体,认为群体间的比较是群体成员获得积极认同的重要手段之一。人们倾向于以积极的特征来标定内群

---

① 方文.群体资格:社会认同事件的新路径.中国农业大学学报(社会科学版),2008(1):96.
② 雷开春.城市新移民的社会认同研究.上海大学博士论文,2008(11):9.

体,同时用消极的特征来标定外群体。通过对内群体和外群体差别化的比较和评价,一个人的自我评估能够获得提升(enhancement),反之,如果他不能获得满意的社会认同,令其不满时,就可能离开其所属群体或力图使自己的群体变得更好。

积极区分　个体为了满足自尊或自我激励的需要,会突出自己某方面的特长,使自己在群体比较的相关维度上表现得比外群体成员更为出色,这就是所谓积极区分原则。这种积极区分的结果显然并非都是积极的:从积极的角度上说,积极并成功地进行群体间的区分可以提高内群体成员的认同,并相应提高内群体成员的自尊;从消极的角度上说,在成功地进行群体间的区分之后,外群体成员势必面临低自尊或自尊遭受威胁的处境,群体间的偏见、敌意和冲突自然会相伴而生。因此,竞争性群体间行为的动力原理是期望获得积极的和安全的自我概念。①

二、群体社会认同的心理过程与新闻编辑的舆论引导方式

获得社会认同是群体舆论形成的主要目的之一。群体中的个体,通过发表意见,引发关注从而获得有价值的身份。群体成员的身份意识是产生群体行为的前提。新闻编辑对群体舆论的引导,要从群体社会认同的心理过程入手,探寻新闻编辑舆论引导的规律。

(一)社会分类与新闻编辑的舆论引导

社会分类是形成社会秩序的基础。新闻编辑面对新闻信息传播中的群体,时常是通过社会分类的方法来辨别其属性。分类是人类社会形成社会秩序的基础,也是思维方式的根基。分类方式是我们认识世界的方式,我们分类这个世界的同时,也替自己分了类。没有社会分类以前,世界混沌一片,没有区别,任何事物都没有边界、没有定形、没有特性,甚至没有规则,更无秩序可言。所以,分类是划定秩序的第一步,分类使世界变得有意义。

当我们面对新媒体中信息传播的群体时,通常首先会用我们熟悉的传统媒体的既有分类方式来理解这些群体,把他们放入传统媒体分类的构架里,此后,新媒体新闻传播的群体就变成传统媒体熟悉世界的一环。像今天的数字广播、数字报纸、数字杂志、数字电视、数字电影,无论其如何发展,都是传统媒体的延伸,我们都可以在新媒体中找到传统媒体的分类、属性的相似性。在媒体融合的今天,思想观念、管理机制、传播方式、人才队伍等媒体格局出现重大调整,舆论生态发生重大转变。传统媒体有其内容的优势,新媒体有其技术的优势,传统媒

---

① 雷开春.城市新移民的社会认同研究.上海大学博士论文,2008(11):9.

体与新媒体实现新的资源配置,网络群体进行新的分类重组,社会才会变得更有秩序。

为了更有序地对网络进行管理,有人把网络群体进行了分类,确定了 11 种身份类型:寻求地位型、评论型、社交型、主持人型、潜水型、搭档型、创作者型、专家型、叛逆者型、警察型及和事佬型。

寻求地位型用户希望得到别人的赞誉,喜欢积攒代表个人影响力的各种指标或头衔,如人人可见的好友数量、网上勋章和各种奖励称号。对他们来说地位就是一切,而网络统计数量就是衡量其地位高低的准绳。他们会经常查看自己的统计值并和他人进行比较。

评论型用户对事物的本质和意义感兴趣。他们了解某个话题的各种观点,重视其他人的相关看法、主张和立场,喜欢指出不同观点之间的细微区别。他们会经常编辑和更新网络内容,消除各种不准确的表述,确保大家能了解到最新的信息。他们更关注自己的理解力、智力、准确性和深刻见解,而非受欢迎程度、吸引力、表现力或独创性。

社交型用户深信网络社交的力量,能从网络互动中获得幸福感。他们上网的目的是为了了解好友信息、重大事件、游戏和社会新闻;他们会随时留意好友的动态,愿意待在由网上好友组成的小圈子里。他们很容易结识新朋友,也会发布很多友好信息或内容,如简评和感谢内容。受到好友邀请时他们会关注某个话题,即使手头有别的事在忙也会不时地关注一下网上好友的情况。

主持人型用户更像是舞台演员,他们努力赢得大家的关注,希望以机智和个性化特征吸引观众。他们关注的是其他成员的注意力,对社会受认可、如何吸引和获得观众更感兴趣。社区内容本身对他们来说反而有些无关紧要,这种行为有时会引起群体纯粹主义者的厌恶。

潜水型用户在网络中总是下意识地保持低调,从不轻易抛头露面。他们非常关注隐私、安全和可靠性。但令人奇怪的是,这个群体却往往是社区中相当活跃的参与者。他们虽然很少发言,但却坚持定期登录社区,形成可观的网站访问量、流量和页面访问量。这个群体包括很多严守群规的参与者,他们往往是经常上网的生力军。

搭档型用户有着强烈的友情感,高度重视伙伴关系,喜欢和在线好友闲聊和开玩笑。除了经常花时间维护好友关系和参加网上活动,他们还非常强调忠诚度、友情、圈内信任度和对对方的良好期望。他们熟悉社区的内部语言和仪式,包括说话方式和笑话,他们很清楚好友对自己的看法,关注好友是否在线,言行都保持和好友一致。

创作者型用户把网络社区视为一个创造型媒介,他们会积极地在这里创作、表达和发表自己的观点或作品。他们提供内容供其他用户分享、讨论和评价；他们创造的内容正是保持网站本身及其服务成功运行的关键原因。此类用户对于深入研究和解读群体内社区文化有着非常重要的价值。

专家型用户认为自己是某个话题的引导者或资深人士，他们会定期提出一些最新消息、观点和观察结果。这种用户本身对于制造新闻并不十分感兴趣，他们真正关心的是如何扮演好新闻阐述者和行业评论员的角色。他们认为自己拥有一定的声望和一群拥护者，他们愿意定期和这些拥护者进行交流以维护这种声望。此外，他们还经常以权威人士的身份验证或驳斥他人提出的看法。

叛逆者型用户是一群喜欢起哄的人，他们常常藐视群体秩序，让大多数成员感到头疼，不过他们还没坏到让人敬而远之的地步。这些人代表了反正统的黑客文化，喜欢在别人交谈和讨论时插科打诨以吸引大家的注意力。他们有点玩世不恭，喜欢调侃那些太把群体制度当回事儿的人，倾向于扰乱商业行为和既定安排，或是拿大家意见开玩笑。

警察型用户是典型的制度、习俗、特性、地位和角色的忠实维护者，很熟悉该如何处理某种状况。他们信任网络秋序，以及约定俗成行为、规范、义务和期望的价值；会积极扮演制度和游戏规则的维护者以及突发事件的处理者。他们对网络社区的各种仪式、程序和"陷阱"感兴趣，如各种徽章、点数、排行榜、名次和游戏活动。他们相信合作的力量，认为这是社区概念中普遍存在和人人共享的观点，因此必须加以维护，使所有人都能平等地参与各种活动。

和事佬型用户重视群体身份和归属感，和主持人型用户不同，推动他们发挥作用的不是观众的评价，而是整个群体关系的和睦。他们非常关注其他成员，在交往中非常敏感，积极响应对方，喜欢在群体互动中担任协调员。他们关注群体成员之间的情意和责任，关注成员的举动，如果有人退出群体他们会马上通知其他好友和成员。①

Gravity7 网络设计公司的艾德里安·陈曾在对网络社区中的典型用户行为进行大量调查后，在此基础上总结出网络群体中的以上 11 种身份。对这些身份的描述可以帮助我们理清网络虚拟社区的群体分类，这些网络群体的分类也许还无法穷尽群体的类型，但是却让纷乱的群体有了一个区分。涂尔干认为，社会分类造就了社会秩序。新闻编辑的舆论引导更有针对性。

国家是社会分类的主要操控者。新闻编辑作为国家媒介传播的重要把关人，对国家作为社会的政治实体，对社会分类拥有主要操控权要有充分的认识。

---

① 网络群体中的 11 种身份 2011-07-14 来源：seo0538. com. http://www. chinaz. comnews2011/0714/196138. shtml

虽然网络群体自由分散,但是他们也仍然属于不同的社会类别。"国家内部的所有人口,从出生时起都被编码分类,而被纳入确定的范畴和类别当中。出生证和身份证上的基本信息,如年龄(基于出生日期)、性别、族群和出生地,就是社会分类权的原初线索或先赋线索。而政治成分、阶级、宗教、语言、教育水平、职业划分,甚至是疾病或性取向,则是国家社会分类权的衍生线索或后致线索。通过原初线索和衍生线索所构成的社会分类体制,国民被赋予多重身份。"①

国家对社会分类的操控,是出于对国家事务的全方位的管理需要。对网络舆论的严格监管,也是出于防范意识形态领域突变的重要部分。2014 年 8 月 7 日,国家互联网信息办公室发布《即时通信工具公众信息服务发展管理暂行规定》(下称《规定》)。《规定》共十条,其中明确提出,即时通信工具服务提供者应当按照"后台实名、前台自愿"的原则,要求即时通信工具服务使用者通过真实身份信息认证后注册账号。即时通信工具服务使用者注册账号时,应当与即时通信工具服务提供者签订协议,承诺遵守法律法规、社会主义制度、国家利益、公民合法权益、公共秩序、社会道德风尚和信息真实性等"七条底线"。

规定要求,即时通信工具服务使用者为从事公众信息服务活动开设公众账号,应当经即时通信工具服务提供者审核,由即时通信工具服务提供者向互联网信息内容主管部门分类备案。新闻单位、新闻网站开设的公众账号可以发布、转载时政类新闻,取得互联网新闻信息服务资质的非新闻单位开设的公众账号可以转载时政类新闻。其他公众账号未经批准不得发布、转载时政类新闻。即时通信工具服务提供者应当对可以发布或转载时政类新闻的公众账号加注标识。

真实身份信息认证的目的,就是建立健全公众账号的分类机制,当舆情出现才能够有据可查,快速有序地控制舆情的发展。公众账号实名制,是舆论群体分类前的基本数据储备。我们知道,舆论传播个体在与自己有相同特征的社会行动者的意见交流与互动中,确定自己所属的某一群体在社会结构中的位置,自觉地把自己归于"我群"中,形成对"我群"的情感、价值和评价,在"我群"中进行群体互动,传播信息,形成一致的意见。通过对"我群"的刻板观念的继承,形成"他群"的符号边界。"我群"与"他群"之间,时常是缺乏互动,意见差异,思想分歧,容易引发冲突。因此,新闻编辑对舆论的引导最直接、最有效的方式,就是通过确定"我群"和"他群",制定具体的舆论引领目标。在网络媒体上,虽然不同群体意见集合的舆论盘根错节地在新媒体空间出现,但群体意见时常是"我群"意见和"他群"意见的集合表达,新闻编辑在对待不同社会分类的舆论中,要处理好不

---

① 赵蜜,方文.作为社会心理过程的政策过程——以村民自治制度为例.社会学研究.2013.6.中国社会科学网.http://soci.cssn.cn/shx/shx_shxlx/201404/t20140417_1070910_1.shtml

同群体间的舆论冲突。

群体话语失范是因为社会分类还没得到规定。涂尔干认为,"趋向有机团结是社会发展的趋势,在劳动分工越趋专门化的同时,个人也越依赖他人。过去因为个人彼此之间的同构型很高,当社会发生断裂时缺口很容易被取代。但当个人之间的异质性增加,每个人分属不同位置和功能,个人的不可替代性增加,因此社会彼此之间便因互相需要而团结。"①网络群体事件的爆发,异质群体意见的冲突,舆论极化现象的风险,造成社会的动荡,这些问题的产生,都是由于当前的中国正处于社会变迁和社会转型的关键时期,对于网络新媒体,传统媒体的规范已经无法发挥其功效,新的媒体规范、标准、制度仍处于混乱之中,各种制度在酝酿之中还未成形,于是各种社会舆论就会处于失范的状态。各种规范和制度的出台,让各种舆论产生之前,就能限制于规定,这样舆论混乱的状况就会得到更好的引导和改善,舆论传播的不平衡状态就会终结。

对新媒体舆论渠道的分类,是掌握网络舆情传播路径,设置网络舆论规则,深化对网络舆情管理的重要步骤。就像图书,一架一架,各有所属,即使图书浩如烟海,新书丰富多彩,但仍然能够条分缕析,了然于胸。

那么网络舆情都有哪些汇集渠道,一般网络舆情又存在于什么地方呢?

1. 重点网站。重点新闻网站和知名商业网站是网上信息发布和交流的重要平台。重大事件、突发性事件、敏感性事件,重大的决策部署、群众关注的热点难点等,都是新闻网站和商业网站关注的重点。这些网站登载的网络新闻,是事实性与意见性信息的集合,网络新闻报道的热点往往反映了社会的焦点,一些网络新闻评论更是与网络舆论产生直接互动,引起国内外网民的极大关注和积极评论。

2. 新闻跟帖。新闻跟帖是在新闻报道后开设的供网民发表意见的 BBS(留言板),常常是一事一设,讨论的主题明确。它集中反映了网民对某一新闻事件最直接、最真实的意见看法。收集网上舆情,要重视新闻跟帖,从中撷取具有典型性的观点。

3. 网上论坛。网上论坛是网上言论最活跃、最容易反映社情民意的地方。网上论坛多数由相对固定的网民群体组成,这些论坛中的帖文虽然话题分散,但从各个侧面反映了网民的思想动态与意见倾向。重大事件的发生,往往成为论坛讨论的焦点。从论坛收集网上舆情,一是关注网民在一段时间内的热点话题,这些话题通常跟老百姓关系比较密切;二是注意收集网民针对群众关注的焦点、

---

① 胡春光.社会秩序如何可能——涂尔干论社会分类.重庆师范大学学报(哲学社会科学版),2010(5):86.

难点问题提出的一些新思路新办法;三是要善于捕捉敏感性的信息,主要是指一些带有倾向性的思想观点,以及境内外敌对势力和别有用心的人对我攻击的言论。

4. 网络社区。在互联网上,具有共同兴趣的网民集中在某个网络交流空间,就形成了网络社区。网络社区的具体形式,包括以主题为中心的 BBS 讨论、以个人为中心的博客、以兴趣事物(图片、图书)或事件(旅行、交友)为中心的专题网站、以 QQ 等即时通讯工具或聊天室为平台的讨论组。

5. 个人网站。个人网站是指由一个或者少数个体联合创办的网站。大多数个人网站的受众覆盖规模不大、受众接触频次不高,通常以文字、娱乐、学术等非主流资讯为内容主体。个人网站让网民充分拥有了自己的话语权,通过单纯的个体,具体反映着民意和舆论。

6. 博客。博客(Blog),又名"网络日志",是近年来兴起的一种可以发布新闻、评论的个人网络空间。通过博客,网民可以向公众发布个人采集到的新闻,转载其他来源的新闻及评论,发表自己的观点,还可以跨越时空与他人进行交流。关注一些比较活跃的博客和公众人物的博客,可以汇集到一些有价值的舆情。

7. 播客。播客又被称做"有声博客",是录制的自助广播或网络广播,是数字广播技术的一种。个人利用播客将自己制作的"广播节目"上传到网上与广大网友分享,任何人都可以免费下载播客提供的节目。

8. 维客。维客(Wiki)是一种多人协作的写作工具,维客站点允许多人同时任意地浏览、创建、修改网站上的页面。比如有人撰写的词条,后来者觉得有不妥或者错讹之处,无须登录立即可以修改其中的内容。维客已经成为人们传播知识、交流观点的一个重要载体。同一维客网站的写作者自然构成了一个小的社群,在这种社群的交流中,也会出现舆情的交流和传播。

9. 电子邮件。电子邮件是现代社会人们主要的通讯工具之一,每天都有大量的消息通过电子邮件来传送。特别是一些别有用心的人,利用电子邮件的群发功能传播一些不良信息、虚假信息。在这些邮件信息中,很多都反映了某种舆情。

10. 即时通讯。指 QQ、微博、微信等即时通讯,具有实时性、跨平台、低成本、高效率等优势,是互联网上最普及的交流方式。即时通讯拥有群组通讯、联络隐蔽等特点,具有强大群际传播能力和社会组织动员能力。

另外,网上调查、网上访谈、网上签名等也是网络舆情汇聚的重要渠道。①

(二)社会比较与新闻编辑的舆论引导

舆论的产生,主要是由于人自身的内驱力引发的。这种内驱力,时常来源于群体的社会比较。当社会少数人的意见扩展为社会多数人的意见,群体舆论就产生了,新闻编辑对舆论的引导,只有通过对群体社会心理发展过程的分析,才能深中肯綮,得其要领。社会矛盾的产生,引发社会舆论的暴涨,群体情绪的激化,其根源之一就是由社会比较引起的内心失衡产生的。

1954年,Fistinger首次提出了社会比较的概念及理论,被称为"经典社会比较理论",认为人类体内存在一种评价自己观点和能力的驱力,个体通过与其他人的比较来评价自己,这个过程就是社会比较。后来,Schachter(1959)将社会比较的维度扩展到了情绪领域,认为当个体处于一种新的或模糊的情绪状态,且又无法用生理、经验的线索判断自己的情绪状态时,他们就有可能通过社会比较来对自己的情绪状态进行评价。

群体的社会比较主要是对自身的状态作出评价,从而得出或振奋或忧虑的社会心态。社会心态产生于社会现实的基础之上,又表现在舆论之中。例如对于中国的办证制度,有人曾统计,一个人从出生到死亡,要办近百个证件。比如准生证、学生证、毕业证、身份证……甚至死亡后家属还有可能会领到一张"死亡证明"。很多人都有过"办证求人"的经历,走正常程序,跑断腿也办不成,找关系瞬间完事。几乎我们每个人都有过"求人办证"的办事经历,部分机关糟糕的办事态度、工作效率,用时髦的话表述就是:门难进、脸难看、事难办,依然没有改观,群众思维、群众感情依然非常单薄。一边是朝中有人好办事,另一边却是无关系、无门路被迫跑断腿,如此强烈的反差的社会比较,必然会产生如格雷欣法则所阐述的劣币淘汰良币的错误导向。然而,大量群众被逼到"求人办证"的路上,必然会催生火爆的权力经济。试想,权力一句话,让办证难、跑断腿变成畅通无阻,岂不是会欠下人情债么?在可谨慎可"马虎"的问题上,被人放过一马,难道不需要"投桃报李"么?"办证偏方"的火爆,其背后隐藏的是,权力寻租以及火爆的权力经济。在前后不同的办证经历中,群体舆论的导向是,权力的放大和乱用,背后是无规则的社会关系和权利出轨。新闻编辑通过对社会现存状态的展示,进行社会比较,引发人们对隐藏在权力中的不良交易的思考。②

社会比较是引发社会矛盾十分重要的因素。社会比较的不同类型,引发人

---

① 任万霞.防范网络舆论传播的负作用.来源:中国产经新闻报.2011-11-14.凤凰网—财经 http://finance.ifeng.comroll20111114/5054835.shtml

② 薛家明."办证偏方"背后是火爆的权力经济.来源:人民网—中国共产党新闻网.2014-08-29.http://cpc.people.com.cn/pinglun/n—0829/c241220-25567391.html

们对现实问题的不同态度。社会比较的类型,最主要的分类方式是按照比较方向进行的划分,分为平行比较、上行比较(upward social comparison)和下行比较(downward social comparison)。

平行比较是指与自己相似的他人进行比较。Fistinger(1954)提出相似性假说(similarity hyPothesis),认为个体想要了解自己的观点和能力,而现实生活中往往没有直接、客观的手段,这时个体就会倾向于与和自己能力和观点相似的他人进行比较。

上行比较是指与比自己优秀的他人进行比较。Wheeler 等人(1966)首次提出上行比较的观点,利用等级评定范式发现个体为了寻找与他人差距,达到自我进步的目的,喜欢与比自己等级高的他人进行比较。

下行比较是指与比自己差的他人进行比较。Hakmiller(1962)提出下行社会比较的观点,认为当个体的自尊受到威胁时,会倾向于与比自己差的人进行社会比较。Wills(1981)在前人研究的基础上提出了全面、系统的下行比较理论,简称 DC 理论,认为当个体遭遇失败、丧失等任何消极生活事件时,个体的自尊和心理健康水平就会下降,这时个体倾向于和比自己处境差的人比较,以此来维持其自尊和主观幸福感。

在不同类型的社会比较中,当群体规模为多数时,群际比较就会产生较大的影响;当群体规模为少数时,群际比较几乎不产生影响。在舆论传播领域中也是一样。当舆论的传播者在进行上行比较中形成强烈的心理落差,对社会和生活就会产生极大的不满,这时,舆论的传播者就会传播消极的舆论。当舆论的传播者在进行下行比较中,产生极大的心理满足,他就会传播积极的舆论。当舆论的传播者在平行比较中,达到心理的平衡,觉得这一切都在情理范围之内,此时他就不再会传播舆论。

新闻编辑把握群体舆论产生的心理,在舆论引导中具有十分重要的意义。当社会的变化剧烈、利益分配不均、社会阶层的差距加大,普通人的利益得不到保护,道德体系崩溃,人心迷茫,社会就会充斥着各种不满情绪。群体消极舆论随之产生,群体积压的观念、愿望、想法需要找到一个宣泄的出口,此时新闻编辑因势利导,广开言路,回应群体呼声,对于悬殊的社会利益做到公平、公正的处理,对于社会比较中的差异进行平衡,疏导群体情绪,就能达到较好的舆论控制效果。

(三)积极区分与新闻编辑的舆论引导

"美国社会学家威廉·G. 萨姆纳(1906)在《民俗论》中首先提出了内群(内群体)和外群(外群体)的概念,群体成员将自己的群体称为(内群),对它怀有特殊的积极感情;同时他们以严格的眼光看待其他群体即(外群),认为(外群)没有

（内群）那样有价值。""个体将自己分到某一群体中后,就认为自己拥有该群体成员所共有的特征,对该群体产生了认同。个体通过维持积极的社会认同来提高自尊,而积极的自尊又来源于内群与外群的比较。"①

新闻编辑根据内群与外群的积极区分,发现不同群体事件的产生根源。积极区分原则使个体为了满足自尊而突出自己某些方面的特长,特别是当群体成员在一起决策的时候,为了在相关维度上表现得比外群体成员更为出色,时常会采取更为积极的行动,这就是网络舆情中最常见的群体极化现象。群体极化是指在群体中进行决策时,人们往往会比个人决策时更倾向于冒险或保守,向某一个极端偏斜,从而背离最佳决策。凯恩·桑斯坦经过对60个政治网站的随机研究,在《网络共和国——网络社会中的民主问题》一书中提出了"群体极化"的概念。塞奇·莫斯科维奇对群体极化现象进行深刻研究后,在其著作《群氓的时代》里详细地阐述了群体极化是如何发生作用的。他认为,当个人聚集在一起时,一个群体就诞生了。他们混杂、融合、聚变,获得一种公有的、窒息自我的本能。他们为了突出自我,在事件决策的过程中过于偏激。

新闻编辑面对舆论主体,由于积极区分,很多舆论群体都有鲜明的同质化特征,如公务员群体、大学生群体、学者群体、草根群体,都有极大的相似性,新闻编辑根据他们的心理特征,展开有针对性的舆论引导。

"人们通常希望自己的社会身份是积极的,而这一点只有在内群体优于外群体的情况下才能实现。偏见性知觉(关注自己群体的优点和外群体的缺点)和对外群体的歧视(给予内群体更多的分数、钱和机会,对外群体的则加以扣除)是提高内群体地位的常用手段。因此,群际竞争与冲突就成了在社会类别化之后追求积极社会身份感的一个自然结果。"

"在现实社会情境中,群体之间经常在地位、权力和声望上存在着很大差别,而且这些差别或多或少被看做是合理的和稳定的。"②

新闻编辑对于不同群体间的矛盾冲突,要看到当劣势群体由友善、公平、合作的对象变为鄙视、差异、疏离的对象,利益受到侵害,地位受到排挤,生活变得不稳定的时候,内群和外群的稳定就会遭到破坏,这些劣势群体就会借助新媒体发表意见,激化舆论态势,引发社会谴责,曝光群体丑恶,揭露错误的行为,有力地影响政府决策和民众的行为。据社会体制蓝皮书《中国社会体制改革报告(2014)》统计发现,2013年,城管舆情全面爆发,态势不同往年:舆情事件数量多、影响大、分布地域广。一年中发生的68件城管舆情事件遍布全国22个省

①　潘燔,佐斌.积极内群关注的来源:群内还是群外.心理科学,2009(1):167.
②　付宗国.群体冲突的社会心理实质、原因与对策探析.山东社会科学,2005(4):43.

（自治区、直辖市），其中，78.3%属于执法过程引发的冲突。

2014年4月19日，温州苍南城管与市民冲突围殴事件发生。苍南县灵溪城管执法时与一女菜贩发生争执，一过路男子拿起手机拍照，城管见有人拍照，纠集4名参与执法的外地人，围攻该男子，致其倒地吐血，现场近千名群众围困打人者。19日下午，5名被围困的城管人员遭受殴打，其中，2名工作人员创伤性失血性休克，病情危重，其他3名工作人员多处软组织受伤。

先是城管打拍照路人，继而围观群众殴打城管，让苍南县城管短时间内登上众多纸媒和网络媒体的重要版面。城管因其工作性质与商贩之间难免会产生摩擦，加之长期以来媒体和网友对城管形象的持续妖魔化，让城管话题一直备受关注，无论是城管打人，还是被打，都会引来媒体集中关注。

危机事件发生后，真相与谣言有一个赛跑的过程，在微博、微信等自媒体相对成熟的当下，这个过程以小时计、甚至以分秒计。如果掌握事实真相的官方不能在第一时间发布有效信息，谣言必定乘虚而入，且往往以裂变的速度进行传播。等到谣言满天飞时，官方再公布真相则略显苍白无力。就算官方未能在第一时间发布伤者真实信息，如果能对微博、微信等自媒体平台进行有效监测，及时发现"城管打死人"的谣言，并借助当地政务微博及媒体微博（尤其是中央级媒体微博）进行辟谣，则也能有效避免事件进一步升级。

从全国来看，城管属于突发事件多发领域，面对此种情况，新闻编辑如果能够加强重点监测，设立相对科学完善的监测平台，从而第一时间发现负面舆情，为危机处理赢得更多时间；另一方面应设立便民通道，新闻编辑通过各种渠道来倾听民意，做到让沸腾的民意有所泄洪，从而避免演化成暴力冲突。

在网络环境中，群体的意见也趋向于对内群体意见的认同，对外群体意见的排斥，表现为对内群更多的偏好。新闻编辑在识别来自不同群体的舆论进行筛选和梳理的时候，对于对立面的意见、不同视角的观点、不同偏好的发言，要进行客观理性的分析，当今世界是一个基于共同偏好的不同群体的组合，而不是人们所想象的地球村。所以，新闻编辑通过"新闻的活动是把潜在的东西加以提高、确立和宣布将要形成的意见，提出能领导运动的核心的东西，提出一定的办法和贯彻始终明确的目的"[1]。

---

① 刘建明,纪忠慧,王莉丽著.舆论学概论.中国传媒大学出版社,2009:153.

第三节　从群体社会认同的动机看新闻编辑的舆论引导

一、群体社会认同的动机

霍布斯在《关于政府和社会的哲学基本原理》中指出，"从本质上说，我们不是为了社会本身才去寻找社会，而是我们可能从那里得到荣誉和利益。"①所以人们总是要走进社会。麦独孤认为群集是人的本能之一，于是，人又总是以群体的方式存在。如果下这样一个定义：群体是由个人组成的普通人群，或者是有共同社会规范和道德价值、并且彼此之间有一定关系的人们的相互作用。然而群体内部有一定的"关系"这还不够，因为，只要是人与人之间总会产生某种关系，即使是两个陌生人在一起也会产生某种"关系"。所以人与人之间，群体与群体之间肯定会有某种关系，但更重要的是群体在取得社会认同的过程中，存在一定的动机。动机使群体产生一种内在驱动力，使之朝着所期望的目标发展。共同的动机使群体的关系变得稳定。

群体关系的稳定是社会稳定的前提，群体关系的巩固有赖于新闻编辑的积极引导。新媒体的发展，使新闻编辑的一些全新功能正在突破传统新闻编辑的界限。新闻编辑的归属部门除了在新闻单位以外，还有的走进政府管理部门、危机管理部门、公关部门、企业信息管理部门等。比如对政务微博、政务微信的编辑管理，对网络舆情的监测，政府媒介的信息发布等，新闻编辑的很多工作已参与到政府的各个部门。新闻编辑在政府管理创新、政府信息公开，新闻舆论引导、倾听民众呼声、树立政府形象、群众政治参与等方面起到了积极的作用。今天网络新媒体已经成为公共生活的中心，网络群体事件的爆发，突出地体现了群体的利益诉求，从社会心理方面，也体现了群体社会认同的动机。

赵志裕等在《社会认同的基本心理历程——香港回归中国的研究范例》一文中，对群体社会认同的动机做了四个方面的分析。

（一）提高自尊

泰弗尔（Tajfel，1982；Tajfel&Turner，1986：7－24）在社会身份论中提出了一个对社会认同研究影响深远的假设：人们建立社会身份，是为了透过所认同的社群提高自尊。从这一假设可以推断出社会认同的三条基本原理。

---

① ［美］弗里德曼（J. L. Freedman）等著.社会心理学.高地等译.哈尔滨：黑龙江人民出版社，1984：55.

首先,社会认同与社会比较有非常密切的关系:人们会评价和比较各社群的优劣、社会地位和声誉,争取把自己编入较优越的社群,并觉得自己拥有该社群一般成员具有的良好特征。

其次,当人们认同的社会身份受到攻击或威胁时,人们会在思维或行动上捍卫该社群的声誉;他们或在思想上肯定该社群成员共有的特征和价值,或以具体行动还击。

最后,当弱势社群成员感觉到所属社群在声望和权势上都比不上其他社群时,为了维护自尊,会采用多种应对方法,其中包括模仿强势社群以图自强,辨认一些所属社群比强势社群优胜的地方,或离弃所属社群,改为认同强势社群(Hogg&Abrams,1988)。

(二)减低无常感或提高认知安全感

人们除了希望借社会认同提高自尊外,也希望透过它降低在社会生活中的无常感。社会认同让人们觉得自己清楚自己是谁、自己和自己认同的社群的成员有哪些特征、其他人或社群又有哪些特征。有了这些知识,人们便感到可以在社会生活中从各人的社会身份预测各人的行为,并懂得如何与这些人交往(Hogg & Mullin,1999:249-279)。因此,社会认同可以降低在社会生活中的无常感,赋予人们一种在社会认知上的安全感(epistemic security)。

(三)满足归属感与个性的需要

在社会生活中,人们一方面希望保存个性,一方面想透过依附群体取得归属感。在逻辑上,保存个性与取得归属感是两种独立的心理需要,两者并不相悖。可是,当它们落实在社会认同上时,彼此间便会呈现出一种紧张关系。当人们认同一个社群时,会觉得自己属于那个社群。社群的成员越多,便觉得同道的人越多,归属感也越强。可是,在社会认同历程中,又会出现非个人化(depersonalization)的情况,也就是说,个体将群体的典型特征加诸自己身上,结果再也看不出自己与其他社群成员有什么不同之处,有损保存个性的需要,而且所认同的社群成员越多,便觉得与更多人没有分别。

(四)找寻存在的意义

人和其他生物一样,难免一死。人与其他生物的不同在于人能意识到死之不可免。因此,每想到自己难免一死,便感到一种存在的恐怖(existential terror):如果人最终难逃一死,此生兢兢业业吗,所为者何? 如果人的一生,不论功过,死后也烟消云散,那么生命还有什么意义? 面对存在意义的问题,儒家先哲提出了死而不朽的见解,认为一个人能在生时立德、立言、立行,其死后则身虽灭,名不朽。①

二、从群体社会认同的动机看新闻编辑的舆论引导

(一)提高个体的自尊是新闻编辑舆论引导的前提

新闻编辑的舆论引导,不能仅仅停留在文字的删减、形式的调整、内容的整合的层面,在新媒体环境下,从更深层次的个体社会认同动机的角度来看,新闻编辑舆论引导的方式方法首先在于提高个体的自尊。

新闻编辑的意见整合以提高人的自尊为前提。提高个体的自尊是人类生存的一种基本需求,自尊是人们产生自信的力量源泉。一个人如果有了高度的自尊,在困难面前就会坚忍不拔。若是缺乏自尊,就可能轻易放弃,或者不能完全尽力。一个人如果有高度的自尊,他就希望在交往中得到别人的尊重,当他的认同需求得不到别人的回应,他就会发出信号,这个信号的传播就是我们所说的意见,当这些意见被新闻编辑进行梳理和整合,就变成了舆论。新闻编辑整合的舆论,既是群体中个体自尊得不到回应的呼喊,也是个人意见得不到尊重的反映。所以新闻编辑慎重地研究各种意见,认真地分析群体的实际生活,寻找出正面的因素,按照客观世界的真相,宣传正面的、准确的、深刻的思想,传播有利于群体团结、国家统一、社会政治稳定的舆论。例如,杭州垃圾焚烧项目致民众聚集事件。2014 年 5 月初,杭州市余杭区中泰乡及附近地区人员因反对垃圾焚烧项目选址,发生规模性聚集。这些聚集行动反映了群众对垃圾焚烧项目的不满,然而群体议论和群众聚集,并没有引起媒体和政府的高度重视。10 日,聚集人员封堵附近省道和杭徽高速公路,一度造成交通中断,并有人趁机打砸车辆、围攻殴打执法管理人员。有多名民警、辅警、群众不同程度受伤,数辆警车和社会车辆被掀翻。余杭区民众聚集事件发生后,人民网、中国新闻网等主流网络媒体于 10 日夜间发布新闻《杭州余杭区通告九峰垃圾焚烧厂项目情况:未获理解一定不开工》,传递官方对此事件的处理态度。事件经过一个周末的发酵,5 月 12 日,媒体报道量达到峰值,传统纸质媒体、主流政府网站、商业门户网站对事件的报道不遗余力,其中,浙江在线发布报道《杭州九峰垃圾焚烧厂项目负责人答记者 36 问》,从为什么要新建垃圾处理设施、为什么要选择垃圾焚烧处理、为什么要选址九峰等多方面进行进一步的舆论引导。

然而在事件发生前,杭州垃圾焚烧项目事前民意征集工作相对较弱。4 月该项目向社会公布后,引发项目周边民众强烈关注。4 月 24 日,杭州城区居民

---

① 赵志裕,温静,谭俭邦.社会认同的基本心理历程——香港回归中国的研究范例.社会学研究,2005:206－213.

及周边村民向杭州市规划局提交了一份2万多人反对建设九峰垃圾焚烧发电厂的联名信，部分市民还要求对前述修改完善稿公示听证。然而面对民众事后意见表达，当地只是轻描淡写地表示"知道"，并未进一步作出有效回应，冷落了汹涌的民意，为后来警民冲突埋下伏笔。所以在民意面前，政府要以提高个体自尊为前提，积极倾听民众意见，尊重民众的知情权和参与权。媒体编辑也应该对民众的意见高度关注，积极引导，推动事件的良性发展。

新闻编辑营造的集体舆论对个体行为有重大的影响。按照人际交往的基本原则，自尊感高的人相互激励，自尊感中等的人相互吸引，自尊感一般的人相互依赖。英国唯物主义哲学家洛克在《人类理解论》一书中曾论证人类对同伴舆论的畏惧超过对法律和对上帝的畏惧，甚至超过对生命的留恋。他说："人如果想同侪辈来往，而且欲取好于他们，则在他触犯了他们的风尚和意见以后，并不能逃掉他们底刑罚，并不能逃掉他们的责难和厌恶。"[①]英国生物学家赫胥黎也说："只要观察一下我们的周围，就可以看出，对人们的反社会倾向最大的约束力并不是对待法律的畏惧，而是对他的同伴的舆论的畏惧。"[②]他人和集体的舆论对于一个人的行为具有十分重要的影响意义，如果舆论对群体或个人具有经常性和一致性的正面评价，那么这个群体和个人就会对相关的能力和品质形成相应的信念，并按照他们所做的评价那样来要求自己。如果是负面的舆论，则会对群体和个人起到反作用。新闻编辑对个体言论的引导中，以团结稳定鼓劲，正面宣传为主，着眼于建设性，保持平衡性，务求客观真实性，确保合法性，对于个体的重大主题和重大典型报道，集中一定时间和时段，调动报纸、广播电视、网络媒体等多种传播形式，立体式、全方位、大范围地集中宣传，形成舆论强势。对于一批较有影响力的博主、媒体法人微博编辑、政务微博负责人，他们是传播正能量不可忽视的力量。"@是信任，转发是责任。""大V"手里的鼠标就应该多发现、多传递生活里的真善美。2013年8月16日，长沙一位普通市民发微博说，星沙205路公交车上，一名5岁女童向司机问路却下错了站。师傅担心孩子走丢，在取得全车乘客同意的情况下掉头去接她，"小朋友，叔叔错了，让你早下了一站！"潇湘晨报法人微博编辑褚平川第一时间通过媒体微博转发了这条内容，并"@"数位好友。5天内该微博被转发1.2万多次。"长沙好司机"话题随即进入微博热门词汇前十，湖南的报纸、电视等媒体跟进报道。"'名博'作为较有影响力的个体已经逐渐具备引领社会话题的能力"，红网总编辑助理、舆情中心主任胡江春认为，在共同的社会价值观引领下，"聚是一团火"，将"名博"有效聚集，就能正

① 吕俊华著.自尊论.上海：上海文化出版社，1988：15—16.
② 赫胥黎.进化论与伦理学.北京：社会科学出版社，1971：20.

面影响大众、影响社会;"散是满天星",就能用爱心行动影响更多人的行动。

新闻编辑引导整体的社会评价提升个体自尊。美国著名社会学家库利(Charles Horton Cooley,1864—1929)认为,他人的反馈是自我知识的主要来源,自尊是在与他人的交往中形成的,自尊是一个社会建构,在本质上具有社会性。他创造了镜像自我(looking-glass self)这个概念来形象地描述自尊的社会性。所谓镜像自我是指个体以他人为镜子,从他人的眼中看到自己。自己是骄傲、荣耀还是自卑、耻辱,都反映在他人这面镜子中。也就是说,我们对自我的建构、对自己的看法来源于他人对自己的看法,是将他人对自己的看法整合进了自我中。例如,一个在台上讲话的人觉察到台下的听众心不在焉,这个人就有理由推断自己是一个缺乏吸引力的人。这个过程也被称为反思评价(reflected appraisal),它包含三个基本要素:想象自己在他人心目中的形象;想象他人对自己形象的看法;由此而形成对自己的看法和感受,如骄傲、羞愧等。

美国芝加哥大学哲学教授米德(George Herbert Mead,1863—1931)是一位对哲学和社会学都有重要影响的学者,符号互动论(symbolic interactionism)的创始人之一。米德认为,镜像自我是社会互动的产物,也是社会互动不可或缺的。为了平稳而有效地与他人互动,人们需要预期他人会如何对自己做出反应,因此就要学习通过他人的眼睛来看自己。我们想象他人对自己的看法这种观点采择(perspective-taking)能力是与自我的发展同步的,如果我去拿别人的东西,我就会想到爸爸妈妈肯定会很不高兴,因此就会调整自己的行为,使其符合他人的期望,由此,我们就从生物人变成了社会人。①

按照库利和米德的观点,自我就是镜像自我,如果知觉到重要他人或大多数人都看重自己,对自己的评价高,那么自尊就高,这样的个体时常会"抑恶扬善";反之,如果知觉到重要他人或大多数人都不看重自己,对自己的评价低,则自尊就低,这样的个体,时常就会表现出反社会的言论和行为。所以新闻编辑在任何新闻信息的处理中,要提高舆论引导主体的能力,强调舆论提升个体自尊的重要性,对于任何个体的言论和行为,要以个体对他人的反应进行反应,在互动的过程中,接纳个体的自我价值和自尊。信息作为传递公共事务、利益变动和发展的符号,个体信息的传播从根本上反映了个体的利益需求。

2014年4月初,广西北海市合浦县山口镇附近的325国道,这段时间成了网络热点。网传照片显示,因为不满这条坑洼国道时常泥泞不堪,有村民在路上的泥潭中栽上了秧苗,被网友戏称为"大师级行为艺术"。早在2013年10月就有反映这段路"近5公里人为凿烂后没人修"的帖子。图片显示,尽管发帖者拍

---

① 石伟著.自尊的理论与研究.合肥:安徽教育出版社,2012:72—73.

到的路面上没有最近流传照片所显示的那样泥泞,但整个路面四处开裂,部分低洼地还有积水,不便通行。发帖者"yhfd081"称,照片拍摄的是合浦县 325 国道大塝至合山高速入口近 5 公里路段,"2011 年不知因什么原因人为凿烂到现在都没人修,坑坑洼洼,崎岖不平,安全隐患极大!"事实上,早在 4 月 14 日,当地媒体就关注过这条路。报道称,这条被当地居民称为"史上最牛的国道","在没有雨的晴天里,也是一踩就陷下 10 厘米的烂泥潭"。之所以会有人去泥里插秧,是因为此前有村民骑车摔倒,浑身是泥,被人调侃去田里插秧了,才启发了附近居民,并做了一个标语牌放在那里。4 月 22 日上午,"合浦县分管领导带领工作组到 325 国道现场办公","组织人员和施工机械对路面坑槽进行修补"。当天下午,合浦县主要领导又到过现场,"与县分管领导及山口镇党政领导研究相关工作,要求采取积极措施,争取尽快对当初施工队砸烂的路面进行修复,保障简易通车"。一段 3 年没人管的烂路,终于在一场行为艺术的聚焦督促下得到迅速解决。

当个体的利益和需求汇聚成群体的利益和需求,从本质上来说就是个体价值和自尊的体现,当外界对个体的自尊没有足够的重视,将会引发负面情绪。所以新闻编辑通过运用舆论积极呼吁,引发关注,提升自尊。

(二)新闻编辑舆论引导在于提高群体的认知安全感

新闻编辑在大量的公众信息中发现,安全问题成为当今社会最为引人关注的问题,人们生存的环境、食品、财产、人身,都面临各种风险。"不安全"和"风险"被越来越多的人认同为现代社会的核心特征。安全隐患的存在,人人自危,社会的不稳定因素频繁增加。人类无法消除风险,但是如何尽量避免风险,努力营造一个有安全感的社会,成为新闻编辑舆论引导中必须关注的重要层面。

Hofstede 研究认为,中国文化中对不确定性的逃避倾向远远高于西方文化。在处于"不确定状态"时,西方人会花更多的时间去探索新异观念或现象本身的特点,也更能够容忍长时间的不确定性状态的存在;而中国人会花更多的时间去探索新异的观念或现象与自己或环境的关系,而不是观念或现象本身的特点,同时也更少能够容忍不确定状态的存在。[①]

马斯洛(A. H. Maslow)在其需求层次理论中把安全需求作为生理需求满足后出现的第二层级的需求,安全需求是指安全、稳定、依赖,免受恐吓、焦躁和混乱的折磨,对体制、秩序、法律、界限的需求。[②]

J. 维尔认为,安全/不安全可以从个人、经济、社会、政治和环境等几个方面

---

① 于世刚.确定感、安全感、控制感———人的安全需要的三个层次.社会心理科学,2011(2):132.
② 马斯洛.动机与人格.北京:华夏出版社,1987:44—49.

来描述,每个方面都像包含两极的光谱:(1)个人安全/不安全,如健康、充足的食物,家庭、工作场所和社区等环境的安全;(2)经济安全/不安全,包括金融安全、工作安全、个人财产权利、土地使用和个人投资方面受到保护;(3)社会安全/不安全,如政府提供的最低生活保障等;(4)政治安全/不安全,包括公共秩序得到保障,政治组织的合法性得到保护,国家安全等;(5)环境安全/不安全,主要是指社会成员与自然环境之间的相互作用。①

人本主义心理学家马斯洛认为,安全感是一种心理活动状态,是一种从恐惧、焦虑、忧虑中脱离出来的信心、安全和自由的感觉。这里的自由是一种从纯心理的感受上升为行为的选择,通过行为的选择表现来判断安全感的强弱,使得安全感再不是难以捉摸的内心体验,而是客观的行为表现。②

然而在今天,社会安全话题已经成为当前公众主要关切的问题。2013年10月28日中午时分,发生在天安门前金水桥边的汽车冲撞致人伤亡案件,北京警方初步认定该起事件是一起经过严密策划,有组织、有预谋的暴力恐怖袭击案件,5名在逃涉案人员已全部抓获。消息一出,立即占据电视、网站重要时段或显著位置,并引发社会各界热议。

2014年3月1日21时20分,10余名蒙面暴徒在昆明火车站广场持刀行凶,逢人便砍。截至3月2日8时,已造成29人死亡、130余人受伤。事发现场证据表明,这起事件是新疆分裂势力一手策划制造的严重暴力恐怖事件。

2014年4月30日,暴徒在乌鲁木齐火车南站出站口接人处持刀砍杀群众,同时引爆爆炸装置,造成3人死亡,79人受伤,其中4人重伤(暂无生命危险)。

2014年5月6日上午11时许,当时昆明至广州的K366次列车恰好到站。旅客正在出站时,有手持长约半米砍刀,身着白衣、白裤、白帽的年轻男子忽然开始砍人,数名旅客受伤。

2014年5月22日7时50分许,新疆乌鲁木齐市沙依巴克区公园北街发生爆炸,120人的伤亡数字挑动国人心弦。

以天安门金水桥恐怖袭击事件为标志、昆明火车站暴力恐怖事件为转折点的恐怖活动,给社会造成极大的影响。相关权威机构如果公布信息不及时就容易引发群体焦虑,而今无线网络舆论场的日渐成熟,信息传播速度及交互范围更快更广,不断要求权威机构提高信息发布的时效性,并擅于运用官方网站、官方微博、官方微信等多渠道辟谣,给百姓吃上"定心丸",从而避免从众心理引发群体恐慌。

---

① 王俊秀.面对风险:公众安全感研究.社会,2008(4):210.
② 洪伟.公众安全感评价机制探究.湖北警官学院学报,2008(11):77.

新闻媒体不是麻烦制造者,而是上情下达、下情上达的报道者、沟通者、引导者。在公共事件的传播中,新闻编辑积极探寻事实真相、回应人民群众关切的事件,主动第一时间介入,第一时间如实发布权威信息,掌握舆论主动权。没有永远窖藏的真相,只有围观推进的力量,新闻编辑把公开透明作为自己的职责,从个人、经济、社会、政治和环境等几个方面群体所关心的安全问题入手,做到及时发声、公开透明、回应诉求、化解疑虑、树立公信,这样才能真正维护党和政府的形象和声誉。

(三)新闻编辑舆论引导在于如何满足群体归属感

1943 年马斯洛在《人类激励理论》的论文中,提出了著名的需要层次理论。他将人的需要归纳为由低到高的五个层次:生理需要、安全需要、归属与爱的需要、尊重的需要、自我实现的需要。其中的前四种需要是基本需要,后面一种是高层次需要。一般情况下,只有在低级需要得到部分满足之后,才会出现更高一级的需要。

归属感,有时也被称为认同感,是指一个人对某样事物、组织的从属感觉,是一种主观的个人感受。有了自我归属才可能获得自我尊重,对自己的思想意识和言行产生认同;有了群体归属感,获取他人的尊重才有意义,自我实现所获得的心理满足也更强烈。任何个人只有在其所归属的群体中,才能得到生存和发展。很多研究者通过长期的研究发现,社会分配不均、政治权力失衡、贫富悬殊是群体归属感丧失的根本原因。

新闻编辑在新媒体构建的环境中,虽然信息的传播有极大的无限性,但是无论多么庞大的传播系统,新闻编辑的引导功能永远都是如影随形,新闻编辑在其对新闻信息的认知系统中,把握归属感的机制和性质,对信息传播的动机和价值、障碍和冲突,归属感的正负作用力充分估量,在社会问题、经济问题和政治问题的传播中,考虑受众的归属需求和希望,新闻编辑通过有意识、有目的、有计划地编辑内容,以求寻找到和受众的契合点。然而新闻编辑并非在任何媒介中都有强大的媒介引导力,新媒体传播模式的变化,使新闻编辑的功能出现平移和变化。以当今微信的广泛运用可见一斑。

微信作为群体间新的传播模式和交流方式,成为当今人们日益广泛运用的社交媒体。据工信部统计,2013 年上半年,我国微信用户已达 4 亿。2014 年 6 月,我国微信用户总数达 6 多亿。随着移动互联网的广泛运用,微信这种体现群体归属感的形式正在被群体所认可。微信中的群体传播关系,主要由来自手机通讯录和 QQ 好友的关系平移。"观察微信用户的好友构成,77.46% 的好友是自己的 QQ 好友,手机通讯录添加以 60.15% 成为第二大方式。当对方要求通过验证时,61.77% 的被访者直接通过熟人的好友验证,对于陌生人的请求则采取冷处理，不予理会或直接删除。这种真实性是用户之间建立强关系的基础。"①在信息爆炸的时代，人们对信息的选择集中于更为信任的群体和朋友，因为群体归属感的本质需要让人们对归属群体产生社交的欲望和爱的需求，通过微信与其他成员保持联系，进行工作的合作，自由平等地对话，对群体的事物提出见解和看法，推动群体的进步和发展，还可以通过群体对事物的意见和建议，提高自身的认识水平，在微信群体中，彼此付出和获得，达到心理的平衡。

在微信群体中，新闻编辑的功能出现了变化，新闻编辑不再是一个人，而是微信群体中的每一个人；新闻编辑的工作，不再是一个人的工作，而是一个工作链；新闻编辑对信息的把握不仅仅是一个出口，而是多个出口，此时，新闻编辑归属于微信的某个群体，并在群体中保持着个体的功能。微信越来越被广泛运用，其中最主要的原因："一方面，政务微博等'国家队'崛起，另一方面，微信正取代微博，成为网络舆论最为集中的平台，'网络舆论下沉到相对更私密的微信，如果不加重视，社会的压力就得不到有效释放。'"②微信作为一个自我释放的平台，传播者在大量信息中层层筛选，能够体现自我风格的内容得以发布，不能体现自我需求的内容通过自我把关直接过滤掉。微信平台上的个体人人都有麦克风，都有自我表达的空间，都有固定的观众。个体的微信表达，有观众的点赞、交流、评论、回复、互动。在微信群体中，人们找到了真实的归属感，获得群体认同、自我满意和对群体的依恋。

由于微信自组织的特点和以强关系为核心的高度私密性，群体归属的强大维护力量和高度的信任，外围人士无法进入这一高度社会认同的交往圈，因此很难实现预防式监管。随着微信用户数量的激增，新闻编辑可以通过微信公共账号，推送新闻、财经、科技、体育、休闲娱乐、美食、美容等公共信息，但是能直接把关的口径日益缩减。"从微信的使用主体上看，企业/公司工作人员、党政机关事业单位从业者及学生群体是微信的主要用户群，占比65％左右。无业、下岗、退休、农村外出务工人员中使用微信的群体占比不到10％。由此可以看出，微信使用主体大多是工作较为稳定的人群。"③

微信是重新组织起一种黏性很强的关系网络。微信纵然使舆论成为看不见的意见，但也正是这种私密性的通道使得其在影响公共事务方面存在局限性，其公共组织和协商的效能因其用户彼此隔离而降低。新闻编辑可以根据用户关系

---

① 谢新洲，安静. 微信的传播特征及其社会影响. 中国传媒科技，2013(6)：22.

② 傅盛裕. 第二届传播与国家治理理论坛聚焦媒介生态　微信成网络舆论最集中平台. 文汇报. 2013-12-22(2).

③ 阿丽艳. 微信，移动互联网时代的新宠儿. 2012-11-12. 来源：中国互联网络信息中心. http://www.cnnic.cn/hlwfzyj/fxszl/fxswz/201211/t20121112_37173.htm

密切、归属于特定的圈子,有共同关心的公共事务的特点,就公共事务发表意见,精选新闻,设置议程,引导舆论。通过建立微信公众平台,加强与微信好友的交流沟通,及时尽早进驻微信平台,利用微信引导舆论。

(四)新闻编辑舆论引导在于明晰群体存在意义

新闻编辑舆论引导的过程,也是明晰群体存在意义的过程。"海德格尔认为,事物的存在与事物一并显现,人们却往往视而不见,以致于它虽昭如白日,却又被深深遮蔽;尤为严重的,人们对自己的生存也熟视无睹,忙于应付各种事务,精心处理各种关系,在生存方式中生存本身被彻底遗忘了。"①海德格尔在其代表作《存在与时间》中,深入地研究了关于"存在的意义"的问题,海德格尔认为,一生中只思考一个问题,那就是存在。生存是在世界之中存在,即操心,它包括了存在与物打交道的操劳以及此在与他人共在的操持。人们在追求存在的意义,实际是在实现自我的价值,要实现自我价值就必然产生需求,人存在于自然就有自然的需求,存在于社会就有社会的需求,这些需求的根本就是获得认同感和归属感。所以人存在的意义在于其价值的实现,其价值的实现必须和社会主义的核心价值观一致,其存在才更有意义。

新闻编辑的舆论引导,通过对现代社会中价值多元化的环境下,群体自我认同危机不断扩大的现状,寻找出群体存在的真正价值。人存在于社会就是一个不断创造意义、构建意义的过程。"存在主义哲学强调行动的重要,认为人的价值要由人自己的行动来证明,来决定,即强调了个体的自由创造性和主观能动性,并把人的存在归结为这种自主的选择和创造,鼓励人为了获得有价值的本质而做出主观的努力。也就是说,对于个体的人来讲,没有什么提前预设的命运,我们可以自由地通过行动来掌握自己的命运和设置存在的限制。而且萨特认为只要是为自己的自由而采取行动,就能获得肯定的意义。"②

新闻编辑的舆论引导,就是通过媒体信息的创造,指导人们实现更多的社会价值。人的自我价值实现就是对各种需求的满足和索取,自我价值的实现实际就是一个索取的过程。个人在满足需求的过程中给他人以奉献和满足,则体现了这个人的社会价值,个人社会价值的体现,实际就是奉献的过程。"人在实践活动中创造社会价值的过程是一个异常艰苦复杂、反复和多环节的能动的矛盾运动过程。在这一过程中,需要人们不断地从不同角度、各个层面,如人的世界观、人生观、志向、品质修养、知识结构,实践的对象、工具、手段以及方法等不同方面及时加以自我认识、自我反省、自我调节以及自我实践活动来达到自我满

---

① 钟晓鸣.生存·时间·实践——评海德格尔"存在的意义"学说.安徽大学学报,1995(1):42.
② 王倩,王丽丽.存在的意义及选择的自由.山东师范大学外国语学院学报,2002(4):53.

足,而后信心百倍地实施自己创造社会价值的步骤、计划和目标。"①

　　要实现中国梦,社会主义核心价值观建设是基础,新闻编辑的职责就是要在最广大的人民群众中,宣传社会主义核心价值观,社会主义核心价值观的践行主体是个人,"爱国、敬业、诚信、友善"这8个字对我们每个人都提出了新的、更高的要求。每一个人对于所从事职业的尊重代表着一种对于个人价值的追求,爱自己的岗位,全身心地投入到岗位上,干好本职工作,才可能为国家、为社会、为家庭,也为自己创造未来。正是因为热爱,才能做到奉献。

　　"友善"是最紧密涉及人与人之间关系的道德要求,它不像敬业等职业道德那样指向特定的成人群体,而是一个具有普遍适用性和基础性的价值观。新闻编辑在社会主义核心价值观的教育宣传活动中,同改革开放的实践经验和伟大成就联系起来,同全面建成小康社会的奋斗目标联系起来,不断形成更加广泛的价值认同,更强大的社会归属,不仅为国家发展助力,更为民族进步铸魂。

---

① 胡万钟.从马斯洛的需求理论谈人的价值和自我价值.南京社会科学,2000(6):29.

第六章　新闻编辑舆论引导的媒介生态论

新闻编辑的媒介生态观，就是新闻编辑在舆论引导的过程中，将媒介生态的理念运用到具体实践中的一种指导思想。新闻编辑舆论引导的目的，就是为保持舆论生态的平衡，舆论生态一旦失衡，社会就会出现无序和动荡。舆论生态是一个动态发展的系统结构，如何打造媒体融合的舆论新生态，使主流舆论阵地有效地按照现代传播理念、生产方式、运行方式，唱响主旋律、传递正能量、激发新动力，在新的媒体格局中占领未来的思想舆论阵地，成为新闻编辑思考的题中之义。舆论作为媒介生态系统的重要组成部分，是人们对自然和社会环境变化的积极应对而产生的意见，新闻编辑舆论引导就是要根据媒介生态系统的原则，适应新形式，转变旧观念。"媒介生态系统论将人 ←→ 媒介 ←→ 社会 ←→ 自然四者之间形成生态系统看成是互相影响、彼此依存、相互作用的统一的互动整体，主张和鼓励人类与媒介、社会、自然形成良性互动、和谐共处和共演共进关系。"①在传统媒体与新兴媒体融合的舆论生态系统中，新闻编辑积极引导社会意识形态，坚持正确的舆论导向，营造舆论新环境，促进媒介生态系统的良性循环。

第一节　舆论生态的整体观与新闻编辑的舆论引导

一、舆论生态整体观的阐释和研究层面

"生态"(ecology)一词源于希腊语"oikos"，原意是家、家园或者环境。在现代汉语中指"生物在一定的自然环境下生存和发展的状态，也指生物的生理特性和生活习性"。生态学(Ecology)以自然科学的面貌出现，最早是从研究生物个体而开始的。1866 年，德国生物学家恩斯特·海克尔率先将"生态学"定义为"研究生物与其环境相互关系的科学"，他所指的环境包括生物环境和非生物环

---

① 邵培仁等著.媒介生态学.北京:中国传媒大学出版社,2008:110.

境两类。①

　　媒介本身不是一种僵死封闭的物质实体，而是一种具有"生命"特征的生机勃勃的开放系统。它通过自身的生命活力及其与社会大"生命"系统的信号和物质交流保持自己的生存、发展相对的动态平衡，从而重建了人与自然、人与媒介、人与社会、媒介与社会的亲和关系。这就几乎把所有的与社会相关的各种传播活动都纳入到了媒介生态的研究范畴。②

　　舆论存在于媒介生态系统中，媒介生态系统是一个"自然的有机整体"，"这一领域的特点是不仅把传播作为其研究主题，而且把注意力转向与传播有关的整个领域"。③舆论首先是来源于生活，来源于广泛的社会实践活动。在实践活动中，话题开始萌芽，人们开始普遍讨论、共同关注话题的发展。大众媒介和专业机构开始对话题进行传播和解读，当讨论的观点明晰，群体、社团和意见领袖开始处理这个话题。政府官员、国家领导也开始关注这一话题，话题开始引起广泛的关注，于是舆论完全形成。舆论有效地推动立法、社会规范和社会风尚的形成。世界上不存在孤立、封闭的舆论传播活动，舆论传播活动是一个延续、开放的整体系统。要对舆论的整体生态进行研究，必须从政治层面、经济层面和社会层面等几个层面入手。

　　政治层面。在所有的舆论形态中，政治舆论是对社会进程影响最大、表现最强烈的一种。刘建明认为："政治舆论是关于政治问题的社会普遍意见，包括阶级舆论、政党舆论和国家舆论。涉及阶级问题、政权问题、社会管理问题等。自上而下的政治舆论是国家意志的表现，在形式上是统一的，需要人民群众接受。"④传统的政治舆论生态，往往只局限于一个特定国家和区域，舆论传播的范围十分有限。新媒体的出现，使政治舆论生态系统变得开放，使人们都成为地球村的公民，国家、地区的界限已经完全被打破，政治舆论生态变得生机勃勃，人们的价值观念、宗教信仰、群体关系相互渗透，共生共荣。人们相互信赖，和睦共处。国家之间、团体之间、个人之间，政治信息的传播成为没有"围墙"的、自由开放的"大厅"，信息的往来不再需要"签字"，内容的交换，无需关卡。互联网使政治言论的发表更加自由，互联网在全球范围内形成一个公开的、能量巨大的舆论生态圈，传播主体不断有物质、信息、能量、活动的传入和输出，保持着整体政治环境的互动、平衡和循环，互联网成为一个影响力极大的政治工具。

　　互联网让人们知道，在媒介生态圈中，邻国工业燃煤产生的污染可能引起酸

---

①　邵培仁.媒介生态学——媒介作为绿色生态的研究.北京:中国传媒大学出版社,2008:2.
②　邵培仁.媒介生态学——媒介作为绿色生态的研究.北京:中国传媒大学出版社,2008:4.
③　斯蒂文·小约翰.传播理论.陈德明,叶晓辉译.北京:中国社会科学出版社,1999:8.
④　刘建明.宣传舆论学大辞典.北京:经济日报出版社,1992:348.

雨降临你居住的城市，异国他乡农场暴发的禽流感可能影响到你桌上的晚餐。媒介的生态和现实的生态在交换着各种不同的信息，在信息全球化的时代，任何一家媒体如果能够首先和持续对重大国际事件进行报道，实际上就掌握了对此事件的全球新闻议程设置的主动权，甚至能影响到有关国家的政治议程和外交政策。CNN和半岛电视台就是极典型的例证。这两家电视台初办之时都是名不见经传的小台，但都是先后在轰动全球的海湾战争和"9·11"事件、伊拉克战争的报道中拔得头筹，以其最先、最快、最长时间的报道和独家新闻吸引了全世界的眼球。美国、伊拉克交战国双方上至总统和政界精英、下至平民百姓都要看这两家电视台的新闻，作为国家政治决策的参考。这两家电视台也正是因此而成为在全球知名度甚高，并对国际舆论产生相当大影响的媒体。所以说，在信息全球化的时代，重大国际事件的报道能力是衡量一个媒体实力和一个国家对国际舆论引导能力的重要指标之一，也体现了一个媒体对媒介生态的控制能力。

经济层面。在全球化的经济环境之下，各个国家之间的经济依存度日益增加，一个国家为了更好地利用全球资源和市场，提高本国在世界经济中的份额和产品占有率，那么对经济新闻进行议程设置就成为十分重要的工作。通过议程设置，可以使本国的经济利益诉求为国际社会所关注，也可以通过经济新闻的传播，影响国际经济舆论，为国家的经济发展服务。经济舆论优势的形成，是国际贸易中竞争、角力的重要手段。

举世闻名的《华尔街日报》(*The Wall Street Journal*)就是以经济新闻设置议程影响国际经济发展的成功案例。该报由道·琼斯(Dow Jones)公司于1889年创办，原为专业性金融报纸，逐渐发展成为以金融为主的综合性报纸。百年来，它以客观、准确、及时的报道，不断影响全球经济生态状况，在全球财经类报纸中确定其在媒介生态系统中领先的地位。20世纪40年代，《华尔街日报》先后创办了纽约版、太平洋版、中西部版和南部版4个地方版，根据媒介生态的多样化、精确信息传播对象，使其发行量名列美国全国日报发行量之首。随后《华尔街日报》提出了"大经济新闻"的概念，把经济新闻作为一个大的生态圈加以经营，媒介生态层次广泛延伸至社会、科学、教育、外交、文化和政治等领域。1976年《亚洲华尔街日报》、1983年《华尔街日报欧洲版》相继创刊，各种差异元素的优化组合，使得它成为一个重要的经济新闻国际传播媒体。而在经济全球化的时代背景之下，《华尔街日报》适应媒介生态环境发展需求，相应调整着传播与经营策略，将以前三张分别独立的地区性报纸，根据地理生态产生的特定媒介形态，成功转型为一张有三个不同地区版本的全球性报纸，在传播内容上变得更适合全球化的需求，更具有地域性特色。此前，《亚洲华尔街日报》只关注亚洲发生的事件；《华尔街日报欧洲版》只关心欧洲经济情况；而美国的《华尔街日报》大量集中报道美国的金融市场。但是现在情况发生了变化,读者都是全球经济的从业人员,他们更需要建立全球经济的联系,需要获得世界各国的经济动态新闻。亚洲的读者同时也要知道美国、欧洲的具体经济情况和实时的动态,这三个地区的报道已经无法独立存在和分开。近年来《华尔街日报》投入了极大的精力,建造了更为广泛、更有深度的全球财经记者网络和全球编辑队伍,这样,《华尔街日报》可以快捷有效地采集全球各国的经济动态,其经济新闻信源遍及各国,实现了全球化的报道。①

2007 年新闻集团收购了《华尔街日报》,让报纸的纸质版与网络版形成了更好的融合:报纸将精简记录昨日之事的报道,将更详尽的版本放在网络版上。从报纸金融数据中精选出的数据将可以免费从网上获取。创新性的功能包括股票和指数的快速扫描和绘图功能,嵌入式新闻标题,以及重要市场消息的电子邮件提示。另外,网上还推出一系列免费博客。发行量在美国达到了惊人的数字202 万份。《华尔街日报》的良好发展都是顺应了生态环境的发展,促进了媒介系统高效、良性运转。

社会层面。在社会环境中产生的舆论叫社会舆论。"社会舆论,是指社会公众关于现实社会及社会中的各种现象、问题,所表达的信念、态度、意见和情绪表现的总和,有正向和负向之分。"②新闻编辑把舆论放在一个完整的社会环境中来观察其属性,是因为"媒介体系首先应该被看做社会系统的组成部分,它的存在、性质和变化都需要从社会文化等非常广泛的层面来思考。可以说,没有单独存在的媒介,只有社会中的媒介,社会的种种因素都影响媒介的存在形态,这使我们的研究视野扩展到社会的方方面面"③。因此,新闻编辑对社会舆论的引导要从社会的层面来考察舆论产生的根源。

在新媒体环境下,社会信息传播日益频繁,媒介与社会的互动日益密切,对此,媒介生态的整体观主张充分考虑媒介系统与外部环境的有机联系,因为任何社会舆论的产生都不是孤立的,一方面它和媒介系统一样有自组织、自协调、自循环的能动性,另一方面它又具有环境和其他因素的外干扰、外引发、外循环的特性。社会舆论的产生与自然和社会有着千丝万缕的联系,新闻编辑的社会舆论引导,使舆论的形成有利于实现人与自然的和谐统一,实现媒介与社会同生共进,实现社会与自然的和谐发展,实现媒介生态系统的良性循环。

当今新媒体成为社会舆论最为集中的地带,以往人们有意见要通过各种投

① 王威.经济全球化下经济新闻的国际传播范式.东北师范大学.硕士论文,2006(5):11—12.

② 肖建昌、陈燕.新形势下正确引导社会舆论的思考.新闻界,2010(3):72.

③ 邵培仁等著.媒介生态学.北京:中国传媒大学出版社,2008:64.

诉、信访渠道,有了新媒体,人们在指尖上就可以进行意见的发布,渠道的顺畅、简洁、方便,使社会舆论海量增长。近年来我国生态环境问题引发的社会舆论成为媒介生态整体中最为热门的话题,严重的环境问题导致了公民行动的增加,2012年中国关于环境问题的事件超过 50,000 起(维基百科),极大地推动了社会舆论发展。

2014年4月24日,十二届全国人大常委会第八次会议表决通过了修订后的《环保法》。《环保法》于2015年1月1日起实施。新修订的环保法被称为史上最严环保法,首次写入生态保护红线;设计按日计罚制度;还将对伪造数据和偷排漏排等行为责任人进行拘留;建立了"黑名单"制度,将环境违法信息记入社会诚信档案,并将向社会公布违法者名单等。这些规定都"剑指"违法成本低这一污染治理中的核心问题,显示了对污染"宣战"的决心。这部法律通过以来,在海内外被广泛报道,获得很大反响。

当前中国正处在全面深化改革的关键时刻,这部法律与中共十八大提出的"美丽中国""生态文明""五位一体"等精神,以及十八届三中全会提出的"紧紧围绕建设美丽中国深化生态文明体制改革,加快建立生态文明制度"等一脉相承,是在通过法律的约束力保障这些政策措施的贯彻实施。

2014年6月4日,环保部发布《2013中国环境状况公报》显示,全国环境质量状况有所改善,但生态环境保护形势依然严峻,最受公众关注的大气、水、土壤污染状况依然令人忧虑。

依据新的《环境空气质量标准》进行评价,74个新标准实施第一阶段,城市环境空气质量达标率仅为4.1%,华北不少城市常年被雾霾笼罩。

水质情况也不容乐观,对长江、黄河、珠江等十大水系的断面监测显示,黄河、松花江、淮河和辽河水质轻度污染,海河为中度污染,而27.8%的湖泊(水库)呈富营养状态。

在四大海区中,只有黄海和南海海域水质良好,渤海近岸海域水质一般,东海近岸海域水质极差。9个重要海湾中,辽东湾、渤海湾和胶州湾水质差,长江口、杭州湾、闽江口和珠江口水质极差。

中国还面临着严重的土地退化问题。2013年全国净减少耕地8.02万公顷,有30.7%的国土遭到了侵蚀。

环保部门"坚决向污染宣战",将着力打好"三大战役",包括大气污染防治、水污染防治、土壤污染防治,按照"三严"的思路,做到"源头严防、过程严管、后果严惩"。

面对环境问题,媒介舆论关于环境生态治理的号角已经吹响,社会舆论的营造已经成熟,完整的社会舆论生态已经形成,用正确的舆论引导公众的环保意识，才能让我们赖以生存的环境再现碧水蓝天。

舆论生态整体观的研究层面还包括文化层面、技术层面、制度层面等等，作为一个整体，它是一个各种要素的组合体，舆论在这个整体中不断变化发展。

二、舆论生态整体观在新闻编辑舆论引导中的运用

新闻编辑的媒介活动存在于媒介生态系统中，媒介生态系统本身就是一个错综复杂的整体系统，有着动态的系统结构、变化的外部环境、交叠的人际关系等，所以新闻编辑的舆论引导，不能只是对着新闻就事论事，而是要对舆论生态的整个系统进行研究，寻找出舆论引导科学有效的方法。

（一）新闻编辑从舆论生态的整体流程把握新媒体舆论的引导

新闻编辑的舆论引导是媒介传播生态链中重要的环节，由于舆论在时间和空间上的动态性、交互性和整体关联性，对于舆论的发展过程我们无法用具体的阶段来划分，然而针对特定的舆论事件，新闻编辑总会采取具体的解决方法，这就是生态的灵活性。但新闻编辑对舆论的引导流程仍然有一定的规律可循。

舆论无论你是尊重它、顺应它、引导它、利用它，还是压制它，它总会顽强地、持续地依据其生态的本性，体现出它对社会生活的全方位影响，新闻编辑要在大宣传理念的指导下，尽可能地集中民众的智慧，着眼于问题的解决。新媒体时代新闻编辑的舆论引导是一个各个领域相互联动的过程，必须完整、准确和极速地把握舆论的全貌，才能更好地引导舆论。

今天超半数的人在使用移动互联网，每时每刻人们都在通过网络获取第一手新闻，大多数人习惯以外界信息的变化为依据，多数的新闻消费者对社交媒体上的新闻基本上照单全收，尽管新闻的内容涉及方方面面，消费者和新闻事件并没有具体的相关性，但大多数人都看不到新闻的无关性，第一时间掌握新闻消息被看做是灵通、积极、时尚的风向标，再加上新闻的新鲜、有趣，大多能满足消费者的好奇心，于是新闻的消费量不断飙升，没有消费不完的新闻，只有消费不够的新闻。于是很多人发现新闻具有如此之大的市场，开始投身于新闻的制作当中。然而今天越来越多的网络舆论基本上是一些舆论领袖、媒介从业者和乌合之众之所为，而且很多舆论是为了某种目的炮制出来的。正像美国哲学家埃里克·霍弗所描绘的，"一个国家最不活跃的人群，为占大多数的中间层次。他们是在城市工作和在乡间务农的正派老百姓，然而，他们的命运却受分据社会光谱两头的少数人——最优秀的人和最低劣的人所左右。"①

李希光认为，今天的舆情是可以被各方利益集团的政治力量和经济力量所

---

① 李希光.大数据时代的舆情研判和舆论引导.思想政治工作研究，2014（1）：13.

操纵的,是主观选择的。完整的信息暴露的是赤裸的事实,这包括一手的文本、图片、音频、视频等。目前,向中央各部门报送舆情的机构很多。各利益集团也都在试图向中央呈送有利于自己政治议程的舆情报告,从内部影响高层。重大敏感事件发生后,一方面,某些网管用最快的速度封堵主观上认定的"有害信息";另一方面,某几个有影响的舆情机构又依据某些利益集团的隐藏议程需要,选择性地编撰所谓"舆情报告",向上呈送,影响高层对形势的研判。舆论的形成不是社会公众理性讨论的结果,而是网络媒体建构的"意见环境"的压力作用于人们惧怕被群体孤立的心理,强制人们对所谓的"优势意见"采取趋同心理和行动。① 在现代的媒介环境中,主流媒体未必就能发现事实的真相,主流舆论未必就能代表广大群众的利益,要对网络新媒体实现热点引导、正确引导、理性引导,只有从社会大局出发,做到循循善诱、因势利导。

正如习近平总书记在全国宣传思想工作会议上所强调的,宣传思想工作一定要把围绕中心、服务大局作为基本职责,胸怀大局、把握大势、着眼大事,找准工作切入点和着力点,做到因势而谋、应势而动、顺势而为。新闻编辑以党的新闻宣传工作方针为指导,做到以下几点:

胸怀大局。网络社会作为一种新的社会形态,自身就是一个完整巨大的生态系统,在这个生态系统中,网络舆论作为系统中一个子系统,有它完整的生态运行系统。"不谋万世者,不足谋一时;不谋全局者,不足谋一域。"没有全局方面的深谋远虑,不能从趋势上准确把握,不会在大事上着墨发力,新闻舆论的引导难以做到领先一步、棋高一着,难以把主动权牢牢握在手中。新闻编辑无论看形势、摸规律,还是抓问题、找对策,都要时刻谨记自己的基本职责,须臾不可偏离"围绕中心、服务大局"的基本定位。经济建设是党的中心工作,是坚持党的基本路线 100 年不动摇的根本要求,也是解决当代中国一切问题的根本要求,必须紧紧扭住不放,毫不动摇、绝不放松。新闻编辑在意识形态的引领中,从思想上深化群众对党的路线方针政策的理解,增强人民对中国特色社会主义的信心,服从、服务于中心工作。

把握大势。新闻编辑要把国家的发展和民族的命运紧密联系起来,把国家大事和人民群众的利益相互契合起来,才能明确舆论引导的方向,充满自信地行进在全面建成小康社会、实现"两个 100 年"奋斗目标的征程上。"五位一体"的发展蓝图已经描绘,攻坚克难的改革事业渐次推进,一些制约经济社会全面协调可持续发展的深层次问题逐步解决,经济转型升级、稳中求进的步伐愈加坚实。新闻编辑要大力宣传经济社会发展的良好势头,用辩证思维和过程观点看待发

---

① 李希光.大数据时代的舆情研判和舆论引导.思想政治工作研究,2014(1):14-15.

展中的矛盾问题,增强"三个自信",凝聚实现中国梦的强大力量。

着眼大事。新闻编辑要着眼于事关经济社会发展大局、人民普遍关注的大事开展新闻宣传工作,客观全面报道发展形势,实事求是分析矛盾问题,耐心细致解开思想困惑,积极主动回应人民关切,不遗余力维护群众利益,在推动发展、深化改革、释疑解惑、改善民生等方面充分发挥思想引领、舆论推动、精神支撑的积极作用。

"互联网不仅是技术、是媒体,更是文化;不仅是器物、是产业,更是意识形态,是国家软实力的重要体现。发达国家互联网企业的先进技术具有很强的文化侵略性,这种侵略往往悄然而至,我们的工作生活早已不知不觉被互联网包围,就像习惯地球运转一样,不知不觉中适应了新技术带来的方便快捷舒适,对随手可得的信息已经熟视无睹,我们不是自投罗网,就是被网罗其中。"[1]

互联网已经成为我们生活中不可或缺的空气和食物。全球性网络空间战的组织形态是互联网,特别是社交媒体、博客、微博和短信等信息联络与传递渠道;全球性信息空间战的组织形式是 CNN、《华尔街日报》、好莱坞大片等,其作用是思想观念的放大器;全球性思想空间战的组织形式是非政府组织、大学、智库、基金会、宗教团体,其功能是策划和生产各种思想观念。发生在中东北非的"颜色革命"、乌克兰的暴力运动,都是在社交网络媒体的参与、组织和推波助澜下完成的。[2]

当前的大局、大势和大事,就是新闻编辑在媒介整体融合的背景下,唱响主旋律,传播正能量,不断巩固和壮大主流思想舆论,弘扬社会主义核心价值观,为培育积极理性社会心态、促进社会和谐稳定提供精神养料,才能切实履行基本职责,为党的中心工作和大局服务,为民族复兴大业鼓与呼。

(二)新闻编辑从舆论生态的整体融合把握新媒体舆论的引导

20 世纪 90 年代后,新媒体技术飞速发展,计算机从开始几间屋子的大小,到后来的 PC 机、笔记本、iPad,手机融合了各种媒体功能并不断强大。博客、维基、播客、掘客、推特、微博、微信等新新媒介层出不穷。数字技术使新媒体融合了传统媒体的各种功能,实现了完全的媒体融合,在这个媒体融合的时代,传播生态学的思想也在不断发展。媒介生态学的第三代领军人物保罗·莱文森认为,"赛博空间完全取代真实空间的情况绝不会发生,因为在真实世界中触摸、感知和移动是我们生活中固有的必不可少的需求。"这种判断是吻合人类自身发展

---

① 马利.大数据时代人民日报社全媒体战略.2013-09-26.来源:中国报业人民网.http://media.people.com.cn/n/2013/0926/c369555-23048312.html.

② 李希光,郭晓科.网络治理与国家认同.中国党政干部论坛,2014(5):18.

特性和媒介进化规律本质的,因为媒介始终只是人类用来辅助自身在真实空间顺利完成信息交流活动的手段;其建构出的空间也只是人类得以生存和繁衍的第一空间,即真实空间的延伸,它最终要以真实空间作为存在的基础。[1]

被人们誉为"数字麦克卢汉"的莱文森,把人比喻为"自然环境",人要对技术和媒介做理性的选择,用以维持生存、发展自我、认识世界、改造世界。

乔尔·莫克尔认为,任何进化系统都有连接现在与过去的某些动态特性。一个不可避免的事实是,正如现在的特性大部分是从过去继承而来的一样,过去则以某种方式约束着现在。任何变量的变化基本上都是"局部的",也就是说,它不可能从一个时期到另一个时期进行很大的变化。[2]

随着新媒介不断发展和日臻完善,舆论的偏向明显地倾斜于广大草根阶层。每个人都可以在网上发表意见,在这个无中心的虚拟世界中,谁都有可能因一条讯息引爆出焦点问题,从而迅速成为网络中心,也可能很快销声匿迹。尼尔·波兹曼用了生动的"躲躲猫的世界"来形容:所有这些电子技术的合力迎来了一个崭新的世界——躲躲猫的世界,在这个世界里,一会儿这个、一会儿那个突然进入你的视线,然后又很快消失。这是一个没有连续性、没有意义的世界,一个不要求我们、也不允许我们做任何事的世界,一个像孩子们玩的躲躲猫游戏那样完全独立闭塞的世界。但和躲躲猫一样,也是其乐无穷的。[3] 新媒体使媒介生态形成了多元融合的趋势,在一定程度上导致了社会舆论传播的多元格局。舆论生态肯定了人与自然的关系,确定过去与现在的融合,网络生态群落共同发展,结合成为相互作用的生态系统。在媒体融合的状况下,新闻编辑的舆论引导要不断改进工作方法。

新闻编辑的舆论引导要在"时"上把握好舆论预期。2014年是全面贯彻落实党的十八届三中全会精神的第一年,改革是政府工作的首要任务,经济体制改革是全面深化改革的重点。对此,2014年5月20日,国务院批转发展改革委《关于2014年深化经济体制改革重点任务的意见》(以下简称《意见》)出台。《意见》强调指出,要加强改革宣传和舆论引导。对拟出台的重大改革方案或政策,要通过专题宣传、专家解读等多种方式,进行充分解读、释疑解惑,正确引导社会预期,消除模糊认识和片面理解,避免不必要的炒作,最大程度凝聚各方共识。要及时发布改革信息、解答改革难题、宣传改革经验、回应社会关切,为改革创造良好的社会环境。新闻宣传处于社会舆论的风口浪尖,新闻编辑必须把握好舆

① 陈功.保罗·莱文森的媒介进化理论对媒介环境学的超越.当代传播,2013(3):26.
② [英]约翰·齐曼主编.技术创新进化论.孙喜杰等译.上海:上海科技教育出版社,2002:59.
③ 周岩.媒介形态发展与媒介认识思想之变迁.第五届全国新闻学与传播学博士生学术研讨会论文集,34—35.

论的预期,对党的理想信念、未来的发展方向和时间表做到心中有数。

中国改革经过 30 多年,取得了有目共睹的成绩,各方面都获得了长足发展,但是今后的任务将更加艰巨。这就要求我们胆子要大、步子要稳,尤其是不能犯颠覆性错误。鉴于以往的互联网发展状况,有别于以前的"网开一面"的做法,本届政府将更多地看重互联网对政府管控社会的"最大变数",积极"亮剑",控制互联网空间的各种"寻衅滋事"。如果听任偏激舆论扰乱社会心理,将极大地增加社会治理成本,甚至导致执政危机。

2014 年 2 月 27 日,中央网络安全和信息化领导小组宣告成立,习近平总书记亲任组长。从国家治理能力现代化的高度,理顺和整合网络治理体制,切实提升新媒体的应用水平和治理能力,推动形成客观理性的网络生态,作为中国社会转型的压舱石。从互联网这个最大的意见平台着手,积极控制各种极端思潮,消解社会戾气,凝聚全党意志和全民共识,则有望开启又一个黄金十年,这就到了中国共产党建党 100 周年(2021 年);然后再接再厉,为新中国成立 100 周年(2049 年)成为中等发达国家,奠定坚实的基础。这就是中共十五大首次提出、十八大重申的"两个一百年"奋斗目标。"中国梦"将真正成为当今社会的主流意识形态。

新闻编辑的舆论引导要在"度"上处理好舆论质疑。舆论的引导要注意把握"度",火候不够或太过都会产生不好的效果。新闻宣传就是要在群众的头脑中搞建设。新闻编辑要在纷繁复杂的舆论环境中,毫不动摇地坚持党管媒体、政治家办媒体,坚持正确的政治方向,坚决同以习近平同志为总书记的党中央保持高度一致,坚定宣传党的理论和路线方针政策。现在很多群体认为我们的政治制度不行、价值观念不行,这也不行、那也不行,针对这样的言论,我们必须坚持我们的舆论尺度,反复强调"三个自信",即道路自信、理论自信、制度自信。准确把握自身优势,清醒认识自身不足,科学判断未来发展。

舆论的引导必须做到理想信念有高度。习近平同志指出:"理想信念是共产党人的精神之'钙',必须加强思想政治建设,解决好世界观、人生观、价值观这个'总开关'问题。"

舆论的引导范围有广度。围绕中心、服务大局是舆论引导工作的根本要求,强化宏观意识、全局观念对做好舆论引导工作十分重要。只有从党和国家工作的大局出发,舆论引导工作才能找到方向和目标,真正地为大局服务。

舆论引导突发事件有速度。突发事件的舆论引导关键在速度和效率,应在及时掌握突发事件基本情况的前提下,第一时间准确地进行报道,抑制谣言传播的空间,维护社会稳定和人心安定,在第一时间掌握话语权,排解萌芽中的非理性舆论压力,及时遏制谣言、稳定情绪,为快速处理矛盾、科学决策提供基础。突发事件发生后,就会引起社会公众对事件发生的起因、过程、危害等十分关心,同时对调查过程、善后工作以及处理结果也密切关注。根据各个阶段舆论发展动态,针对已经出现和可能出现的热点议题,提高舆论引导的针对性和实效性。

新闻编辑的舆论引导要在"效"上把握好舆论时效。老报人有句话,读者在哪里,发行就到哪里。数字时代的读者在哪里?多数在线上。准确地说,读者的时间和注意力有限,大多已绑定在移动终端上。只有具备相当的传播渠道覆盖率、符合不同需求的内容生产和更加紧密的用户黏连,才谈得上移动传播能力,舆论引导能力才能登上更高的阶梯。

微信公众账号因言论尺度比微博宽松而受到欢迎。现在,微博的使用率正在下降。微博上的批评帖文少了,但社会转型期各种矛盾纠结仍在,批评意见只是下沉到微信。微信是私人朋友圈,看上去没有微博那么闹心,但是,失去了舆论预警功能,社会就像一条船在没有航标的湍流中前行,是很危险的。"微博国家队"正在做大做强。迄今已有24万家政务微博,数百家党报、国家电视台等主流媒体微博,积极发声,引导舆论。而且,"国家队"正在从微博前进到微信和新闻客户端。在疾风暴雨式的互联网专项治理后,网上舆论工作将进入专业化、精细化的舆论博弈阶段,2014年3月13日,三十几家微信公众账号被停止服务,包括一些时政类、法制类账号,腾讯给出的理由是涉嫌违规信息、涉嫌色情或多次被举报等,舆论纠偏功能的效度得到了快速提升。随着网络空间法律规约的制定,网络舆论生态已然大大优化。做好网上舆论引导工作的目标更加确定,舆论引导的资源也能得以有效整合,舆论引导的效率大大提高。

(三)新闻编辑从舆论生态的整体多样性把握新媒体舆论的引导

网络作为虚拟世界是现实世界的延伸,网络舆论生态的整体多样性是网络生态平衡的必然形式,是网络开放性的必然结果。网络舆论存在形式的多元化,是现实社会生态平衡发展的表现。

网络舆论信息的丰富性。网络舆论的丰富性是指网络意见无所不包、无所不及,庸俗化、灰色化的舆论随处可见。人类社会在尚未摆脱原有环境污染的困扰下,现在又不得不面临信息污染的挑战。网络是个自由发挥的空间,互联网内容包罗万象,各种文化类型、思想意识、价值观念、生活准则、道德规范可以找到立足之地,由于缺乏相应的管理机制和措施,加上网络信息的海量,共享性和快捷性等原因,一些无用的、过时的、粗糙的、调侃的、反动的、色情的、迷信的、暴力的信息充斥互联网,以致于网络舆论内容五花八门、异常丰富。尽管网络舆论内容丰富,但是"90%的网络社群参与者只观赏内容,9%会进一步加入讨论,而只有1%会积极创作新内容。2006年恒用者经验研究者Jakob Nielsen第一次发表文章阐述了这个现象,并且将它称为'Participation Inequality(参与不均)'"。① 在每个领域,重度创作者数量都非常少,需要组织、拉拢,甚至要为他们量身定做一些重度创作者喜欢的话题,并且让他们感受到社群崇高的地位,你还必须想办法让他们创作的内容得到读者的好回响,以鼓励他们源源不绝地分享。所以一些网站还需要设定 VIP 用户和白金会员,以鼓励创作。休闲创作者的数量就很多,但是他们内容生产的诀窍是越简单越好。只是能增加人与人之间的沟通就好,聊天、简讯、传递文档,休闲创作者一般会在这样的地方留下足迹,这些人是对网络内容忽略照顾的一群。既然无法改变90%的人都只来看内容这样的事实,所以网络就顺应民意,用心给读者创造舒适、流畅、相关度高的阅读内容。由于网络存在的 1/9/90 内容创作规律,因此新闻编辑对舆论丰富性的来源也会有一定的了解。

网络舆论环境的复杂性。今天舆论环境的问题,已经很难从单一的角度切入:一些表面看上去是周边安全的问题,其根源却往往不在周边安全本身;另一些表面看是十分敏感的社会和政治问题,追根溯源后却发现,其真正的根源在于经济模式的失衡;而另外一些看上去似乎是纯经济层面的问题,却关连着社会和政治的方方面面。内政联着外交,经济联着政治,现实的情绪有着很深的历史根源,又关联着对未来走向的茫然。这就是今天中国的现实。2001 年加入世贸组织并全面融入全球化进程,中国"入世"后仅用了五年就在经济总量上超越德国,成为世界第三大经济体;然后,又仅用了四年就超越日本,成为世界第二大经济体,中国和西方世界的关系也变得复杂起来。从贸易冲突到能源、领土争端,从意识形态到民间情绪,其根本原因就在于国力逆转所导致的西方世界的心理失衡,舆论环境出现了前所未有的复杂状况。

网络意识形态安全。每个国家、地区和民族,在其历史发展过程中,由于其自然条件、经济发展水平和政治制度等方面存在着差异,因而形成了各具特色的政治制度和意识形态。世界上存在着多元的社会政治制度和意识形态。过去,由于地理位置的自然屏障作用,交通和通讯技术相对落后,传统媒体的"把关人"的存在,恶意的政治信息难以入侵。随着网络传播媒体的发展,数字化的信息网络可以把任何信息转化为二进制的数字语言,从地球任何一个地方无限量地向另一个地方传输。当年西方传教士传播西方文明必须进行长途的艰苦跋涉,如今为直抵桌面的计算机网络取而代之。因为互联网四通八达,天然地域屏障已不复存在,网络舆论的意识形态多元并存,西方意识形态、政治制度、文化思想的

---

① Mr. Jamie. 网络内容的 1/9/90 定律. 来源:虎嗅网. http://www.huxiu.com/article/18563/1. html 2013-08-10.

渗透无处不在。

新闻媒介担负着党和政府的扬声器、改革发展的预警器、社会舆论的稳定器等重要作用,新闻编辑作为新闻舆论的引导者,要有明确的网络意识形态安全意识,网络舆论的产生、发展、引导必须要适合媒介环境的和谐发展。

因势而谋。新闻编辑在新闻传播的过程中,要认真谋划舆论引导工作的战略目标、总体布局、重点任务、新闻抓手和保障措施。习近平总书记在"8·19"讲话中指出:"要巩固马克思主义在意识形态领域的指导地位,巩固全党全国人民团结奋斗的共同思想基础",明确宣传思想工作的根本任务,对有效开展宣传思想工作、进一步增强全党全国人民的理念信念,具有很强的针对性和指导性。当前,中国正面临着体制转轨、社会转型、思想多样、利益多元的社会现状,实现中华民族伟大复兴的中国梦成为响彻神州大地的时代主旋律。找到思想情感的共鸣点、利益的最大公约数,就能汇聚起推动发展、执著圆梦的磅礴力量。

当前,西方国家对中国的发展仍然抱有各种怀疑的态度,新闻编辑借助政治外交宣传,展示中国风采。2014 年 3 月、4 月,习近平主席在欧洲友好访问,展开"报纸外交"、"峰会外交"、"演讲外交"。从德班金砖峰会、圣彼得堡二十国集团峰会、比什凯克上合组织峰会,到巴厘岛亚太经合组织峰会,再到海牙核安全峰会,习近平主席接连参加并提出中国主张,在多国媒体上发表署名文章,在多个场合发表演讲,频繁与当地民众互动,熊猫、足球等跨文化符号引发国际共鸣。"夫人外交"也是别样精彩,成为国家外交的有力补充,中式着装、中国手机等彰显"中式 STYLE",展现民族自信、文化自信,掀起新一轮"最炫中国民族风"。国内的各大新闻媒体积极宣传,因势而谋,取得了良好的宣传效果。

应势而动。新闻编辑面对新形势,更需要在新闻信息的梳理中突出重点、抓住关键,创新意识形态引导和管理的方式方法,在正面宣传上,要牢牢把握围绕中心、服务大局。在形势宣传、成就宣传、典型宣传、主题宣传方面,弘扬主旋律、传播正能量。像互联网中的各种不良信息屡禁不止、屡打不绝,严重危害未成年人身心健康,破坏社会风气,人民群众要求治理的呼声十分强烈。2014 年 4 月 13 日,全国"扫黄打非"工作小组办公室等四部门发布公告,开展"扫黄打非·净网 2014"专项行动,依法查处淫秽色情网站 110 家,关闭各类违法违规账号 3300 多个。"强力支持"、"干得漂亮"、"点个赞"等成为网上主要评价词汇。其中,查处新浪读书和视频频道传播淫秽色情信息,依法停止其从事互联网出版和网络传播视听节目的业务,涉嫌构成犯罪的部分人员已经移送公安机关立案调查,预示着这场扫黄风暴来势猛烈,打击力度超乎预期。广大网民也表示从自身做起,主动远离不良信息,为网络空间注入"正能量"。网络红人"秦火火"以诽谤罪和寻衅滋事罪被判处有期徒刑 3 年,网络红人"薛蛮子"嫖娼被抓。舆论认为,两起案件都是互联网管理的标志性事件,对整治网络乱象、震慑网络谣言等意义重大,网络舆论引导使网民已经认识到,中国进入依法管网时代。人民日报、新华社、中央电视台等18家主要新闻媒体,采取有力措施,抵制网上淫秽色情信息,净网正能量使网络空间更加清新向上。

顺势而为。新闻编辑的为就在于"守",要忠于职守,守住阵地,守住防线,有理有利有节地开展舆论斗争。为在于"实",要强化"虚功实做"的工作理念,把各项舆论引导的工作抓实抓细抓具体。为在于"高",舆论的管控要高标准、严要求,以高质量、高水平的工作展现新作为、新形象。

中宣部等九部门发出《关于深入开展打击新闻敲诈和假新闻专项行动的通知》后,已查处和公布了14起网络新闻敲诈和编造假新闻的典型案例。自2013年至今,全国共受理新闻报刊领域举报案件400余件,查处违规报刊216家,停办76家。49个记者站被撤销,14455个记者证被吊销,193个记者站被缓验。网民认为,宣传思想部门敢于对本领域问题"刮骨疗毒",充分表明其敢于亮剑、敢于碰硬的担当精神,是新闻界的一次"反腐"。严厉惩处新闻界的"害群之马",必将有效遏制新闻敲诈蔓延的势头,切实维护基层单位和广大群众的合法权益。

正如达尔文所说,"能够生存下来的物种,并不是那些最强壮的,也不是那些最聪明的,而是那些对变化能做出快速反应的。"[①]

新闻编辑在网络时代的舆论引导,必须首先根据社会发展的现状和党的方针政策,谋划舆论引导的方式方法,深刻理解既存舆论,采用舆论引导的多种方式,因势而谋,应势而动,顺势而为,才能在媒介生态中取得平衡。

第二节 舆论生态的互动观与新闻编辑的舆论引导

一、舆论生态互动观的阐释

在舆论生态系统中,存在着政府与媒介、群体与媒介、社会与媒介的互动关系,互动使舆论主体产生信息的交流,使舆论事件的影响力扩散,使媒体间信息交换频繁。在互动传播中,舆论生态系统中的各种关系之间相互作用、相互竞争、相互依存。新媒体为舆论的传播提供了群体互动的平台,限制了传统媒体舆论控制的权力(不受守门人操纵),群体的意见开始变得多元化。人们以各种方

---

① 马利. 大数据时代人民日报社全媒体战略. 2013-09-26. 来源:中国报业. 人民网. http://media. people. com. cn/n/2013/0926/c369555-23048312. html

式进行意见交流,当你在新媒体终端打开一个应用软件,像微博、微信、QQ,就开始了直接的意见互动,互动会带来即刻的反馈,引发各种行动并带来意想不到的后果,"输入——反馈——输出",互动不仅仅是一种行动,更是群体一种深层次的心理活动,互动是舆论生态必不可少的关键词。

二、舆论生态在互动中形成的过程

(一)意见在社会问题的互动中产生

意见是客观存在的社会问题的反映。当社会问题客观存在的时候,还不能产生意见,只有当主观界定存在的时候,即当某些人的注意引发更加广泛的社会关注,分散的意见才能进入相关的社会机构和组织的视野。人们在交流信息,畅谈共议,就会产生意见互动,在意见互动中社会问题得到认定,社会问题的治理也会随之产生。

作为舆论主体的社会群体。新闻编辑关注的舆论主体,就是当前的社会群体。人作为社会个体,组成了共同面对问题的社会群体,当他们对某一"问题"进行谈论时,这个社会问题说明对公众有现实的负面性困扰。舆论主体对社会问题进行互动性谈论,随着时间的发展,谈论频率的提升,传播的影响力不断扩大,舆论主体的思想、意识、态度,构成对社会问题的初步密集意见。当多数主体的共同声音呈现出广泛的意见交流和互动,使意见获得无处不在、无处不有的生命力。意见在碰撞和剔除中,逐步上升为系统的认识,这些认识开始摆脱初始、简单、感性的外衣,概括出事件的客观规律。主体的意见不再是实践和互动中的直接意见,而是深层意识的系统反映。

舆论的主体分布在社会的四面八方,他们对共同的社会问题发表意见,于是意见呈现发散状态传播。意见传播的多向性和多方位性,最终通过发生、扩散、探讨,原来的孤立意见会形成意见主体一致的看法。舆论主体如果发表相同见解的个体数越来越多,舆论便开始形成。主体意见的扩展是通过沟通、交流和互动来实现的,在互动中,主体意见不断得到补充发展和深化。每一个意见主体为了发表观点,增加盟友,壮大力量,推行思想,总是积极交谈、互补,使意见的一致性得到扩展。

在互联网环境下,舆论主体直接参与到新闻信息的生产和传播的过程中,由主流媒体主导的议程设置被新媒体的群体舆论的议事过程所冲击,群体对舆论的影响力得到强化。群体话语与权威话语,你来我往,相互推动。信息自上而下到自下而上,不断互动转换,促进群体的直接表达,网络成为倾听民意和反馈民意积极、有效的途径。

舆论主体获取信息、表达意见、评议时政都离不开网络,网络成为舆论互动博弈的重要场所。当网络信息反映的问题与群体的切身利益联系得越紧密,对群体的刺激就越强烈。网络群体实际是精神的集合体,因为他们没有现实的利益冲突,而是针对网络事件产生共同议论,进行意见交换,互动的意见交流成为网络舆论主体存在的依据。

舆论作为新媒体群体意见高度互动的产物,这种意见代表了大多数人的共同的思想和行为。如果意见的人数只是少数,那只能是议论或者是街头巷议。舆论的产生是在群体的利益达到了一个公共的平衡点,这个平衡点的数量是多少呢?陈力丹认为,"应该是数学根据系统工程理论得出的计算结果,便是被称为黄金比例的'0.618'。一般地说,当在整体'1'中达到'0.618',就能够产生对整体的决定性的、全面的影响;而达到临界一半,即达到 0.382,则可以使整体感觉到一种重要影响的存在。依据这个临界点来考察舆论的数量(一致性),则可以说,在一定范围内,有 38.2%(约 1/3 多)的人持某种意见,这种意见便在这一范围内具有了相当的(但尚不能影响全局)影响力;而若有 61.8%的人持有某种意见,则这种意见在这一范围内将成为主导性舆论。"[①]舆论的产生根据社会生态平衡的必须,这样的量度标准是会发展变化的,舆论的产生要根据其对全局的影响程度来决定。

社会群体互动是推动网络舆论发展的重要因素,云南鲁甸"8·3"抗震网络传播就呈现出这样的特点。2014 年 8 月 3 日,云南鲁甸发生地震,官方媒体主动设置议程,云南省重点新闻网站云南网在地震发生后 7 分钟,发布了第一条地震新闻。接着云南网推出首个地震专题,源源不断地提供准确、权威的新闻,成为抗震救灾新闻的权威发布平台。随后,云南省政府新闻办官微@微博云南、鲁甸所属的昭通市政府新闻办官微@微昭通,用微博发布地震消息。8 月 4 日,云南省网信办与@人民日报法人微博联合发起"微倡议":别让谣言干扰救人救命。微信不仅成为媒体前后方联系的桥梁,而且覆盖报纸、网站、微博、移动新闻客户端等全媒体。这个"地震前线"微信群,搭建了云南日报报业集团抗震救灾报道全媒体指挥平台。微信的群组对话、图文语音实时发送、视频即拍即发、语音转换文字等功能,为前方记者写稿、发稿提供了便利,也为前后方人员无缝对接取稿、沟通联系提供了平台。

自媒体微信群也成为信息传播的主要平台,@云南网官方微博 8 月 3 日 16 时 38 分转发@中国地震台网速报的消息。16 时 56 分向鲁甸网友喊话:"有鲁甸当地的小伙伴吗?现场情况如何?请@云南网告知震区情况!"当天深夜,@云南网多次转发来自灾区一线的网民自媒体的图文信息,包括@有一种酒叫苦

---

① 陈力丹.舆论学——舆论导向研究.上海:上海交通大学出版社,2012:37—38.

艾、@云南师范大学商学院贴吧等提供的灾区现场图片。网友@剪刀手艾德、@Hey佳欣等发微博@云南网,反映同事和朋友被困灾区,@云南网立刻把情况转告昭通市,或者直接@微昭通,部署救援。

地震等灾难发生后,需要迅速汇集全方位的救灾信息,特别是云南昭通这样的经济欠发达、交通欠通畅地区,完全依靠专业的新闻媒体和政府机构提供全部灾情和救援信息,不留任何空白点,力有未逮。网民"自媒体"发布的信息,起到拾遗补缺的作用。官方媒体及时汇总有关情况,政府及时从"自媒体"发现工作的薄弱环节,还可以针对网民议论释疑解惑,澄清谣言。官方媒体和网民自媒体在舆论信息的传播中相互支撑,在媒体融合中,有效地实现了抗震救灾报道和舆论引导。

作为舆论客体的社会问题。社会问题是指在社会中存在的人与自然、人与社会以及人与人之间关系的严重失调和冲突现象。社会问题是社会发展和社会变迁的产物,当社会处于变迁和发展的过程中,社会的整体平衡被打破,社会机构失去相对稳定性,社会系统有些功能减弱,有些功能丧失,有些功能转化,造成社会结构失衡、功能失调,社会问题随之出现。当社会问题产生的时候,舆论也随之爆发。舆论的产生,不是个别人或少数人的行为和观念造成的,而是社会中大多数人互动的结果。舆论是群体意见的集合,而不仅仅是个人问题的烦恼,它是群体感到利益或生存条件以及价值观念遭受威胁时产生的。新闻编辑对社会问题进行全面细致的观察,深入分析其成因,对于辨别舆论的产生根源具有十分重要的意义。1995年,美、德、中等32个国家学者合著的《舆论与协调一致的传播》一书开宗明义地指出:"舆论诉诸的是人民的声音,来自贫民的明确而直率的意见,强调舆论与占统治地位的思想(即意识形态)的区别。非主流的思想常常以舆论的形式表达,并且即使主流的意识形态也分多支,常以舆论的形式表现出来。"[①]社会问题的存在引发群体的广泛关注,并通过舆论体现出来。

社会问题产生的根本原因是什么呢?美国社会学家温贝格和罗宾顿得出"五观点",即社会病理学观点、价值冲突观点、偏差行为观点、标定论观点和社会解组观点。

社会病理学观点认为,社会如同一个有机体,因为某些组成部分(主要指那些特定的个人或人群)出现"病变",进而影响到整个社会机体的健康,而出现"病变"的主要原因是部分社会成员的社会化过程出了毛病,没有成功地接受社会的既定准则,做出了有悖于社会规范的事情,使社会机体发生了"紊乱"。

价值冲突观点将社会问题的出现归因于各社会群体之间在价值方面出现的

---

① 陈力丹.舆论:感觉周围的精神世界.上海:上海交通大学出版社,2003:31-32.

严重冲突,这种冲突背后是各社会群体现实的或潜在的利益摩擦,由此在一些具体社会领域中引发一系列具体的行为对立和冲突,形成持续的社会不和谐状态,社会秩序因此出现严重问题。

偏差行为观点将社会问题的成因与社会中的个人或群体中的行为失衡直接联系在一起,而偏差行为的出现则是个人或群体在无法通过社会所能接受的规范性途径实现其理想目标的情况下所做出的一种越轨性选择,它有悖于社会现行准则,被看成是"大逆不道",给正常的社会秩序造成严重的消极影响。

标定论观点是将社会问题本身放到公众或其他社会活动主体(如机构)的判定框架中来理解,那些违反公众或其他社会活动主体的主观标准或期望的行为、事端或现象均被确认为具有偏差性,就构成了社会问题;那些行为、事端或现象被认定越轨程度越严重,社会问题也就被认为是越严重、社会秩序越混乱。

社会解组观点认为,外在于个人或群体的社会结构关系、社会体制因素的变化是社会问题的主因。在急剧的社会变迁时期,社会解组现象十分普遍,社会关系结构和社会体制的变动使得原来规范个人或人群的价值准则变得含糊不清或失去了实际作用,个人或人群因此失去了基本的规范,形成内心紧张,其行为变得混乱不堪,整个社会就变得极为无序。

这五种观点从归因的角度进行解析,社会病理学观点、价值冲突观点、偏差行为观点和标定论观点都归因于内部,即社会中的个体或群体本身出了"问题",而社会解组观点则归因于外部,即社会关系结构和社会体制的变动使得原来规范个人或人群的价值准则变得含糊不清。① 任何舆论的产生既有社会内部的原因,又有社会外部的原因,社会本身就是一个系统,任何社会问题的产生都不是个别人或少数人的行为观念造成的,而是社会中大多数人相互作用的结果,所以舆论的产生和发展,关系到国家、群体和社会等方方面面,它的消除和解决不是个别人和少数人的努力能够达到的,所以新闻编辑的舆论引导要从各种关系的互动中,汇集社会力量,寻找合理的解决办法。

党的十八大作出深化改革的决定,中国社会走入改革的深水区,经过 30 多年的改革开放,中国一跃成为世界第二大经济体,中国的社会也面临着诸多矛盾。社会舆论纷繁复杂,反腐倡廉仍为舆情重点,"老虎"和"苍蝇"伤害群众利益,传播价值观病菌,污染社会风气,造成社会肌体的病理变化,比如号称"土地奶奶"的抚顺市顺城区国土资源局女局长罗亚平,不过一个科级干部,却能敛财上亿元。温州 10 名村官瓜分价值 18 亿元的 316 套安置房,也创下了"村官腐败"的新纪录。"老虎"在落马前都是以正面形象出现,比如,国家能源局原局长

---

① 韩运荣,黄田园著.我国当前社会问题舆论调控研究.北京:中国传媒大学出版社,2011:36.

刘铁男落马前还在签署国际合作协议,所以,"老虎"一旦现出原形,将在民众中产生颠覆性的认知影响,这是对公权力形象的损坏。政治清廉才能取信于民,秉公用权才能赢得民心。如果腐败现象得不到有效惩治,党在百姓中的威信就会受到损害。党中央决心加大反腐力度,以增强百姓对党的信任和希望。习近平关于"把权力关进制度的笼子里"的论述,对权力的安全运行提出了更明确的要求;"不敢腐的惩戒机制、不能腐的防范机制、不易腐的保障机制"构成反腐倡廉的"组合拳",通过惩戒机制对腐败形成一种威慑,通过防范机制降低权力滥用的几率,通过保障机制构建公权力规范运行的安全平台。只有真正惩治了腐败现象,党的干部才有公信力。反腐成为当前社会群体最为关注的舆情热点,此外,2014净网行动、扫黄打非、食品安全、环境污染等社会问题对社会群体产生着不同性质、不同方向和力度的影响,一直引起社会成员的高度关注,成为引发舆论的重要社会问题。新闻编辑的舆论引导在于通过新闻媒体的传播,促进政府的改革和社会问题的解决。

(二)舆论在民间话语与政府话语间的互动中发展

2003 年的孙志刚事件是网络舆论民间话语兴起的一个重要开端,在随后发生的非典、刘涌案、孙大午案、"宝马"案等一系列事件中得以快速发展,2003 年被称作"网络舆论年",民间话语与政府话语开始了舆论场的博弈。尽管在 2003 年之前,网络舆论已经初露锋芒,但是在这一年所发生的几件大事中,"中国的网民看到了自己通过网络舆论改变事件进程的力量"。"以往,当人们需要社会关注的时候,首先是寻找政府或相关机构,其次是寻求有影响力的传统媒体。进入 2003 年之后,更多的人将网络作为获得社会关注的低成本的、快捷的渠道"。[①] 从 2003 年至今,已十多年过去,新媒体的出现促使承载公共舆论的媒介话语空间发生了迅速的分化和重构,从整齐划一到众声喧哗,从众声喧哗到国进民退。但无论如何变化,互联网无疑已经成为主要的民间话语表达和政府话语发声的重要载体。

新媒体带来了人与人、人与组织、人与社会之间的更多互动,甚至每一个人都可以成为意见传播、表达的媒体平台,新媒体的舆论生态,为社会与民主的进步搭建起更为宽广的平台,成为更多人"参政议政"的通道。各种新媒体形式迅速发展,使舆论信息随时随地互动传播,舆论信息传播的参与主体多样复杂,内容数量庞大,传播速度快、范围广,民间舆论的"话语权"和"干预力"不断增强,在某些时期还成为超越政府话语的"软力量"。新媒体的迅速发展使国家内政与外

---

① 卞清.民间话语与政府话语的互动博弈——基于媒介生态变迁的研究.复旦大学博士论文,2012(4):2.

交透明度越来越高。新媒体的民间话语打破了传统媒体政府话语的垄断性,民间话语的传递和交流具有相当大的自由,在某些方面政府的管理和控制有时无法达到,这使个人和非政府组织的影响力扩大,舆论更多来自于民间舆论场。新媒体的民间话语传播者,由被动的政府话语发布新闻的平台,变成更为主动的新闻线索发现者、新闻热点制造者、新闻评论发布者。借助互联网传播平台日益发挥影响力的"草根媒体",已成为当代舆论传播格局中不可忽视的新力量,并成为传统媒体密切关注的对象。很多重大事件都是互联网上先曝光,然后引起传统媒体的关注,最终引起政府部门的重视,促进了实际问题的解决。网络在一定程度上既成了传统媒体重要的信息资源,同时也成了舆论的传播源。

十八大召开后,网络舆论场"国进民退",如今体制内媒体微博和政务微博联手,打造"微博国家队",在突发事件和敏感议题上引导舆论,初步形成了政府话语引领舆论的局面。体制内媒体的努力,正在深刻改变网络舆论生态。"国进"值得鼓舞,体制内媒体获得了更大的腾挪空间,努力实现社会协商对话中的"信息主场"和议程主导优势。而市场化媒体也需要反思和找准更加契合国情的价值立场和表达方式,增强社会转型解决问题的意识。理想的媒体和舆论生态,应该是体制内媒体和市场化媒体比翼齐飞,是民间话语和政府话语的良好互动,是政府宣示和民众之声的和谐共鸣。

2014年《中国移动互联网发展报告(2014)》蓝皮书发布,截至2014年1月,我国移动互联网用户总数达8.38亿户,在移动电话用户中的渗透率达67.8%;手机网民规模达5亿,占总网民数的八成多,手机保持第一大上网终端地位。我国移动互联网发展进入全民时代。

有线互联网是人随网走,哪里有网线,就到哪里上网;而移动互联网是网随人动,人到哪儿,网络就到哪儿,就能在哪儿上网。中国人民大学新闻学院教授匡文波说,"移动终端具有高度的便携性,是'带着体温的媒体';它可以24小时在线,这是传统互联网做不到的"。

未来的移动网络将像空气、水、食物一样成为生活之必需。人的感官被无限延伸,知识的获取变得轻而易举,创造性得到提升;分享成本降到极低,思想、知识、智慧的分享将促进人群和谐、社会进步。但是,人也将始终处在被"定位"中,作为个体的人更没有隐私。

从2011年到2013年,中国移动互联网经历了飞速发展的三年,2014年将进入持续稳定发展期。入口平台整合、行业跨界融合,终端全智能化、应用大数据化……移动互联网未来的发展趋势将是更高效、更优质地服务社会和生活。移动互联网发展是一个有整合、有拓展、有创新,更广泛、更深入、更规范的过程。

今天互联网已经从传统的网上页面转战到手机终端,新的传播方式使新媒体展现出强大的社会影响力,对于民众生活、社会结构乃至整个社会的发展都产生了巨大的作用。新媒体所具有的强大传播功能和舆论影响力,正在广泛而深刻地影响着我国经济民生和社会管理方式,新舆论格局使政府话语不再缺席、失语、麻木,民间话语与政府话语进入顺畅的互动沟通阶段。

(三)舆论在政府、媒介、群体的互动中转化

拉扎斯菲尔德等人在《人民的选择》一书中指出,在信息传播的过程中存在着"二级传播"的现象,媒介把意见传播给意见领袖,意见领袖再把意见传播给公众,这样的二级传播方式有其历史的局限性。今天二级传播过程是,政府把信息传播给媒介,媒介再把信息传递给群体,媒介成为政府与群体沟通的桥梁。从意见传播的影响来看,政府作为权力组织,其传播行为是贯彻国家意志的重要媒介活动。今天的二级传播模式应该是:政府把国家的政策、方针,深化社会改革路线和方法等,通过媒介进行传播,媒介往往是政府组织的传播工具,媒介再把政府的意见传播给群体,政府通过媒介引导舆论朝着有利于国家改革的方向发展。政府在舆论的引导中起着极其关键的作用。2003 年,随着新媒体的出现,草根倒逼政府和媒体对各种制度和政策做出调整的事件经常发生,但是 2013 年以后,政府在新媒体的传播中开始把握主动权。

政府和媒体的关系日益紧密,因为媒体所带来的危机时常会转化为社会危机,政府只有掌握主导权,才能有效地操纵媒体。政府可以通过媒体撬动整个社会舆论。正如公共关系学之父奈斯所言:"聪明的政治家能够通过宣传,塑造和定型舆论。"

2013 年政府网站绩效评估显示,部委移动客户端拥有率达 25%。2013 年10 月 15 日,国务院办公厅发布《关于进一步加强政府信息公开回应社会关切提升政府公信力的意见》。从微博到微信,从 APP 到微视……随着互联网产品的快速推陈出新,政府强化对互联网的建设、利用和管理,保持着敏锐的加速度。面对日益多元的诉求,政府开通微博、微信等新平台,或入驻新闻客户端,主动与网民互动沟通,发布权威消息,提升公共服务水平,积极回应热点,有利于拉近政民关系,化解现实矛盾,提升政府形象。政府逐步开始注意探索互联网生态治理的长效机制。正能量覆盖负能量,网络戾气大为缓解。互联网雾霾渐散,清朗天空初现。

网络媒体作为舆论的反映者,也是舆论的引导者,新闻编辑则是网络媒体舆论引导的操作者。媒体作为仅次于立法、行政、司法之外的"第四种权力",媒体报道新闻,反映社会动态,影响群体的社会意识,激发或抑制舆论的发展。正如李普曼在《舆论学》一书中谈到的:"报刊已经被当做直接民主的喉舌,要求每天在最广泛的范围内发挥创制权、复决权和罢免权的作用。'舆论的法庭'日夜开

放,始终对一切事物制定法律。"①

　　网络媒体的出现,改变了舆论形成、发展和演变的过程,舆情监测、舆情应对、舆论引导,已成为国家治理能力创新的重要一环。人民日报社张研农社长提出:在互联网时代,主流媒体若想位居主流,就得做互联网纷乱信息的过滤器,做网络偏激情绪的缓释剂,做国民心态的压舱石。主流媒体要及时澄清网络传言,均衡表达各方关切,体现主流媒体调和鼎鼐、为社会整体利益和长远利益考量的气度风范,为国民心态的涵养固本培元。这是主流媒体与剑走偏锋的小报小刊的主要区隔。媒体让群体彼此了解,共同呼应,形成一致的意见。

　　新闻信息一味地权威化会导致无人理会的结果,一味地平民化会导致庸俗社会学。我们的社会需要的是政府、媒介与群体的互动、沟通、制衡、共赢。一方面,群体的认识将更加理性,群体的知情权得到更广泛的尊重;另一方面,政府机构的评价意见也将得到理性的反思。群体的声音与政府机构的评价话语在舆论场中都不可缺失。此时,媒介将在其中起着调节和平衡的作用,推动舆论朝着科学、正确的方向发展。

三、媒介生态互动观在新闻编辑的舆论引导中的运用

　　由于信息传播环境以及传播模式的转变,使得信息传播过程中新闻编辑的功能出现相应的转型。在传统媒体环境下,新闻编辑在传播模式中具有权威性、专业性和不可替代性等特点,其传播模式是单向的两极传播。然而在新媒体传播环境下,尤其当受众具有传播信息意识和掌握信息发布技术后,这种单向传播模式被新媒体环境下的双向循环模式所取代,并使新闻编辑具有了全新的互动功能和角色。

(一)新闻编辑在政府——媒体——群体互动中的舆论引导

　　新闻编辑的舆论引导存在于政府与群体之间,当政府与群体产生互动,新闻编辑就开始发挥其引导功能。新闻编辑的舆论功能符合组织目标的行为称为功能性的,反之,则称为功能失调。新闻编辑的功能在于取得政府组织与群体之间的协调。新闻出版自由的愿望使政府在实施舆论调控的时候,采取慎重的态度,尽管政府一直想控制舆论,但是政府也不会让别人理解为干预了新闻自由,因此舆论的引导总是隐蔽的,控制是通过对媒体的引导间接进行的,或者是通过自我调整的机制最有效地进行,这就是新闻编辑对舆论隐喻的引导,并且得到政府组织和群体的认同,这就是政府对媒体舆论的引导过程。

　　1.政府加强对新媒体的管理使新闻编辑的舆论引导由被动变为主动。党的

---

① [美]沃尔特·李普曼.舆论学.北京:中国人民大学出版社,1984(4):282.

十八届三中全会《决定》再次强调,健全坚持正确舆论导向的体制机制。健全基础管理、内容管理、行业管理以及网络违法犯罪防范和打击等工作联动机制,健全网络突发事件处置机制,形成正面引导和依法管理相结合的网络舆论工作格局。改变了从前网络由网民设置议程的被动局面。政府积极主动建网、用网、管网、引导网,新闻编辑成为政府网络管理的主要操盘手,主动搭建网络问政平台,新闻编辑利用网站平台发布信息,传播正能量,开设网民诉求通道,及时回应网民的问题,有效化解隔阂和对立情绪,在收集和防控网络舆情上发挥自身平台的积极主动作用。同时,新闻编辑要积极介入一些重大知名网站和论坛,了解网络舆情动态,收集相关舆情资讯,及时为舆情引导做好准备。

新闻编辑要明确政府的主流意识形态对舆论的启迪、规制效果,发挥主流意识形态对舆论的引导作用。邓小平同志指出:"治理国家,这是一个大道理,要管许多小道理。那些小道理或许有道理,但是没有这个大道理就不行。"在当代中国各种思想文化相互激荡,人们价值观念日趋多元、多样、多变的条件下,这个"大道理"就是中国特色社会主义,就是实现中华民族伟大复兴的中国梦。新闻编辑的舆论引导要坚持团结稳定鼓劲、正面宣传为主方针,提高网上正面宣传的质量和水平。无论是互联网建设、内容生产,还是管理,都要把坚持正确导向摆在首位,巩固马克思主义在意识形态领域的主导地位,筑牢全党全国人民团结奋斗的共同思想基础。同时要尊重科学,研究规律,讲求引导艺术。对网上社会热点问题的主动阐释,对突发的网上事件及时疏导,既反映党和政府工作,传播公序良俗,又把社会情绪引导到健康理性的轨道上来。

政府积极占领主流舆论阵地,就必须促进传统媒体与新兴媒体的融合。新闻编辑要充分利用传统渠道,积极推动党报党刊、电台电视台等主流媒体在巩固发展传统业务基础上,加快数字化、网络化、移动化转型步伐,实现传统媒体和新媒体融合发展,抢占发展主动权,增强主流媒体的传播力、公信力和影响力。抓住移动互联网发展契机,加强各类移动终端建设,大力发展网络媒体、手机媒体等,实现舆论引导的无时不有、无处不在。

2. 政府主动参与新媒体互动使新闻编辑的舆论引导更为顺畅。随着互联网的快速发展,如何在多元化中求主导、多样化中求发展,如何有效地进行舆论引导,凝聚人心,是新形势下对党的执政能力的考验。为了加强政府和媒体、公众之间的信息沟通,2003年我国政府的新闻发言人制度得以推广,新闻发言人制度的建立,就是在社会主义市场经济条件下党和政府沟通大众、引导舆论的有效途径之一。利用新闻发布会、新闻通气会、组织记者采访、答记者问、网上新闻发布、网上访谈等多种形式发布信息,加强政府与媒体的互动和沟通。在政府网络建设方面,各级人民政府及其部门网站及时准确地发布政府信息,搭建与公众互动交流平台,拓宽社情民意的表达渠道,着重为公众和企业提供在线办事服务、公益性便民服务。对涉及群众切身利益的重要决策,应通过政府网站公开征求意见。同时加强政府网站数据库建设,逐步整合交通运输、社会保障、医疗卫生、教育等公共信息资源,以及投资、生产、消费等经济领域数据,方便公众查询。这些网络信息资源和来自各领域的数据,都源于新闻编辑的大量工作。

2013年10月15日,国务院办公厅发布《关于进一步加强政府信息公开回应社会关切　提升政府公信力的意见》,明确指出各地区、各部门应积极探索利用政务微博、微信等新媒体,及时发布各类权威政务信息,尤其是涉及公众重大关切的公共事件和政策法规方面的信息,政府通过与新媒体的互动功能与公众进行交流,新闻编辑成为政府与公众交流的桥梁,新闻编辑的舆论引导功能,更多的是通过政府为公众提供更多的服务来取信于民、获得民心、赢得民意。

政府越来越多的政务微博客通过新媒体将其主要功能向实现政民互动和提供创新为民服务上转变,通过新应用的推出与互动性的增强,进一步突出了政务微博作为倾听民众声音、与民众互动交流、提供网上办事、解决民众实际问题的重要作用。

"目前经腾讯微博平台认证的政务微博已超过180000个,其中党政机构微博112348个,党政官员微博69796个;经腾讯微信平台认证的政务微信已达到6000个。58家中央机构开通微博,28家中央机构开通微信,'双微'联动,已经成为网络政务的发展趋势。

这其中,浙江地区政务微博、微信的发展走在了全国前列。截至2014年第一季度,浙江地区共开通党政机构微博10842个,官员微博5695个,党政机关微信公众号438个,居全国首位。

尤其是'浙江发布'开通后,在短期内得到了全省乃至全国网民的广泛关注,听众数达到181.2万,成为浙江省信息发布的重要渠道。"①

新闻媒体成为政府和民众之间最有效的沟通媒介。新闻媒体是信息传播的主导,通过新闻媒体的报道,民众能够及时了解政府的判断和对策,并能将自己的意见和建议反馈给政府,从而做到政府、新闻媒体和民众的良性互动。

(二)新闻编辑在媒体与群体互动中的舆论引导

在舆论生态环境中,新兴媒体与传统媒体的不同之处在于,它能与广大群体进行观点互动,一改传统媒体把自己的观点强加于受众的传播习惯。新媒体通过与群体观点的互动,加强交流,促进理解,拉近距离,获得群体的支持。当前中国的全面深化改革,遇到了大量难题,这些问题不是个别人就能解决的,这就需

---

① 方刚,吴朝香.2014华东政务微博微信峰会在杭举行.钱江晚报.2014-8-22(9).

要集中全社会的智慧来解决。当群体无法把自己对社会改革的意见看法传递给政府的情况下，新兴媒体中的互动，则会促进群体意见的传播。新媒体与群体的积极有效的互动，有效地推动了意见的传播，这样才能最大限度地集中人民群众的智慧，为全面深化改革提供广泛的智力支撑。

新闻媒体的主流话语在与群体的互动中传播，建立起无可置疑的舆论强势。这种舆论强势的制造和新闻编辑的舆论引导能力有密切的关系。在一段时间内，新闻传播媒介集中谈论某些事情，将群体的注意力集中于这些事情上，就构成社会舆论的中心议题。研究和调查表明，新闻传播中越是强调或突出某议题、某事件，就越能影响群体的广泛关注和议论。新闻媒体对某些议题的着重强调与这些议题在群体中受到重视的程度构成正比关系。

新闻媒体对群体来说是一个活动着的头脑，这个头脑就是新闻编辑。"每一篇新闻报道都要求迅速和复杂的判断，必须理解到，编辑要根据读者对报道可能有多少兴趣来设想把新闻拔高或贬低。没有标准做比较，没有固定的概念，没有日常的判断，不断然无视微妙性，编辑就无法生存。"①

今天新媒体占有主要信息源、众多信息源、即时信息源的优势，其信息量的巨大对群体的影响不可低估，新闻编辑如果对网上的舆论处置不当或引导迟滞，必然到时或强化群体的从众心理和逆反心理，加速放大"破窗效应"和"链式效应"，进而转变为群体心理，这无疑增加了网络舆论引导的难度。

新闻编辑通过新闻媒体制造舆论为国家政治。当一种意见被媒体广泛报道，就会被大多数的群体所接受，马克思曾经指出，舆论在社会中是一种"普遍的、隐蔽的和强制的力量"。媒介制造的舆论通过广泛的传播，可以对社会的每一个群体产生影响，这是它的普遍性。媒体通过信息传播，占领群体的大脑，濡化群体的心灵，这就是它的隐蔽性。媒体通过各种渠道，以话语左右群体的思想，古语说"一言可以兴邦，一言可以丧邦"，这就是媒介的强大力量。对报刊与舆论的关系，马克思曾做过两个比喻：一是把报刊比作驴子，把社会舆论比作驴背上的麻袋。这就是说新闻媒体是舆论的载体，是传播舆论的工具。新闻编辑引导群体正确地认识新闻事件，把那些不同的意见转化为于己相同的意见，使对立的意见边缘化、淡化、同化，在媒体与群体的互动中，增进社会凝聚力，促进社会的稳步健康发展。

---

① ［美］沃尔特·李普曼.舆论学.北京：中国人民大学出版社，1984(4)：274.

第三节　舆论生态的平衡观与新闻编辑的舆论引导

一、舆论生态平衡观的阐释

舆论生态作为媒介生态的子系统,在新闻传播的过程中,进行着复杂的信息和能量交换,舆论环境、意见群体、传播媒介等因素处于共生共存、自动调节、合理控制的相对平稳的状态,共同构成了新媒体社会舆论生态圈的动态平衡。

随着新媒体,特别是微博、微信等社交媒体的快速发展,多数人对多数人的互动化、移动化、及时化传播,消解了传统舆论传播的单一化、固定化、延迟化的机制,对传统媒体舆论场带来革命性的变革。舆论生态出现了新媒体的强势传播,传统媒体的弱势呼应。新媒体的发展给舆论生态环境的平衡带来了巨大的挑战,如何理性认识今天的新媒体的舆论生态环境? 如何促进新媒体的舆论环境良性发展?"人民网舆情监测室数据显示,仅 2011 年一年时间内,由互联网特别是微博制造的全国舆论热点就从 8000 激增到 90 万。网络给了每一个普通老百姓发表信息、发表意见的广阔平台。"①

二、舆论生态失衡的产生

今天人们大都生活在两个空间里,一个是原子构成的物质世界,另一个则是数字构成的虚拟世界。在这个虚拟的世界里,我们以另外一个自我形态工作、学习、生活、交往,传播机构也以数字化的形态经营、成长、竞争、合作,所有这一切构成一个全新的生态系统,共生共存、生生不息。网络世界作为现实社会的延伸,对于人们的生存状态和生活方式产生了极大影响。网络生态的开放性和交互性,使得网络成为大多数人发表意见的平台,群体在网络平台上表达对于现实社会中各种现象、问题的态度、意见和情绪,互联网扩大了人们的交际圈,它让人们接触到不同的思想观念,直接了解到其他地区发生的事件,它消弭了横亘在人与人之间的地域界限,让更多的人获得了身份认同感和归属感,不同的文化之间开始有了交集,不同的舆论形态开始交锋,舆论生态失衡的危机不断表现出来。

(一)网络引入期:注重网络技术,网络民意分散

1994 年 4 月 20 日,在国务院的明确支持下,经过科研工作者的艰辛努力,连接着数百台主机的中关村地区教育与科研示范网络工程,成功实现了与国际

---

① 　张音,吴建群,王舒怀.四问"网络民意"微博极大改变了网络舆论生态.人民日报.2011-10-25.

互联网的全功能链接。

在随后两年多时间里,中国科技网(CSTNET)、中国公用计算机互联网(CHINANET)、中国教育和科研计算机网(CERNET)、中国金桥信息网(CHINAGBN)相继开工建设,开始了全面铺设中国信息高速公路的历程,信息时代的大门在国人面前悄然开启。

从1997年开始,中国互联网步入快速发展阶段,统计显示,全国网民每隔半年即增长一倍,中国互联网第一次浪潮到来,免费邮箱、新闻资讯、即时通讯一时间成为最热门的应用。我国最早的网络舆论事件,虽有学者认为是1998年的印尼排华事件,但事实上,早在1998年1月发生的克林顿拉链门事件,中国网络舆论已经十分活跃。2000年之前,互联网还处在web1.0阶段,web1.0是以网站提供信息为主,因此,以民意为主导的网络舆论事件在中国尚不常见。

接入互联网的初期,政府开始就发布了一系列关于网络管理的法律法规,但实际上,只要不涉及政治敏感题材,网上发言还是比较自由。在此时期,政府与网民的注意力尚集中在互联网本身的应用和互联网技术的开发上,网络民意还没有产生太大的碰撞与社会影响。

(二)网络成长期:网络民意开始沸腾

2000年,新浪、网易、搜狐三大门户网站先后登陆纳斯达克,中国互联网企业海外上市热潮骤然涌起。然而,受美国互联网泡沫崩盘影响,中国互联网很快遭受到来自大洋彼岸的寒潮的袭击。

挺过数九寒冬,在短信服务、网络游戏、音乐下载等业务的支撑下,到2002年,中国互联网终于迎来新的春天。当年,中国网民数量飙升至5910万。

在互联网先锋们的不断探索和不懈努力下,从2003年起,中国互联网逐渐找到了适合中国国情的盈利发展模式,互联网应用呈现多元化局面,电子商务、网络游戏、视频网站、社交娱乐、博客、RSS、P2P、社交网(SNS)、即时通信(IM)等为主导的web2.0阶段,用户成为网络信息的主要提供者,互动、共享的网络传播理念及其相关技术的使用,为网络舆论兴盛准备了技术条件。伴随着中国互联网新一轮的高速增长,中国网民数量也不断攀升,2008年6月达到2.53亿,首次大幅度超过美国,跃居世界首位。

互联网宽松的准入条件,迅捷的传播速度,广泛的覆盖范围和它的匿名性、交互性、自由性等特征,使得公众能够更加接近事实的真相。2000年后,网民人数迅速增加,网络民意也开始沸腾起来。政府官员的廉洁程度、执法水平和诚信问题等,都成为网民爆料和议论的对象,互联网对政府的冲击日益显性化。与此同时,政府对网络民意的爆发也重视起来,并于2002年左右,引入了网络关键字过滤系统。严格管制的后果,是原本活跃的网站、论坛、博客等开始降温了。但在降温的背后,是网警和网民玩起了"猫追老鼠"的游戏。一些网民运用技术手段轻易就可突破网络屏障,获取有意阻拦的信息,网络民意在全新的视角下继续积聚。2003 年的伊拉克战争、非典、孙志刚案,使"网络问政"空前繁荣。

当然,网络民意也是复杂的。网络的虚拟性让一些别有用心的人看到了机会,这些人翻手为云,覆手为雨,不负责任地蛊惑视听。更有甚者,还有人将网络民意当成产业,通过招募"水军"和"网络打手",制造注水民意,实施"网络暴力",胁迫民众"被民意"。所有这些,共同构成了中国网络民意的浮世绘。

2004 年 1 月份,搜狐总裁张朝阳在"十大新闻评选"的颁奖致词中认为,"2003 是中国现代启蒙运动纵深发展的一年,中国人开始关注在经济生活富足之外的话题,个人的价值,个人的权利,公民的平等,财富的追求,私有财产的地位及保护,权力的制衡,社会公正,司法程序的公正,独立传媒的形成等等。"何谓"现代启蒙"? 他所表达的观念就是"独立媒体"造就了"民主"。现代启蒙就是民主观念的深入。

此时,既要积极推进互联网的建设,力求以信息技术拉近与发达国家的距离,又要避免互联网的发展对政权产生负面影响。就在这两难选择的过程中,中国网民数量继续超速增加,网民范围已延伸到了城市底层、农村和更多的大中学生群体,网络民意更加多元,也更有力道。从 2007 年的"华南虎"事件,到 2008 年的周久耕、林嘉祥等数位官员被免职,云南"躲猫猫"事件中的网民调查团,2009 年网民从虚拟空间有组织地走进现实社会,一再表明网络民意咄咄逼人的气势与威力。

(三)网络高速发展期:网络民意走向众声喧哗

2009 年,以移动互联网的兴起为主要标志,中国互联网步入一个新的发展时期。据中国互联网信息中心(CNNIC)2010 年 1 月 15 日发布的《第 25 次中国互联网络发展状况统计报告》显示,截至 2009 年 12 月,我国网民规模已达 3.84 亿,网站数量达到 323 万个。2009 年新中国成立 60 周年的网络宣传报道,显示出多媒体、多终端、多语种和全时段、全方位的传播,规模空前,声势浩大。2012 年,移动互联网用户首次超过 PC 用户,与此同时,互联网变得更加理性开放,传统媒体也在与互联网的交锋中逐步走向融合共生。

今天,从政府到民间,人们都强烈地感受到新媒体舆论的影响力。互联网成为不同利益群体进行利益表达,特别是弱势群体维护基本权益的平台。名人、百姓、官员、"职业评论员"是构成网络舆论生态的主要群体,微博、微信成为改变网络舆论生态的主要力量。

20 年间,中国互联网不断发展,走向成熟。到 2013 年底,中国网民规模突破 6 亿,其中手机网民占到 80%;国内域名总数达 1844 万个,网站超过 350 万家;全球十大互联网企业中中国揽有 3 席。中国,已经当之无愧地成为互联网大国。

2010 年,人们通常把它称为微博元年;2011 年,人们通常把它称为中国政务微博元年并不为过。一批政务机构与官员率先试水,仅腾讯微博中就有万余个党政机构和官员微博账户,其中副厅及以上级别的官员 260 余人。新浪微博上的政务机构账号也超过 17000 家。从"我们每天都在努力"的广东省公安厅,到"同学你好"的浙江省委常委、组织部部长蔡奇,政务微博在与网民的积极互动中,听民意,解民忧,促民生,不仅成为官民沟通的全新渠道,也在无形中拉近了与民众的距离,增强了亲和力和凝聚力。

互联网以其即时、互动、海量的传播特征,推动了信息流通,促进了政府的公开透明。但与此同时,其匿名、缺少组织规范、社会动员能力强的特点,亦对社会信息的有序流动、社会稳定、个人安全带来冲击。迅猛发展的互联网,对全球公共治理提出了空前挑战。"7·23"动车事故中,铺天盖地的微博构成了强大的舆论场,在给相关部门善后处理带来压力的同时,也成为重新审视互联网舆论,改进互联网治理的契机。

传播技术与时代发展的趋势不可逆转。对于肩负发展和转型重任、面临社会矛盾多发的现实、腾挪于多元社会利益之间的政府部门来说,直面挑战,谋求互联网良治之道,显得尤为紧迫和重要。

清华大学新闻与传播学院教授、副院长陈昌凤认为:网络本身是一个中性的工具。客观上说,互联网确实提供了一个强大的传播信息、表达声音的平台。

至于网上出现的负面信息,首先要看这些负面信息的背后,是不是客观存在一种负面情绪,这种情绪是人们传播负面信息的内在情感动机。从传播规律上说,舆论具备一种类似于"排气阀"的功能。当社会某种情绪积蓄的时候,这种功能提供了宣泄的途径,某种程度上其实是对情绪的消减。现在网络尤其是微博提供了这种宣泄途径,也会对消减社会负面情绪有正面影响。

人民网舆情监测室秘书长、《网络舆情》执行主编、人民在线总编辑祝华新认为:首先要承认,"众声喧哗"是一个不可逆转的大趋势,越来越成为官员执政必须面对的常态环境。其实,民间言论得不到呈现的时候,并不等于它们不存在。事实上,数千年来,民间的舆论场始终是"众声喧哗"的。人们在街口、在巷口,张家长、李家短。你把它堵住了,老百姓心里面还是会说。但互联网出现之前,公权力对传播基本上是可控的,网络时代,尤其是微博出现以后,舆论不再完全按照公权力设想的路线去传播,

面对纷纭繁复的网络,我们不禁会问:我们需要怎样的网络舆论生态环境?从"网络水军"的顶帖造势,到"网络打手"甚至"网络暴民"展示的"人肉搜索"等

赤裸裸的网络暴力,网络舆论的生态环境令人堪忧。别人的文章观点若是不合自己的意愿,"网络暴民"开口便是污言秽语的辱骂,完全背离了"我不赞同你的观点,但我捍卫你说话的权利"的宏阔器量。不管网民出于何种目的,这样的心态至少是不健康的。而一些有组织的"网络水军"更是能够在一定程度上左右网络舆论,绑架正常的主流民意,从而打破网络舆论的生态平衡。

(四)网络转折期:舆论生态逐步由失衡走向平衡

2012 年 11 月 8 日,党的十八大召开,十八大报告明确提出,加强和改进网络内容建设,唱响网上主旋律。加强网络社会管理,推进网络依法规范有序运行。开展"扫黄打非",抵制低俗现象。十八大后舆论场整体态势表明网络舆论是中国改革的创新动力,网络舆论正在以空前的强力倒逼改革。2013 年是一个人心思变、民心回暖、新一届政府跃跃欲试的年份,网民期待十八大后的新执政团队奋发有为,调和鼎鼐,带领中国社会迅速摆脱目前弥漫在民间的失望、无力感和冒险冲动,重新唤醒和凝聚政治共识,提振民族精神。"中国梦"的建设,需要拓宽吸纳民间意见的通道。

2013 年 8 月 19 日,全国宣传思想工作会议召开,强调宣传思想工作一定要把围绕中心、服务大局作为基本职责,胸怀大局、把握大势、着眼大事,找准工作切入点和着力点,做到因势而谋、应势而动、顺势而为。坚持团结稳定鼓劲、正面宣传为主,弘扬主旋律,传播正能量。牢牢掌握网上舆论工作的领导权、管理权、话语权。2013 年 8 月 10 日,网络名人社会责任论坛召开,达成"七条底线"共识;随后两高出台了司法解释,统一司法标准,打击网络犯罪;2014 年 4 月起,在全国开展打击非法出版物、扫除淫秽色情文化垃圾、打击假媒体、假记者站、假记者为重点,开展"清源 2014""净网 2014""秋风 2014"和"固边 2014"四个专项行动。

2014 年 8 月 18 日,中央全面深化改革领导小组第四次会议审议通过了《关于推动传统媒体和新兴媒体融合发展的指导意见》。《意见》指出,整合新闻媒体资源,推动传统媒体和新兴媒体融合发展,是落实中央全面深化改革部署、推进宣传文化领域改革创新的一项重要任务,是适应媒体格局深刻变化,提升主流媒体传播力、公信力、影响力和舆论引导能力的重要举措。通过融合发展,使我们的主流媒体科学运用先进传播技术,增强信息生产和服务能力,更好地传播党和政府的声音,更好地满足人民群众的信息需求。舆论传播的生态环境开始进入稳步、平衡发展的时期。

三、舆论生态的平衡观在新闻编辑舆论引导中的运用

"平衡与可持续发展是生态学的核心概念。生态平衡指生态系统在一定时

间内结构和功能的相对稳定状态,是系统内物质、能量与信息流动的平衡,通过自我调节或人为控制的方式来实现。"①

网络舆论生态的平衡与我国的政治、经济、文化和环境的发展有十分密切的关系。特别是当政治环境变迁的时候,网络舆论环境也随之改变。新闻编辑作为网络舆论的引导者,积极贯彻党的大政方针,遵循生态规律和生态原则,对舆论生态系统施加有益的影响,让媒介真正地成为"社会的公器"和"国家的喉舌"。

2013年8月19日,习近平总书记在全国宣传思想工作会议上发表讲话,提出:互联网已经成为舆论斗争的主战场。然而当前很多人特别是年轻人基本不看主流媒体,大部分信息都从网上获取。要把网上舆论工作作为宣传思想工作的重中之重来抓。政府骤然加大互联网管理力度,新闻编辑的舆论引导工作在这样的背景下展开。

(一)新闻编辑在舆论引领中促进社会"能量平衡"

新闻编辑的舆论引导首先在于促进社会能量的平衡。在信息聚合与扩散不断提速的新媒体时代,"正能量"俨然已成为近段时间以来社会不同意见群体用于消解负面思潮、清除网络戾气、调释焦虑情绪的热门用语。为了更好地阐释"正能量"的概念,《人民日报》编辑发表了以"寻找我们社会的正能量"为议题陆续发表多篇系列评论,从凝聚共识、构建理性的议事规则、坚守"底线伦理"等方面,对蕴涵在"善良、正义、宽容、理解、尊重"等优良品格中的"正能量"进行了系统阐释。官方主流媒体的上述文章,经过新闻编辑的组织和策划,让关于"正能量"含义的理解成为网络热议的重要话题。在利益多元、观念多样、思想多变的今天,传播正能量也成为凝聚共识的必然路径。

为传播正能量,主流媒体积极占领舆论阵地,在正面舆论与负面舆论的博弈中发挥积极的作用。2013年凤凰卫视重磅推出全新社会观察节目《社会正能量》,在节目编辑的过程中,透过一个个感动人心的故事,见证人间大爱与真善美,并由各界学者、专家、名人发表意见或精辟见解,共同构建当代公共话语空间,坚守转型期的社会伦理底线,寻找并传递推进社会前行的正能量。

主流媒体在传播正能量中发挥重要作用。例如,在山东招远血案爆发的全过程,充分反映出主流媒体引导舆论的能力。2014年5月28日晚9时许,因为拒绝向对方提供电话号码,37岁的吴硕艳在麦当劳内,被6名凶徒活活殴打致死。甚至在民警4分钟就赶到后,行凶者还未住手。警方证实,6人均为"全能神"邪教教徒,其中包括一名未成年人。@招远公安局的第一条案情通报微博在5月31日就引发近70万评论、17万跟评,仅"一杯可乐少冰"(搜狐用户)发布的

---

① 邵培仁等著.媒介生态学.北京:中国传媒大学出版社,2008:305.

现场视频即达到了 566 万的点播量。有人据此这样评价:因招远血案而滋生的恐惧、愤怒、悲伤逆流成河成海,喷涌出大约是 2011 年"7·23"动车事故之后中国舆论中最让人叹为观止的惊涛骇浪。一方面,主流媒体高度关注案情进展,并在央视的统领下,在案件侦破之后掀起了揭批邪教、严惩暴徒的舆论高潮;另一方面,在自媒体舆论场上,却谣言四起,舆论跑偏,呈现齐声指责公安、攻击政府、谩骂体制的局面,绑架舆情的状况也愈加明显。以人民日报、央视新闻为代表的中央媒体开始纷纷介入到案情报道和引导中,由此形成了与自媒体舆论场相对的官方媒体舆论场。在这期间,官方媒体的介入报道起到了拨乱反正的重要引导作用。央视的《新闻联播》、《焦点访谈》及次日的《东方时空》连续出击,深度报道,则给予了各种质疑以积极的回应。人民网、中国新闻网、国际在线、法制网、新浪、腾讯、搜狐、凤凰网等 40 多家全国重要媒体转载,保证了官方信息在第一时间内向全国发散出去,很快缓解了网民对事件的种种猜测和质疑。传统媒体则开始全方位地介入报道,特别是央视的深度报道,回应了网民的关切,传递了事实真相,消除了围绕这个事件的不确定情况,堵住了谣言传播的基础,公众关于案件的各种质疑渐消,舆情进入高潮并逐步回落进入平稳期。

事件发酵过程中,"键盘侠"(keyboard man)一跃成了饱受争议的新词。招远血案后,网友"变态辣椒"的一幅漫画在微博和朋友圈被大量转发:老太太摔倒在地,"键盘侠"听着歌飘过;小偷伸手行窃,"键盘侠"扭头当做没看见;小混混以多欺少,他闭着眼不闻不问。一回到家,打开电脑,"键盘侠"立马变得像另一个人,义愤填膺地敲下评论:"现场的都是孬种!还有男人吗?鄙视!"——现实中被压抑的善,在网上得以宣泄。主流媒体的积极发声与"键盘侠"的幕后英雄行为形成鲜明对比,彰显了"国家队"在网络空间的实力。6 月 4 日,《人民日报》为此发表时评,题为《激励见义勇为不能靠"键盘侠"》。文中提到:"一个社会最大的忌讳,就是有人设置出两套道德标准——一套用在别人身上,'你怎么能不管?'另一套用在自己身上,'我管了会不会有代价?'"凤凰卫视在招远血案后,于《社会正能量》栏目中,组织了社会观察员,做了题为《见义勇为必须量"智"而行》的专题栏目,针对见义勇为者的行为进行了道德、伦理和立法的讨论,对见义勇为者的言行进行了正面的引导。

在网络媒体中,由于涉及负面新闻和恶性事件的帖子,关注度高,点击率火,点评多,转播频,所以,有些记者、网络写手,包括一些博友,因此振奋,就一心一意眼睛专盯社会阴暗面,热衷炒作,有个别媒体甚至放大各种道德失范行为,给人的感觉是这个社会"一团糟"、人与人之间"尔虞我诈"、教师医生等群体道德败坏……看不到一点令人振奋的东西,显然严重违背客观现实。人民日报社社长张研农曾抱怨说:"看半天微博,要看七天《新闻联播》才能治愈。这个调侃说明,中国目前确实存在着两个舆论场,如果我们只关注一个而忽略另一个,对中国国情的认识都会有失偏颇。"

新闻编辑在新闻信息的处理中让公众能够在网络媒体上听到有批评监督的负面声音,又能够在网络媒体上听到有益于国家民族社会进步的客观歌唱;在贬的同时,更要有扬;在曝光阴暗面的同时,更注意多给人以鼓励、温暖和阳光。新闻编辑调节好媒介生态系统的功能,促进社会"能量平衡",让舆论生态系统实现结构的最大优化。

今天,新闻编辑广泛地存在于危机公关部门、论坛、贴吧、微博、微信等媒体中,通过对社会随时发生的事件的舆论引导,积极传播社会的正能量。新闻编辑有高度的政治责任感、良好的政治鉴别能力和敏锐性,主流新闻网站和重点商业网站作为传播正能量的主力军,新闻编辑充分发挥引领作用,带头把方向、带头扬正气、带头树新风、带头守法纪、带头探规律、带头谋发展、带头建队伍,汇聚正能量,共筑中国梦。

(二)新闻编辑要在舆论引导中调节信息"数量"与"质量"的平衡

在今天拥有几亿网民的中国,每个人只要手指轻轻一点瞬间就会产生数量巨大的信息。当大量的信息摆在新闻编辑面前,却存在着"数量"与"质量"的平衡问题,因为高质量的信息只有通过新闻编辑对大量的信息进行统计、分析、处理,才能得到有价值的信息。新闻编辑不但要拥有较高的数据计算、统计水平,更需要对巨大的新闻信息进行判断分析的能力。

"中国互联网络信息中心在 1997 年 11 月发布的第一次《中国互联网络发展状况统计报告》显示,当时,中国共有上网计算机 29.9 万台,上网用户数 62 万,网站约 1500 个;截至 2013 年 12 月,中国网民规模是 6.18 亿,网站数为 320 万个,互联网普及率为 45.8%。手机网民数量也已达到了 5 亿。"

"不仅仅是数字的飞跃。20 年来,中国互联网发展主题从'数量'向'质量'切换,显现出互联网在经济社会中地位提升、与传统经济结合紧密、各类互联网应用对网民生活形态影响加深等特点。"[①]管好互联网舆论,引导好互联网舆论,成为政府部门、主流媒体和新闻编辑的重要工作。

无论是论坛、博客,还是微博、微信,其信息的传播都不只是私人之间的交流,更是群体之间的展示,网络作为一个公共空间,其信息传播的"数量"和"质量"常常会产生正向和负向的作用,所以每个人都应该用好自己的麦克风。在网络时代,只要你的发言得到广泛传播,你就可以成为名人,所以每个人信息传播的数量和质量都会对社会产生这样和那样的影响,如果人们都能够自觉维护国

---

① 余建斌.互联网:从数量向质量切换.人民日报,201-06-20.

家利益,传播社会主义先进文化,弘扬中华民族美德,承担社会责任,网络空间才会更美好。

为了保证网络信息的质量,国家互联网信息办公室提出了"七条底线",并在"网络名人社会责任论坛"上,由网络名人达成共识。网友传播信息需要遵守的七条原则:一是法律法规底线;二是社会主义制度底线;三是国家利益底线;四是公民合法权益底线;五是社会公共秩序底线;六是道德风尚底线;七是信息真实性底线。七条底线,严格规定了信息发布的条件,为传递正能量、抵制谣言、构建健康的网络环境提供了先决条件,同时也为新闻编辑的信息处理提供了参照准则。

新闻编辑在事件发生之时应该抢占先机,做好舆情研判、舆情应对、信息处理工作。为了占领舆论阵地,主流媒体微博与政务微博达成共识,通过政务微博问政、执政、行政,已成为党和政府体察民情、倾听民声、汇聚民智的重要途径。近年来不少案例都显示,政府部门不重视、不及时应对网络舆情,往往会在事件处理中处于被动。发生在南京的"护士被打瘫痪"事件就是其中典型一例。当此类消息在网络中疯传时,有关部门并没有立刻发声,而待政府终于发声时,网络舆论早已呈一边倒局面,以至于无论相关部门发表什么声明,还是公布完整视频,都已无济于事。网络舆论完全失去了平衡。所以新闻编辑要在第一时间公布事件真相,跟进报道事件发展,回答网民关切,把大数量的混乱信息,梳理为高质量的明晰信息,任何隐瞒和虚假报告在群众雪亮的眼睛之下都将真相大白,明智的选择就是用客观事实说话。

政务微博正在成为新闻编辑参与信息管理的重要媒介,政务微博力行"织博为民",在社会管理创新、政府信息公开、新闻舆论引导、倾听民众呼声、树立政府形象、群众政治参与等方面起到了积极的作用。2012 年 7 月 21 日,《人民日报》开通法人微博,现已成为第一大媒体微博,带动一大批体制内媒体前进到微博舆论场域,积极引导舆论。它诠释主流立场、回应网民关切,促进政府和民众之间的相互理解和包容,有较高的黏合度。《人民日报》的微博,截至 2013 年 10 月底,被@2700 万次,这与其 1100 万粉丝同样重要。主流媒体的信息质量的快速提升,碎片信息的数量得到快速的更新。

微博"国家队"快速成长。政务微博到 2013 岁末约 20 万家,已成政府新闻发布和突发事件处置的"标配",新闻编辑在政务微博新闻信息处理中发挥重要作用,第一时间通报权威信息,对百姓关切作出快速回应。济南中院官方微博直播薄熙来案审理,仅在人民网的账号,就有粉丝 115 万,庭审四天半所发微博总阅读量达到 5 亿。在陈水总制造公交车起火案后,@厦门警方在线发布 9 条微博,不仅通报案件信息和救援情况,而且发出"今晚无眠,厦门之痛""坚强厦门,爱厦门,共努力"等充满哀思的微博,累计收获网民转评近2万条。

主流媒体微博在党政领导人出访、干部人事贪腐案件、重大自然灾害事故、社会安全事件、公共卫生事件等方面,介入及时,力度大,发挥了舆论主导作用。以2013年各地发生的禽流感事件为例,主流媒体微博的反应速度已经逐渐赶超网民和市场化媒体。在芦山地震中,8时8分,新华网官方微博@新华网发布四川雅安5.9级地震的消息,是最早发布地震消息的媒体。9时10分,新华社官方微博@新华视点发消息称其报道组正在前往灾区的路上。9时55分,《解放军报》记者部官方微博@军报记者消息称"成都军区第一批抗震救灾工作组已经出发,赶往灾区。而地震发生地的四川卫视形成了电视主播、微博配合、连线现场的三位一体式报道。对上午微博提供的各种求救线索和事件,现场记者都进行了后续的追踪,微博发布者与电视台记者完美地进行了任务的交接。例如,地震宝宝的后续报道、救灾途中军车坠入悬崖的报道、宝兴县孤岛的报道,灾区写生学生顺利返家的报道等。

"我们已经前进到微博舆论场域,与率先享用信息化红利的中国民众在一起。我们把恽代英、邹韬奋、范长江的如椽之笔,延伸为今天的鼠标和键盘话语权。我们相信:与网民真诚平等对话,政务公开透明,回应社会关切,一定能得到网民的认同和尊重。"①2013年11月30日,政务微博和主流媒体微博达成"成都共识",共识指出,关注民生,形成新的话语表达机制和传播方式,要坚持说真话,坚决不说假话,努力少说空话;多说有营养的话,真心实意地说老百姓的贴心话;代表主流说权威的话。要保证信息真实,加强对互动内容的核实,抵制恶意炒作,切断谣言的传播链条;提倡理性表达,倡导文明用语,采用规范的信息来源,做恪守互联网"七条底线"的表率;努力带头营造健康向上的网络舆论生态;形成微博传播绩效的合理评价体系;搭建微博运营交流平台;积极传播政务微博信息;相互支撑提高议程设置能力;联手扶持专家型"中V";努力带头营造健康向上的网络舆论生态。

互联网在中国经过狂飙突进的发展,已经成为中国社会的"最大变量"。强化了互联网作为主流意识形态的"阵地"意识,新闻编辑要求守土有责,守土尽责。2014年和今后十年互联网的发展和管理,将进入舆论生态平衡发展阶段。

(三)新闻编辑在舆论引导中推动大数据信息的平衡

数据新闻的特点。大数据时代,社会政治、经济、文化等各个领域的信息均渗透于大数据中,"'海量、快速、多样、价值'等特性,已反映在新闻传播过程中。从'海量'来说,大数据涉及的信息资料浩如烟海,难以通过传统的信息分拣获得

---

① 政务微博和主流媒体微博达成"成都共识".人民日报.2013-12-12(20).

准确筛选、有效传播的新闻资讯,因此需要新闻采编模式的创新;从'快速'来说,大数据对信息处理速度要求更高、时效性更强,这对新闻业界信息处理能力提出新挑战;从'多样'来说,大数据包括文字资料、音频、视频、图片、图表等等,形式和内容丰富多样,这为新闻采编提供了游刃有余的用武之地;再从'价值'来说,大数据信息海量,却价值密度相对较低,需要对其海量数据价值'提纯',这就要求新闻采编方式、手段、技术等创新跟进。"①

　　数据新闻的数据来源。1980 年,著名未来学家阿尔文·托夫勒便在《第三次浪潮》一书中,将大数据热情地赞颂为"第三次浪潮的华彩乐章"。大约从 2009 年开始,大数据成为互联网信息技术行业的流行词汇。物联网、云计算、移动互联网、车联网、手机、平板电脑、PC 以及各种传感器都是大数据来源或承载的方式。人们经常把大数据称为数字时代的石油和黄金,可见大数据对于社会的重要性。哈佛大学教授加里·金指出:"这是一场革命,庞大的数据资源使得各个领域开始了量化进程,无论学术界、商界还是政府,所有的领域都将开始这个进程。"数据新闻也不例外,其新闻信息的采集大都来源于大数据。

　　数据新闻的数据抓取。大数据正在重构很多传统行业。通过搜集整理生活中方方面面的数据,并对其进行分析挖掘,进而从中获得有价值的信息,最终衍化出新的商业模式。麦当劳、肯德基以及苹果公司等旗舰专卖店的位置都是建立在数据基础上的精准选址。在零售业中,数据分析的技术与手段更得到广泛的运用,卓越亚马逊、淘宝等通过对海量数据的掌握和分析,为用户提供更加专业和个性化的服务。根据美国的统计资料,文化传媒行业数据是仅次于政府信息数据的第二大数据来源,文化传媒行业本身就能够不断地获得和产生新的数据资源。通过对数据的全面感知、收集、分析、共享,为我们提供了一种全新的看待世界的方法。新闻编辑通过对数据的挖掘、抓取、统计、分析,并以可视化的方式呈现舆论的动态、发展和群组关系。

　　数据新闻数据选择的平衡。当你用拇指浏览新闻、刷新微博、观看视频时,这些滚动在拇指下的看似杂乱无章的信息,实际上已经经过量化、筛选和分析,成为具有潜在价值的数据。使用大数据分析,可以为新闻报道提供不一样的视角。在《两会大数据》节目中曾提出过一个问题:中国召开"两会",哪个国家最关注? 这个问题过去完全无法解答,只能在类似《全球高度关注中国两会》这样的文字报道中找到一个模糊的描述。而今年的央视则信手拈来,借助数据分析在《两会大数据》栏目中,给最关心中国"两会"的国家排出了名次。结果有点出人意料:印度尼西亚高居榜首,而美国位列第四。在排行榜上的国家多数位于亚太

---

① 汪平.大数据时代新闻传播力重构.今传媒,2014(9).

地区,与中国有着密切的经贸关系和地缘交集。国人并不熟悉的秘鲁位列第七,是因为中国每年从秘鲁进口大量牛油果,使得当地人关注中国"两会",关心中国的发展趋势。①

　　新闻编辑通过对大数据的选取和组合,得出新闻信息发展的可视化结果,这则报道挖取了全球89个国家的网民对中国"两会"浏览、评价的数据,通过数据分析,客观地比对出全球最关注中国"两会"的区域,进而到最关注中国"两会"的前十个国家,使国人对外国如何看中国"两会"的问题的答案从模糊变成明确。信息数据化的发展迅猛,社交媒体上的大量数据只是全球大数据库中的冰山一角,隐藏于这一角下的数据之海涵盖着更多需要我们去探索的资源。数据新闻中海量数据的价值,就在于通过新闻编辑对数据的选择,寻找出数据的关联和平衡。

---

　　① 程洁. 大数据分析在深化新闻报道中的应用. 新闻爱好者. 2014(7). http://media. people. com. cn/n—0723/c386973-25328861. html。

图书在版编目（CIP）数据

舆论的隐喻引导与组织认同：新媒体环境下新闻编辑舆论引导功能研究 / 朱小翠著. —杭州：浙江大学出版社，2014.12(2015.10 重印)

ISBN 978-7-308-14120-8

Ⅰ.①舆… Ⅱ.①朱… Ⅲ.①新闻工作－舆论－研究－中国 Ⅳ.①G219.2

中国版本图书馆 CIP 数据核字（2014）第 280647 号

舆论的隐喻引导与组织认同

——新媒体环境下新闻编辑舆论引导功能研究

朱小翠 著

责任编辑	李海燕
封面设计	续设计
出版发行	浙江大学出版社
	（杭州市天目山路 148 号　邮政编码 310007）
	（网址：http://www.zjupress.com）
排　　版	杭州中大图文设计有限公司
印　　刷	浙江云广印业有限公司
开　　本	710mm×1000mm　1/16
印　　张	12.25
字　　数	227 千
版 印 次	2014 年 12 月第 1 版　2015 年 10 月第 2 次印刷
书　　号	ISBN 978-7-308-14120-8
定　　价	36.00 元